内蒙古自治区哲学社会科学研究基地资助

内蒙古科技大学 INNER MONGOLIA UNIVERSITY OF SCIENCE & TECHNOLOGY 文库

A Study on the Dynamic Evaluation and Cultivating Path of Core Competitiveness of the Rare Earth Enterprises
——A Case Study in Inner Mongolia

稀土企业核心竞争力动态评价及培育路径研究
——以内蒙古为例

马越峰 / 著

经济管理出版社
ECONOMY & MANAGEMENT PUBLISHING HOUSE

图书在版编目（CIP）数据

稀土企业核心竞争力动态评价及培育路径研究：以内蒙古为例/马越峰著. —北京：经济管理出版社，2017.5

ISBN 978-7-5096-5092-9

Ⅰ. ①稀…　Ⅱ. ①马…　Ⅲ. ①稀土金属—有色金属企业—工业企业管理—中国　Ⅳ. ①F426.32

中国版本图书馆 CIP 数据核字（2017）第 077981 号

组稿编辑：丁慧敏
责任编辑：丁慧敏
责任印制：司东翔
责任校对：超　凡　王纪慧

出版发行：经济管理出版社
（北京市海淀区北蜂窝 8 号中雅大厦 A 座 11 层　100038）
网　址：www. E-mp. com. cn
电　话：(010) 51915602
印　刷：玉田县昊达印刷有限公司
经　销：新华书店
开　本：787mm×1092mm/16
印　张：14.25
字　数：266 千字
版　次：2017 年 5 月第 1 版　2017 年 5 月第 1 次印刷
书　号：ISBN 978-7-5096-5092-9
定　价：58.00 元

前 言

稀土作为不可再生资源，在高科技、新能源建设、国防建设等诸多领域发挥着极为重要的作用，是国家安全和经济可持续发展中不可缺少的战略性资源。近年来，中国作为稀土资源最丰富的国家，满足了世界大部分稀土需求，在国民经济发展中发挥着其他产业无法替代的主导作用。稀土企业是稀土资源活动中重要的微观主体，但目前我国稀土企业存在资源环境约束、产品结构不合理、应用开发研究滞后、科技创新能力不足等问题。因此，随着经济快速发展和技术进步，如何打造稀土企业核心竞争力，如何获取并保持持续的竞争优势，成为稀土实践和理论工作者的重要使命。

企业核心竞争力是当前战略管理理论中的热点研究问题之一，目前的研究仅从理论上说明和概括了企业核心竞争力的内涵，缺乏量化的指标体系和科学的评价方法，从而不能正确判断企业的核心竞争力，进而影响企业及时、正确地做出决策。因此，对企业核心竞争力的评价是迫切需要解决的问题。本书运用模糊综合评价方法从静态角度评价稀土企业核心竞争力，运用数据包络方法从动态角度对稀土企业核心竞争力进行评价。

内蒙古是我国稀土储量最多的地区，也是生产规模与出口量最多的区域。内蒙古自治区有稀土企业 100 多家，目前已形成六类产品体系：稀土精矿、钕铁硼永磁材料、稀土硅铁合金和稀土硅镁铁合金、稀土氯化物和碳酸稀土、单一稀土氧化物和金属、混合稀土金属和打火石。内蒙古的稀土企业多，进出障碍小，形成了大多数企业原创力低的不良局面。稀土冶炼分离产能严重过剩，稀土材料及器件研发滞后，在稀土新材料开发和终端应用技术方面与国际先进水平差距明显，拥有知识产权和新型稀土材料及器件生产加工技术较少，低端产品过剩，高端产品匮乏。这些严峻复杂的内外环境，都促使内蒙古稀土企业更重视核心竞争力的研究，客观、合理地评价核心竞争力是稀土企业了解自身核心竞争力现状、分析竞争优势的基础，并在此基础上有针对性地提出内蒙古稀土企业核心竞争力的培育路径。

本书的写作依托于我所主持及参与的项目：内蒙古稀土企业核心竞争力动态评价及培育路径研究、稀土联产品多元质量控制与诊断研究、产能过剩条件下中国北方稀土产业发展机制研究、稀土企业重组绩效评价与提升研究、呼包银榆经济区矿产资源开发与生态环境保护研究、包钢白云鄂博铁稀土铌采选冶工艺的技术经济分析系统研究、包钢白云鄂博矿资源综合利用工程的成本测算系统开发研究、包钢产品生命周期生态设计评价系统研究。以上项目为本书的撰写奠定了坚实的基础。

在写作过程中，内蒙古科技大学经济与管理学院的有关领导给予了大力支持与鼓励，同时也与有关学者和专家进行了十分有益的讨论和交流，得到了非常重要的启迪，在此表示诚挚的谢意！

在本书的写作过程中，我还参阅了国内外有关研究稀土行业、核心竞争力、现代评价理论的大量文献，对于所引用和参阅的文献都尽可能地在书后一一列出。如有疏漏，谨请原作者谅解，在此对所有被引用和参阅文献的作者表示衷心的感谢！

经济管理出版社的丁慧敏编辑对书稿字斟句酌，认真修改，为本书的出版付出了巨大的努力。本书能够顺利出版，与她的热情帮助是分不开的，在此致以诚挚的谢意！

本书的出版得到了内蒙古自治区哲学社会科学研究基地——呼包银榆经济区研究中心的资助，在此一并表示感谢。

马越峰

2017 年 2 月 18 日于内蒙古科技大学

目录

第一章　企业核心竞争力概述

第一节　企业竞争力

一、企业竞争力的定义

企业竞争力是一个直观含义明显但又难以准确定义的概念，目前国内外许多专家、学者都从不同角度做过阐述，但是并没有达成共识。

1985 年，世界经济论坛的《关于竞争力报告》把企业竞争力理解成企业的一种能力，即“企业目前和未来在各自的环境中以比其国内外竞争者更有吸引力的价格和质量进行设计和销售货物以及提供服务的能力和机会”。该定义具有一般性，主要从市场竞争结果的角度对竞争力进行描述。1994 年，世界经济论坛又在《国际竞争力报告》中对企业竞争力重新定义：一个公司在世界市场上均衡地生产出比竞争对手更多财富的能力。这个概念是从企业最终目标和国家福利的角度进行界定的。美国《产业竞争力总统委员会报告》（1985）认为，企业竞争力是“在自由良好的市场条件下，企业能够在国际市场上提供好的产品和服务，同时又能提高本国人民生活水平的能力”。这一定义从微观和宏观两个角度界定企业竞争力，具有一定的新意。

美国哈佛大学企业与政府研究中心的斯宾塞（A. M. Spence）教授认为，企业竞争力是企业在国际市场上的可贸易能力。他在论文中指出：贸易流向、技术开发管理、一般和特殊的产业政策、国内管理政策、垄断竞争等都对企业竞争力有深刻影响。美国竞争力委员会主席菲什（George Fish）认为，企业竞争力是企业具有较竞争对手更强的获取、创造和应用知识的能力。这个定义是从影响企业竞争力的因素的角度界定的，即把企业竞争力视为一种知识的能力。但该概念忽略了企业竞争力是一个中性的概念，因为，比竞争对手具有优势的能力仅是竞争力的一个方面。哈佛大学波特（Michael E.

Porter）教授指出，竞争力是“一个企业对其行为效益有所贡献的各项活动”。例如，企业的竞争力包括创新、具有凝聚力的文化或有条不紊的实施过程等是否被“恰如其分”地把握运作的能力。迈克尔·波特从商业化能力的角度强调了企业过程控制和实施的能力。

在国内经营环境和市场条件均不成熟的条件下，仍有不少企业脱颖而出，在激烈的竞争中茁壮成长。这一事实否定了企业成长过程中要素价格、市场条件等外生性因素的决定性作用，有力地说明企业竞争力的决定性因素是内生的。在供大于求的时代，企业必须主动参与资源市场的竞争，以便争取到更多的优势资源；同时，还必须在产品市场上通过满足顾客需求来实现企业价值，积累进一步发展的潜力。因此，企业竞争力可以定义为：在市场竞争过程中，企业高效率地获取和合理地利用经营资源，比竞争对手更快、更好地满足市场和顾客所需要的产品和服务，为企业带来更多的收益并促进企业持续发展的能力。

二、企业竞争力的演变

纵观国内外企业竞争力的研究历史，其最主要的研究目的就是评价企业竞争力。正确地评价一个企业的竞争力，不仅能够定量把握企业竞争力的水平和状况，为企业提供竞争力评价信息，而且有助于定性地分析企业的竞争优势、劣势，制定竞争战略、改善经营管理、促进企业技术升级和结构调整，最终增强企业自身竞争力。在企业发展的不同时期、不同市场条件下，企业竞争力的关键构成要素有很大差别。在不同的竞争环境和竞争时机条件下，企业能力的构成因素是在不断变化的，而且某个特定的能力因素也是变化的。因此，培育企业能力需要创新，维持和提升企业能力更需要创新。从这个意义上讲，只有动态的企业能力才是企业持续竞争优势的真正源泉。

从企业竞争力的发展历程来看，企业竞争力的演变轨迹如下：数量→质量→战略→能力（见图 1.1），从而形成了各具特色的企业竞争力。

以数量为核心的企业竞争力可以理解为“在一个相对不发达的社会条件或一个新兴市场环境中，最大限度地占领市场并获取利润的能力”，在此层次上竞争的最大社会效应是一大批新企业如雨后春笋般产生、发展、壮大，并对以后的市场竞争产生深远的影响。这一阶段的市场特点表现为产品供不应求，企业利润额与产品市场占有率高度相关，企业的主要任务是将产品生产出来并投放市场，企业竞争力突出地表现为企业抢占市场的能力。

随着市场容量的逐步饱和，以质量为核心的企业竞争力便凸显出来。在此阶段，市场特征主要表现为供大于求，产品倾向于同质化。价格战和广告战成为企业竞争的

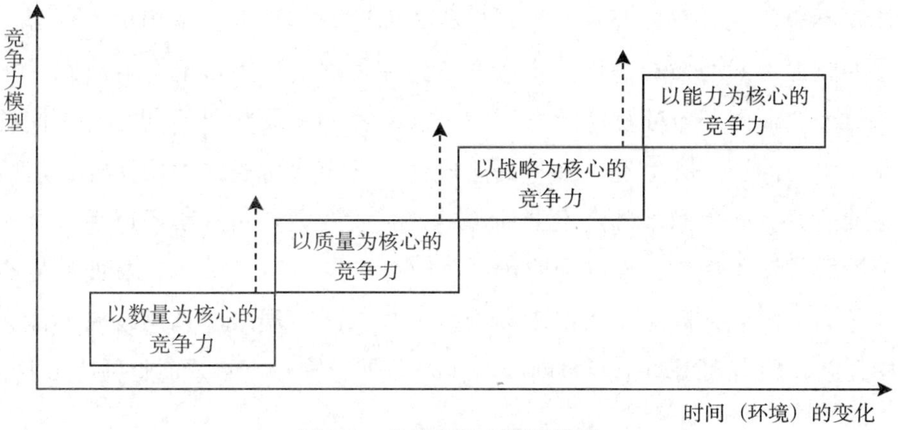

图 1.1 企业竞争力演进模型

主要手段，企业利润额与产品市场占有率的关系开始淡化。此时困扰企业的最大难题是开发出“差异化”的换代产品，因而要求企业具有强大的智力基础和研发能力。同时，开拓国际市场，寻求强强联合开始成为企业谋求未来发展的主要措施。

经济的进一步发展导致企业间的竞争更加激烈和白热化，企业经营的风险越来越大。20 世纪 70 年代，世界经济开始步入微利时代，企业不约而同地选择了多元化。多元化经营在一定程度上避免了将鸡蛋放入一个篮子的风险，但其他风险却随之而来。其中最主要的就是经营方向选择错误所带来的风险，诸多企业失败使人们开始认识到战略管理的重要性。战略的本质是选择，其正确与否关系到企业的生死存亡。战略管理把企业的长远利益和整体利益作为基本的出发点，将企业的短期业务活动与长期计划决策相结合，在对内外部环境进行动态分析的基础上做出战略决策。

以能力为核心的竞争力是企业从事经营活动的深层次基础，是企业竞争实力的核心体现。它是企业在资源市场和产品市场上有效参与竞争，并将其与竞争对手区分开来的独特能力。在动态环境中，资源市场和产品市场变化非常迅速，但超越了具体产品与服务以及企业内部各个业务单位的能力，可以把企业之间的竞争直接升华为企业整体实力之间的对抗。现代管理者的注意力应从动态易变的市场转向企业能力的成长，从而更加准确地反映企业长远发展的客观需要，使企业避免陷入目光短浅所导致的战略性误区。同时，企业能力可以增强企业在多个相关资源和产品市场上的竞争地位，其意义远远超过单一产品市场上的成败，对企业的发展具有更为深远的意义和影响。

在开放式经济条件下，激烈的竞争导致产品生命周期和行业生命周期日益缩短，如何获取并维持竞争力成了企业特别关注的焦点，也是企业最迫切需要解决的问题。就短期而言，由产品质量、性能与价格等因素决定的企业竞争力，可以通过利用和整合现有资源优势获得；就长期而言，持续的竞争力必须依靠企业能力来维持和发展。

企业成长并不应单纯看作是规模的扩张过程，而应看作是企业承担更大任务、处理更复杂问题的能力不断增强的过程。企业竞争力在发展过程中可能会有跳跃，也可能会有反复，每个企业由于所处社会的发展程度及自身的发展状况不同会有不同的发展轨迹。企业竞争力的演进既呈现出独特的阶段性，又蕴含阶段内的层次性。后阶段的竞争力是在前阶段竞争力的基础上发展而来的，企业发展到新一阶段以后，并不是简单地舍弃前阶段的竞争优势，而是通过继承、创新和整合竞争优势，从而产生与环境相适应的竞争力。因此，以能力为基础的企业成长，并不局限于利用现有的能力，更重要的是构建新的能力，用动态能力创造出新的企业竞争力，促进企业可持续发展。

第二节　企业核心竞争力

核心竞争力也是一种能力，是一种功用属性，是企业生存和发展的根本所在。核心竞争力本质上是知识、技术能力及其组合。核心能力就是核心竞争力。核心竞争力是竞争力的基础，竞争力是核心竞争力的反映。企业有核心竞争力并不能保证企业在竞争要素的各个方面有全面的竞争力，但是若没有核心竞争力，企业的一般竞争力（或表层竞争力）就是无源之水、无本之木。例如，某企业由于有能力提供比竞争对手更丰富、更优良的产品，而能在市场上做到“人无我有，人有我优”，从而在品种、质量上占有竞争优势，而这一切的根本是企业有强大的研发能力，这也是企业的核心能力（或核心竞争力）所在。

一、企业核心竞争力的内涵

（一）定义

综合国内外有关学者的研究，我们认为，核心竞争力是存在于企业内部的、能提供具有特异性或成本优势的关键性产品或服务的能力，或者是能为企业带来持续竞争优势的能力组合。核心竞争力是企业内部一系列互补的知识和技能的组合，它能使企业的一项或多项关键业务达到业界一流水平。

（二）本质

企业核心竞争力是一种能力，“能力”本来是一个心理学概念，通常指胜任某项活动的本领。能力最初用来指个体和个体特征，后来也指团队和团队特征。第一个明确提出企业能力概念的是经济学家理查德森，他使用“能力”这一概念来指企业的知识、经济和技能。

个体的智力、知识、经验、技能决定个体的能力。同样，企业核心竞争力和企业的组织智商、组织知识和组织技能有着密切的联系。所有的能力都是建立在由观察、想象、思维、记忆等基本能力构成的智力基础之上。企业也有组织智商问题。能力离不开知识，所以人们把学习当作提高能力的重要途径之一。新兴的知识管理理论则证明，以集体属性而不是个人属性存在的知识体系构成企业的竞争力。企业技能是企业实践的产物，没有实践经验，就没有海尔的 OEC（Overall Every Control and Clear，每天对每人每事进行全方位的控制与清理）管理模式，也没有麦当劳的快餐经营模式。

能力本身是看不见、摸不着的，只能通过相应的形式表现出来。个人的能力要通过个体所拥有的技能或所从事的活动体现，企业的核心竞争力则要通过企业所拥有的技能或所从事的业务体现。按照普拉哈拉德和哈默的观点，企业之间的竞争主要在三个方面展开：核心竞争力、核心产品和最终产品。核心产品是核心竞争力的外在表现，最终产品的质量、价格和市场占有份额则由核心产品决定。从这个角度说，企业核心竞争力是一种提供具有特异性或成本优势的关键性产品或服务的能力。所以企业核心竞争力是一种生产力。生产力具有非物质实体性。生产力不是人和物本身，但又不能离开人和物而存在。如同物理学对力的性质的界定：力是指物体对物体的作用，离开了物体就没有了力的存在；力是物体自身的一种属性，而不是物质实体本身。同样的道理，企业核心竞争力也具有非物质实体性，它是强势企业的一种功能属性。它不可能脱离企业而存在，也不可能脱离企业的生产经营活动而存在。生产力本身是无形的，而生产力的存在形式是有形的。企业核心竞争力是一种生产力，它只能通过相应的载体表现出来。企业核心竞争力的载体既包括它赖以开展生产经营活动的物质实体，如技术专利、人力资源、生产设备、品牌等，又包括它所生产出来的物质实体，如核心产品、核心服务等。

综上，企业核心竞争力是一种能力，能力与能力的表现形式具有不可分割性。企业核心竞争力是一种生产力，生产力与生产力的载体具有不可分割性。生产设备、品牌、专利等是企业核心能力或核心竞争力的载体，而不是核心竞争力本身。核心竞争力和组织的知识及技能紧密联系，是一种功用属性，它本身是看不见、摸不着的，只能通过相应的载体或形式表现出来。不少人把核心竞争力简单等同于核心技术、商标品牌、智力资产等。实际上，企业在某一方面的优势并不一定能带来整体优势，该优势也不一定能长久保持，而核心竞争力是能为企业带来持续竞争优势的能力组合，是企业内一系列互补的技能和知识的组合。例如，有人认为本田的核心竞争力在于它先进的汽油发动机技术，其实更准确地说，应该是在于它汽油发动机的研发能力、制造能力和营销能力的整合。

（三）属性

1. 企业核心竞争力是“合力”而不是“核力”

关于企业核心竞争力，还有两种存在较大分歧的观点：一种观点认为，企业核心竞争力是能为企业带来持续竞争优势的能力的组合；另一种观点认为，企业核心竞争力是企业内部对价值创造贡献最大的那部分知识和资源。前一种观点强调能力体系的有机组合，可称为合力观；后一种观点强调企业能力体系中的核心部分，可称为核力观。

持核力观的研究者之间也有不同的认识。有的研究者把核心竞争力归结为核心技术、知识体系，还有的研究者把核心竞争力归结为智力资产或特殊资产，甚至有的研究者把核心竞争力归结为知识或智慧，实际中持这种观点的人不在少数。在他们看来，既然核心竞争力价值创造贡献最大，那么它就等同于公司的精华。这种观点不是没有道理，但它在理论上和实践上都有诸多不足。首先，在理论上它违背了企业核心竞争力理论提出的主旨和本意。当初首创者是为了探讨企业可持续竞争优势之源这一命题而提出的核心竞争力这一概念。很显然，企业某方面优势如技术优势，并不必然导致整体竞争优势。成功的公司并非仅是技术先进，技术先进的公司垮掉的也很多。因此，“核力”不是构成企业竞争优势的充分条件。其次，它不为实践带来新思路。如果把核心竞争力归结为核心技术，那么核心竞争力的培育只能是技术管理和创新管理；如果把核心竞争力归结为知识体系，那么核心竞争力的培育只能是知识管理和学习型组织的建立。

事实上，更多的研究者把企业核心竞争力视为一种合力。麦肯锡咨询公司的凯文·科因、斯蒂芬·霍尔、帕特里夏·克里福等认为，核心竞争力是某一组织内部一系列互补的技能和知识的组合，它具有使一项或多项关键业务达到业界一流水平的能力，具体包括洞察预见力和前线执行力两个方面。梅约则认为，企业核心竞争力是指研究开发能力、生产制造能力和市场营销能力的组合。企业核心竞争力是一种完备结合状态，它是由不同类型、不同层次的能力有机结合而成的，它们之间是一种矢量叠加关系而非标量叠加关系。企业核心竞争力的大小取决于对这些不同方向的力的协调结果。因此，核心竞争力的构建应是一个系统工程。

2. 企业核心竞争力是生长力而不是静态力

研究者普遍认为，企业核心竞争力具有打开多种产品潜在市场、拓展新行业或领域的作用。企业核心竞争力不只是一种机构力，还是一种构建力、生长力。这种构建力主要表现在，构成企业核心竞争力的各分力之间以及构成核心竞争力的力与它们的载体之间存在着支持与构建的关系。简言之，具备核心竞争力的企业组织有一种“自举”的功能。这决定了企业核心竞争力不是起点，更不是终点，而是企业生产力的组织和创造的过程。

企业核心竞争力的这一特质可以从以下三个方面加以说明：

（1）研究开发能力、生产制造能力和市场营销能力之间的支持与建构关系。梅约和厄特巴尔把企业核心竞争力分解为四个维度：产品技术能力、用户需求理解能力、分销渠道能力以及生产制造能力。具备核心竞争力的企业，可在用户需求理解能力的协调下，使产品技术能力、生产制造能力和分销渠道能力之间相互建构、相互支持。产品技术能力和生产制造能力以低成本和适当规模把用户需求的产品由可能变为现实，而市场营销能力则以经营成果的实现反馈研发和制造能力。

（2）技术性能力、管理性能力与治理性能力之间的支持与建构关系。技术性能力包括企业产品与工艺方面的核心技术、制造与营销方面的专有技术等；管理性能力包括决策权配置能力（如决策结构及信息结构建立）和协调能力、技术与控制能力；治理性能力包括协商与谈判能力（产权制度安排）、激励与约束能力、企业文化的规范能力。技术性能力构成企业的硬件结构，管理性能力与治理性能力构成企业的软件结构。硬件结构支持软件结构，软件结构建构硬件结构，两者相互结合、相互作用，这种演进的动态过程构成企业的核心竞争力。

（3）企业一般能力、行业一般能力与企业核心竞争力之间的支持与建构关系。企业一般能力是指任何企业从事生产经营活动都必须具备的能力。行业一般能力则是从事某种行业的生产经营活动所必须具备的基本资源和能力。企业核心竞争力是建立在前两种能力基础之上的，但它们在一定条件下可以相互转化。这正如同能力和智力的关系，一方面，能力是建立在一定的智力基础之上的；另一方面，能力的增强会提高一个人的智力水平，智力水平的提高也会进一步增强一个人的能力。

二、企业核心竞争力的内在决定要素

了解企业核心竞争力的内在决定因素，有助于企业进行自我核心竞争力的培育。在进行核心竞争力评价时，首先要考察的就是企业是否具备核心竞争力的这些内在决定因素，这是核心竞争力评价的基础。本书根据对核心竞争力内涵的介绍，归纳出了形成核心竞争力的内在决定因素：知识、技术，资源，企业文化以及管理整合。

（一）知识、技术——核心竞争力的源泉

经济合作与发展组织报告将知识分为四类：事实知识、原理知识、技能知识和人力知识。前两类属于事实和规律方面的知识，属于显性知识；后两类属于技能及其应用方面的知识，属于隐性知识。知识一旦被企业合理地掌握和运用，就转化为企业拥

有的要素能力，即核心技术，这种要素能力正是核心竞争力的基本构成要素。企业应通过内部知识的创新和外部知识的获取不断形成新的知识，并有组织地学习、应用，不断形成增强企业核心竞争力的要素能力，为企业核心竞争力的培育不断输入新的力量。可见，知识是能力形成背后更深层次的东西，是企业核心竞争力的源泉。

（二）资源——核心竞争力的基础

企业要获取独特的核心竞争力，首先要实现具有自身特性的资源的持续积累。在核心竞争力形成过程中需要的大量资源，绝不仅指资产负债表的资产，还包括结构性的、集合性的资源，既包括企业内部的人力、生产和研发所需的资源，也包括客户、供应商、营销网络等外部资源。为此，考核企业是否具有核心竞争力，不仅要了解企业对这些资源的拥有现状，还要了解企业不断积累这些资源的努力过程。如，考核企业为保持技术和产品的领先所投入的研发支出，为提高员工的素质和积极性而投入的培训和激励支出以及相关的薪酬制度，为形成高效率的生产制造能力进行的设备投资，为构造市场营销网络所投入的基础设施，为构建核心竞争力而并购外部资源的支出等。除此之外，还应考核这些资源的组合使用能力。

（三）企业文化——核心竞争力的原动力

在有关核心竞争力研究的各流派中，拉法、佐罗以及巴顿等都认为，核心竞争力的积累蕴藏在企业的文化中。企业文化从层次上主要分为精神文化、制度文化和行为文化三个层次。精神文化包括企业的目标、企业的价值观、企业的经营观念等；制度文化是指企业为实现精神文化所倡导的内容而在管理模式、管理方法上所做的制度性的规定；行为文化则是为规范企业内部人员的具体行为而制定的行为标准。精神文化是基础，它决定了企业核心竞争力的定位和价值取向，而制度文化和行为文化则是实现精神文化的保证，进而保证了企业核心竞争力的连续性。国际上很多百年公司经历了多次产业转换而长久不衰，很重要的原因就是其优秀的企业文化保障了核心竞争力的平稳过渡。

（四）管理整合——核心竞争力形成的必经途径

由上述关于核心竞争力概念的介绍可知，很多学者持核心竞争力的整合观，认为核心竞争力的培育需要各种技能、技术、知识、资源和能力的整合，这种整合能力就是管理。整合的实质是通过管理的介入增强要素间的协同性，从而形成各要素功能的倍增和放大。

1. 能力要素的形成与资源使用之间的协调性

企业拥有的资源应不断地流向要素能力并转化为构成核心竞争力的战略性资源。为此，企业现有资源的使用都应围绕着形成核心竞争力要素能力来进行。因此，在财务分析与评价中，应特别注重企业对核心技术、核心资源、核心生产、核心营销等方面的投入及其相关效益。

2. 要素能力之间的协调性

企业拥有的要素能力不是简单地罗列，而是需要相互协调、相互组合，形成一个有机的能力体系。正是这种协调性使要素能力产生合理，效用倍增。这将成为我们进行资源组合增值能力以及财务信息协调性分析的重要依据。

3. 内部、外部资源的整合

当企业内部资源不足以形成所需的核心竞争力时，企业需要借助外力，通过并购、联盟等方式引入外部资源和能力，经过与内部资源、能力协调整合，最终转化为企业内部的资源和能力。

三、企业核心竞争力的特征

（一）价值优越性

企业核心竞争力是企业利用其综合优势在市场上为客户提供超过其他企业的更多的使用价值，能更好、更全面地满足客户的需要。例如，帮助企业建立价格优势，使顾客可以以更少的支出获得更多的产品和服务，获得更多的“消费者剩余”。同时能使企业比竞争对手具有更高的经营效率、更低的产品成本，从而取得更高而且长期的经济效益，以此实现企业价值的最大化。价值性是核心竞争力的最基本特性，识别一种竞争力是否是核心竞争力，先要判断其是否具有价值性，能否为消费者提供更大的好处。

（二）不可交易性

核心竞争力是通过长期的学习和逐步的积累得到的，它不能通过相应的要素市场买卖获得，因此企业一旦在某一项核心竞争力上取得领先地位，竞争对手就很难在短时间内赶上来。

（三）不易模仿性

企业的核心竞争力必须是独一无二的，也就是不易被对手效仿、占有，能带来超额利润的、独特的资源或能力。如果某个企业的核心竞争力是其他企业能够模仿的，那它在竞争中就不具有竞争优势，也就不能称之为核心竞争力了。企业核心竞争力关系到整个企业，是共有的、累积性的知识和技能，是日积月累形成的，它主要体现在企业的无形资产上。它深深植根于企业的组织体系、企业文化和管理模式之中。企业可以依靠该能力赢得客户的充分信任，形成特色甚至部分垄断，从而使该企业在竞争中占有独特的相对优势。企业核心竞争力的培育主要是通过企业自身的不断学习、创新和磨炼而形成的。企业核心竞争力具有鲜明的企业个性，深深地打上了企业的烙印。

正是核心竞争力的这种企业独特性才使得企业的竞争对手难以模仿，在竞争中获得其他企业不能获得的竞争优势而处于有利地位。

（四）相互关联性

核心竞争力是一组技能和技术的集合体，而非单个分散的技能或技术。核心竞争力是提供其竞争优势基础的多方面技术、技能和知识的有机整体，是多种能力提炼、升华的结果。这一过程是企业自身学习的过程，是对企业内部资源进行优化、整合的过程。核心竞争力是许多不同部门或个人相互作用产生的，它的载体是整个企业，而不是企业的某个部门或某个人。因此，它不仅与企业的技术因素有关，而且与企业的组织结构、管理和企业文化以及社会环境等密切相关。核心竞争力不仅强调技能或技术，更强调整合。

（五）动态性

核心竞争力是一种合力，是企业能力的集成，与企业的员工、组织文化及特定行为联系在一起，与企业所在的内部环境和外部环境密不可分。随着竞争环境的变化，企业原有的核心竞争力有可能转移或消失。企业核心竞争力对企业人力资源和内外部环境都具有高度的依赖性。因为企业的员工部分地充当了核心竞争力的承担者，而且核心竞争力并非存在于单个企业员工身上，而是置身于企业的组织环境，必须通过规范的形式体现出来。如果外部的环境发生剧变或内部管理不善，企业某阶段的核心竞争力到下一阶段可能会贬值成一般能力甚至流失。例如瑞士钟表业过去以精密的机械设计闻名于世，但是进入电子时代后，随着各种电子表、石英表的兴起，瑞士钟表所拥有的市场竞争优势大大减弱，从而失去了许多市场份额。因此，核心竞争力是和持续不断的创新相联系的，需要及时维护和创新。

（六）拓展性

拓展性是指核心竞争力能使得企业在未来生产有内在关联的产品，进入多个新的市场。例如，本田的发动机专长，使它能够进入似乎没多大关联的多种行业，如汽车、割草机、水下引擎和发电机等行业，并且都建立起了强大的竞争优势。

四、企业核心竞争力的主要评价方法

企业竞争力评价方法分为单项指标评价法和综合指标体系评价法。单项指标评价法是直接用某企业单项指标的报告期数值与基准期数值对比，或用两个不同企业的同一指标实际数值对比得出相应的结论。此种方法过于简单，实际中很少使用，所以本书在此不作赘述。综合指标体系评价法是先对多项指标进行综合，形成一个综合指标，然后根据综合指标数值得出相应的结论。截至目前，企业竞争力评价的方法至少有20

多种。比较有代表性的有以下七种。

（一）因素分析法

因素分析法的基本要求就是尽可能地将决定和影响企业竞争力的各种内在因素分解和揭示出来。一般来说，越内在的因素对企业竞争力的影响越深刻、越长久，但其产生作用的逻辑因果关系可能非常复杂；而越表面的因素对企业竞争力的影响越直接、越短暂，但其产生作用的逻辑因果关系也较简单。最表面、最容易感知的属性和因素可以表征为企业竞争力的显示性指标，这类指标可以选择能够直接反映企业市场地位的数值，例如，产品或服务的市场占有率及其增长率、企业的盈利率、企业规模等。这类指标直接表明企业竞争的结果，可以视为企业竞争力目前的现实状况，因此可以最直观地反映当前企业竞争力的强弱。但是，这类指标并不能说明企业竞争力的产生原因，所以它们实际上并没有揭示出企业竞争力强弱的决定因素。而要揭示和评价决定企业竞争力的因素，就必须进一步评价影响竞争力显示性指标的决定性属性和因素。在这些属性和因素的背后又有更深刻、更内在的因素，而且，在这些因素发挥作用的过程中，企业所处的关系环境又会在不同程度上对其产生直接或间接的影响。这样，对企业竞争力进行评价的指标体系就会是一组非常复杂的统计数值。而且，有些决定和影响竞争力的因素可能是难以计量的。

（二）对比差距法

对企业竞争力的评价可以采取企业与企业直接比较的方式：假定同类企业中最优秀的一家或几家企业的一系列显性特征对竞争力具有明显的影响，可以通过本企业和最优秀企业的一系列显示性指标的比较来评估本企业在竞争力上存在的差距。这种研究方法主要涉及以下几个环节：①选取对比指标；②比较本企业与最优秀企业各指标的差距；③进行综合汇总，评价本企业与最优秀企业之间的总体差距。这种方法同前一种方法的共同之处是都要进行详细的因素分析和统计数值的计算，不同之处是此种方法是一对一的比较，可以进行多指标的直接对比，而不必进行数值的加总比较，因此可以避免确定各因素权重过程中的主观因素。

（三）内涵解析法

内涵解析法的特点是将定性分析和定量分析相结合，重点研究影响企业竞争力的内在决定性因素，对于一些难以直接量化的因素可以采取询问专家意见或者问卷调查的方法进行分析判断。与前两种方法主要分析竞争力的外延性指标不同，这种方法重点分析竞争力的内涵性因素，其目的是揭示企业的核心竞争力，并对其作用进行评价。这一方法主要涉及以下几个环节：①确定决定和影响企业竞争力的主要因素，并分析其因果关系；②通过统计分析、专家意见、问卷调查等方法，分析企业竞争力的实际情况；③深入进行企业核心能力的剖析，分析企业核心理念是否贯彻到企业运行的各个部分和环节，以判断企业竞争力的强弱。这种研究方法的优点是可以深入到对企业核心能力的分析，具有深刻性；缺点是难以全面计量化，可能含有较大程度的主观性。而且，有些因素在性质上是难以进行企业间的直接比较的。

（四）模糊综合评价法

模糊综合评价法是美国控制论专家艾登（Eden）于 1965 年提出的。企业竞争力模糊评价的理论依据是：企业竞争力的评价具有模糊性。通常我们把竞争力强度分为很强、较强、一般和差四个等级，但很难界定每个等级的标准。这种等级的分类也只是人们主观意识的结果，分类本身就有“模糊性”。在企业竞争力评价中，一些因素由于具有模糊性而不能简单地用一个分数来评价。

（五）灰色多层次评价法

1982 年，邓聚龙教授创立了灰色系统理论。灰色系统评价方法主要有灰色聚类、灰色统计和灰色关联分析。企业竞争力的灰色评价的依据在于：企业竞争力评价系统是一个灰色系统。首先，因为影响企业竞争力的因素太多，人们在评价时只能选取有限的主要指标来进行分析。其次，所选取的评价指标的数据，有些是已知的——可以从现有的统计资料中获得；有些指标的数据却是未知的——无法从统计资料中获得。因此，企业竞争力评价系统具有信息不完全，或者“灰色”的特征，运用灰色系统理论评价此系统是非常适宜的。

（六）综合指数评价法

综合指数评价法是一种综合指标体系评价法。其评价的方法是：

（1）确定评价项目的权数。由于本指标体系为多层次的，所以既要求一级系统的权数之和为 1，又要求各子系统内部各项目权数之和为 1，确定权数目前多采用专家咨询主观定权的方法。

（2）计算各子系统的综合平均指标。对于正指标直接用其报告期与基准期对比；对于逆指标，先求其倒数值，然后用上述相同的方法进行对比。算出“个体指标”，最后用事先确定好的项目权数对它们进行加权平均，得出子系统综合评价的平均指数。

（3）对各子系统的平均指数进行加权平均，求出综合平均指数。

评价的标准在于：假设甲、乙两企业，如果综合平均指数接近 1，则说明甲、乙两企业的整体无明显差别；如果综合平均指数大于 1，则说明甲企业优于乙企业；如果综合平均指数小于 1，则说明甲企业劣于乙企业。综合平均指数与 1 的离差越大，说明不同企业的差异越明显，故各企业能依据综合平均指数的大小，进行企业间的比较，确定本企业在同行业中的地位，制定自己的发展战略。

（七）基于 DEA 的动态评价法

DEA 方法是以传统的工程效率概念和生产函数理论为基础来评价决策单元之间的相对效率，不仅可以对决策单元的有效性做出度量，而且还能指出决策单元非有效的原因和程度，为主管部门提供管理信息。DEA 最主要的是 CCR（C^2R）和 BCC（BC^2）两种模型，其中 CCR 模型同时评价了决策单元有效性和技术有效性；BCC 模型评价决策单元技术效率是否最佳，不考虑其规模是否有效。微观企业的投资效率等价于企业的生产效率，因此，可以通过全要素生产率来度量企业的投资效率。

第二章　企业核心竞争力理论研究综述

第一节　企业核心竞争力溯源研究综述

在美国学者普拉哈拉德与哈默提出核心竞争力的概念以后，企业核心竞争力理论日益成为了理论界与实践界关注的焦点问题。1990 年，Prahalad 和 Gary Hamel 在《哈佛商业评论》上发表了《企业的核心能力》一文，这具有划时代的意义。企业核心竞争力作为持续竞争优势之源的提出，引起了理论界和实践界的巨大反响，从此确立了核心竞争力在企业经济学与管理学中的重要地位。近年来，国内外学者对企业核心竞争力从理论到实践都进行了大量的研究，通过对相关文献的研究，可以看出国内外学术界主要从以下三个方面来解释企业核心竞争力的来源。

一、源于“分工论”

1664 年亚当·斯密第一次阐述了劳动分工，使企业的不同指标得以区别并逐步实现了精细化，从而提升了生产效率，使得经济有了质的飞越。李嘉图在 1817 年出版的《政治经济学和赋税原理》中指出企业特有的资源、技能等与分工情况下所得到的效率有巨大的关联作用。他的理论着重分析了比较优势带给国家的动态利益，这可能是其概念的雏形。其后，马歇尔指出：“差异分工、技能、资源相互间有着必然的联系。那就是说，核心竞争力主要是指企业之间的分工，而不仅仅是企业内在的分工。”新古典经济学家马歇尔虽然未说明企业自身的发展与其所拥有的能力、资源有关联，然而却明确表达了各个企业的不同主要是来自其内部的知识积累和协调。最先表达出“技能”或“特殊技能”这一说法的是社会学家菲利普·塞斯内克。之后西方战略管理专家安索夫在《公司战略》、安德鲁斯在《公司战略思想》中对这个概念做了进一步的研究，使其在理论和管理实践中产生了很大影响。普拉哈拉德和哈默正是看到了竞争力的一些独特概念，才提出了新的概念，即“核心竞争力”。

二、始于“战略发展论”

20 世纪 80 年代战略定位学派成为主流，学者们对核心能力的研究发展到战略定位上。代表人物有迈克尔·波特，他从产业的竞争结构出发，采取相应的战略配套措施，提出行业五种竞争力量之说。他主要提出了一般性的三种竞争战略，强调学者应该把注意力多放在产业定位上，这是企业的外部环境。此外，明茨伯格提出“精雕”这一战略，着重说明企业需要随着环境而对自身的结构等方面进行多次持续的调整。我国学者项保华和李庆华将企业战略理论的发展概括为早期战略思想阶段、传统战略理论阶段和竞争战略理论阶段三个阶段。王秉安专门分析了企业竞争战略理论阶段，根据企业竞争战略理论研究的侧重点不同又将其划分为三个阶段：20 世纪 60 年代以来以战略管理为中心的竞争理论阶段，侧重研究战略管理；20 世纪 80 年代以来以市场结构为中心的竞争理论阶段，侧重研究市场结构；20 世纪 90 年代开始着重研究企业素质，以核心竞争力研究为侧重点（Competence Theory of the Firms），逐渐成为了最新的企业理论和重要的企业管理理论。

三、产生于“企业理论的新发展”

这一观点主要以科斯为代表。科斯在 1937 年独特地研究了组织能够存活下来的原因，这一理论发表在《企业的本质》中，而后他以组织不断增大的临界为题，提出“交易成本”这个说法，其想法总结为“私人成本与社会成本几乎是一致的，但这一观点的提出是要在完全竞争的情况下”。因此被后人称为“科斯定理”。20 世纪 80 年代，研究者们开始重视并把视角投向了企业拥有的特殊能力——企业核心竞争力，认为必须重新对企业进行认识和分析。从亚当·斯密的“能力分工”到马歇尔的“差异分工”，再到科斯的“交易成本”理论，经济学家们一直都在探讨企业的产生与发展问题，以科斯理论为基础的现代企业理论成为主流。

第二节　企业核心竞争力内容及特征研究综述

一、国外研究综述

核心竞争力这一概念以及它作为竞争优势的源泉都已被广泛接受，但是到目前为止，学者对于其概念本身还存在着很大的分歧，因此对核心竞争力的研究是很有必要的，有利于企业更好地理解竞争力的内涵，从而有的放矢地培养适合其企业的核心竞争力。国外学者从知识载体、环境、元件—架构、整合、组合、产品平台、技术能力、组织学习等方面表达各自对这一概念的研究，但是并没有形成统一的观点。归纳起来，大致有如下四种观点。

（一）基于整合观的核心竞争力

对企业核心竞争力的描述可以追溯到整合观理论的创始人普拉哈拉德和哈默。在两人合著的论文中，他们给出了一个至今仍被广泛引用的企业核心竞争力的定义，他们认为企业核心能力是“一个组织中的积累性学识，特别是关于协调不同的生产技能和有机结合多种技术流的学识”（有的资料译为：组织由过去到现在所积累的一种知识学习效果，它需要各业务单位之间充分沟通、参与，特别是使不同生产技能部门之间合作无间或将各种不同领域的技能加以整合，并且提供顾客特定的效用与价值）。在这个定义中，有这样几层意思：一是企业核心竞争力属于组织所共同具有的学识，是组织的综合资源，而不是属于某个人或战略单元所专有的；二是核心竞争力的形成不是企业内技能或技术的简单堆砌，而是需要有机协调和整合，即需要管理的介入；三是突出核心竞争力的构成要素的技术性，即包含“技术”和“技术流”。

1994 年，普拉哈拉德和哈默又合著了一本在全球广受欢迎的论著《竞争大未来》（Competing for the Future），在书中他们明确指出：“核心竞争力是能使企业为用户提供某种特定好处的一组技能或技术的集合，而不是指单个技能或技术。”哈默又重申了这个观点，即核心竞争力代表多种单个技能的整合，并指出正是这种整合才形成企业核心竞争力的突出特征。

普拉哈拉德和哈默将一个多元组织视为一棵树，包括树根、主干、枝干和叶子四个部分，核心产品就是主干和枝干，业务单位就是小分枝，最终产品就是叶子、花和果实。核心竞争力就是组织内共同学习，将不同生产技巧结合成多用途的技术，是一种跨组织间的联系、参与和工作承诺。普拉哈拉德和哈默共同认为，核心竞争力是一套能提供组织丰富性、持续性和稳定性的基础系统。

麦肯锡咨询公司几位专家给出的核心竞争力的定义为：“核心竞争力是群体或团队中根深蒂固的、相互弥补的一系列技能和知识的组合，借助该能力能够按世界一流水平实施一道多项核心流程。”根据这个定义，核心竞争力包括两类能力：洞察力和预见力。首先，这个定义的特别之处在于核心竞争力的绝对水平，即世界一流水平。其次，这个定义也强调核心竞争力是一系列技能和组织的组合，主要基于技术、技能（创造力和分析推断能力）及专有知识（专业数据、信息）。在这一点上，这个定义与理查德·朗克（Richard Lynch）的认识一致，“核心竞争力是技能、知识和技术的整合”。库姆斯（Coombs）从技术和组织能力的认识维度，提出企业核心竞争力是一个包括技能以及使企业、市场、技能相互结合的组织能力的一个特定组合。企业核心竞争力包括企业的技术能力以及将技术能力予以有效整合的组织能力。他认为，核心竞争力建构于企业战略和结构之上，必须有沟通，以及以具备特殊技能的人为载体，涉及众多层次人员和组织的全部职能，因此，核心竞争力必须有沟通、参与和跨越组织边界的共同视野。在这个定义中，既指出了核心竞争力的技术性，又指出了核心竞争力的组织管理性，核心竞争力既包括企业的技术专长，又包括有效配置这些专长的组织管理能力。由此可以看出，库姆斯认为，核心竞争力不但包括专业技能、专长，还包括了使技术和专长能够和企业、市场进行有效配合的组织管理能力。

（二）基于知识观的核心竞争力

巴顿（Barton）是基于知识的角度分析核心竞争力的代表人物，他从知识观的角度进行考察，根据知识能否为外部所获得或模仿来定义企业的核心竞争力。巴顿认为，企业核心竞争力是指具有企业特性的、不宜交易的，并为企业带来竞争优势的企业专有知识和信息，是企业所拥有的能够提供竞争优势的知识体系。因此，学习是提高企业核心竞争力的重要途径。企业核心竞争力作为知识体系，包括四个维度：①组织成员所掌握的技能和知识集，包括企业的专有知识和员工的学习能力；②组织的技能系统，即组织成员知识的系统组合；③组织的管理系统，组织的管理制度影响着创造知识、学习知识的途径和热情，可能构成企业核心竞争力的一部分；④组织的价值观系统，组织成员共有的价值观核心行为规范。

由此可见，巴顿所称的知识是一个“泛知识”的概念，既包括狭义上的企业专用知识，又包括其员工所掌握的技能、技术以及企业的内部管理制度和价值观。从巴顿所给的概念中我们可以看到，他重视企业的管理系统和价值观在核心竞争力中的作用，尤其是价值观的问题，这是基于整合观的核心竞争力定义未提到的。价值观贯穿了前三个知识体系维度的始终，并深深地影响着前三个维度。价值观系统的继承性和独特性有着不可分割的关系。正是基于这一点，核心竞争力才不易被竞争对手模仿。

（三）基于文化观的核心竞争力

拉法（Raff）和佐罗（Zollo）认为，企业核心竞争力不仅存在于企业的业务运作系统中，而且存在于企业的文化系统中，根植于复杂的人与人以及人与环境的关系中。核心竞争力的积累蕴藏在企业的文化中，渗透整个组织，而恰恰是组织内达成共识且为组织成员所深刻理解并指导其行动的企业文化为一个综合且不可模仿的核心竞争力提供了基础。

（四）基于组合观的核心竞争力

康特（Many K. Coulter）在《战略管理行为》（1998）一书中认为，核心竞争力是组织中主要创造价值并被多个产品或多种业务共享的技能和能力。这个定义除了指出创造价值和能被多个产品或业务共享这两个核心竞争力的特征之外，也把核心竞争力定义在了技能和能力上。

而在《核心竞争力和竞争优势》一文中，鲍哥纳（WillIan C. Bogner）和托马斯（Howard Thomas）认为，核心竞争力是企业的专有技能和与竞争对手相比能够更好地指导企业实现尽可能高的顾客满意度的认知，这些认知包括：①解决非结构问题的秘诀和组织规则；②在特别情况下指导企业行动的共享价值观；③关于技术组织动态和产品市场相互作用的隐性理解。他们所谓的隐性知识其实是企业中的隐含性知识和价值观系统，所以，这个核心竞争力的定义，应包括技能、隐含性知识和企业价值观。

梅约（M. H. Meger）和厄特巴克（J. M. Utterback）认为，核心竞争力是企业的研究开发能力、生产指导能力和市场营销能力。核心竞争力在很大程度上就是在产品创新的基础上，把产品推向市场的能力。梅约和厄特巴克把企业的核心竞争力进一步分为四个维度：产品技术能力、制造能力、对顾客需求的理解能力、分销渠道能力。从他们对核心竞争力的分类上，我们可以看出以下两点：一是核心竞争力存在于研究开发、生产制造、市场营销等业务流程中；二是核心竞争力既有技术能力，又有市场营销等管理能力，而且在他们看来，把产品推向市场的能力在某种意义上比技术能力更为重要。

这些观点对于企业核心竞争力的阐释各有千秋。这些观点的存在，充分说明西方专家学者对于企业核心竞争力的理解之深。

二、国内研究综述

对企业核心竞争力的界定在国内学术界和企业界也存在着多种不同见解和观点。

（一）学术界研究综述

1. 基于企业技术能力和创新能力的核心竞争力研究

周星和张文涛从产品、技术和营销的角度出发，认为企业的核心竞争力是企业研发独特产品、发明独特技术和营销手段的能力。国务院发展研究中心原副主任陈清泰在上海财富年会上说：核心竞争力是一个企业不断创造新产品和提供新服务以适应市场的能力，不断创新管理的能力，不断创新营销手段的能力。这个概念突出企业在研发、管理、营销等方面的创新能力。黄继刚认为，核心竞争力是由技术能力和管理能力两者有机结合、整合而形成的，是其他竞争对手无法模仿的动态能力。张光灿从知识、制度、技能、决策的角度出发，认为核心竞争力先是一种能力，是企业在面对外部现实环境和环境变化时，能够综合运用知识、技能做出反应和进行自我调整的过程。中国社会科学院陈佳贵认为，核心竞争力主要是指企业在生产经营过程中的积累性知识和能力，尤其是关于协调不同生产技能和整合多种技术的知识和能力，并据此创造出超越其他竞争对手的独特的经营理念、技术、产品和服务。刘世锦研究员等则认为企业核心竞争力中最基础的，是整个企业具有长期稳定的竞争优势、是企业可以获得长期稳定的高于平均水平的收益的竞争力。战略学家管益忻认为，核心竞争力是以企业核心价值观为主导的，旨在为顾客提供更大（更多、更好）“消费者剩余”的整个企业核心、能力的体系。可以看出，管益忻特别强调核心竞争力“消费者剩余”的本质内涵。简明杰教授提出核心竞争力是企业独具的，是企业一系列产品和服务取得优先地位所必须依赖的关键性能力。这种能力是一组技术与技能的综合体，而并非是拥有的一项技术或技能。黄津孚教授把核心竞争力理解为决定竞争力的主要因素、深层次的因素，即企业赖以生存和发展的核心资源和核心能力。白津夫博士则将核心竞争力定义为企业资源有效整合而形成的、独具的、支持企业持续竞争优势的能力。李品媛认为，核心竞争力是在一定环境中支撑企业持久生存与发展，供企业长期依赖并开发的核心技能的集合，是企业可持续竞争优势和主要利润的源泉。

2. 基于特征的企业核心竞争力研究

许正良、徐颖、王利正提出核心竞争力应具备价值性、独特性、延展性、动态性和培育性五个特征。其是由企业文化力、学习力和创新力有机复合组成的统一体。杨蕙馨、单成华提出“核心竞争力是组织的积累性学识，是支撑企业在一定时期内在其所在市场上占据有利位势中起关键作用的能力系统”。他们又指出，核心竞争力具有价值性、独特性、延续性、不可替代性、有机整合性、不可交易性、可变性、历史依赖性和难以评估性等特征。张新华、范宪认为，核心竞争力的特征是知识集合性与价值优越性、难以替代性和路径依赖性。余江等认为，核心竞争力是一种特殊的能力，并从行为集合性、战略柔性和唯一性不同维度对核心竞争力进行描述和举例。汤湘希认为核心竞争力主要有“三特征说”、“四特征说”、“五特征说”、“八特征说”四种观点，并阐述了每一种观点国内外代表人物及其主要观点。无论是“三特征”、“四特征”或“五特征”还是“八特征”，有三点是共同的，即核心竞争力的独特性、核心竞争力的价值性、核心竞争力的延展性。徐阳华认为，从对企业核心竞争力的不同表述中可以看到，资源学派学者 Jay Barney 的观点得到了核心竞争力研究者的普遍认可和接受，即能给企业带来持续竞争优势的关键资源 VRIN 属性，包括价值性（Valuable）、独特性（Rare）、不可模仿性（Inimitable）、不可替代性（Nonsubsititutable）。赵丽英认为，企业的一种能力之所以能成为核心竞争力，必须具备价值性、价值增值性、领先性、延伸性、整合性、异质性。梁凤霞从核心竞争力具有三方面的含义演绎出核心竞争力的三大核心特征：价值特征、资源特征和知识特征。陈根认为，核心竞争力具有路径依赖性和累积性、黏滞性、组织结构性、缄默性。

3. 基于企业知识的核心竞争力研究

郭凡生认为，企业核心竞争力由三部分组成，形成三个环，核心是知识，中间层是制度，最外层是资源和要素。必须有好的制度和管理，知识才能变为真正盈利的一种产品或者服务。最外层的资源和要素包括我们企业的资金、技术、人才、自然资源等，由这三者有机组合形成企业的核心竞争力。

4. 基于组织资源与系统观的核心竞争力研究

张维迎近些年来多次谈到核心竞争力。他认为，“企业核心竞争力是企业内部所拥有的具有独特性的资源和能力。企业核心竞争力的独特性是‘偷不去、买不来、拆不开、带不走、溜不掉’的”。所谓“偷不去”，是企业具有别人不能模仿的或很困难的能力，它可能是一项技术、一种文化或者一个品牌等；所谓“买不来”，即市场上没有这种资源；所谓“拆不开”，是说企业的资源和能力具有互补性，分开就不值钱，合起来才值钱；所谓“带不走”，是指企业的知识性、组织性的东西，如互补性的资源，发明专利权等；所谓“溜不掉”，是说这种竞争力要有持续性。

（二）企业界研究综述

联想创始人柳传志认为，联想的核心竞争力就是制定出能不断产生新的东西的战略。好的管理基础就是著名的管理三要素：建班子、定战略、带队伍。海尔集团的张瑞敏认为，“创新能力是海尔真正的核心竞争力，因为其不易甚至无法被竞争对手模仿”；华为公司则信守“对核心技术的掌握能力就是华为的生命”；中集集团坚持“物美价廉”；而格兰仕则是“要么不做，要做就是专业化、规模化、集约化，在这个领域做到绝对的比较优势”；娃哈哈则认为，“培养品牌就是培养核心竞争力”；贵州万大客车股份公司董事长张新玲认为，“核心竞争力是一个以技术创新能力和管理能力为核心的复杂系统”；山东宏信则认为，“核心竞争力是以知识、技术为基础的综合能力，是企业赖以生存和稳定发展的根基”。这些认识虽然没有上升到理论高度，但也反映了企业家们对核心竞争力更朴素和直观的理解。

学者是从不同认识维度和角度出发进行研究的，侧重点不同，也各有优缺点。总之，国内外学者对企业核心竞争力从不同角度进行了大量的研究和分析，可以看到核心竞争力的概念在不断地发展和完善。但西方战略学家 Nicolai Foss 指出：“尽管近年来有关企业核心竞争力理论的研究涌现出相当多的著作论述，但客观上讲，这一理论还不成体系，处于一种支离破碎的状态。”由此可见，关于核心竞争力有待国内外学者继续研究进而使其更加完善。

第三节　企业核心竞争力评价及培育研究综述

一、企业核心竞争力评价的研究

对于企业核心竞争力评价的研究，有学者采用非定量方法，直接进行描述。芮明杰认为，核心竞争力是支撑企业占据领先地位的关键能力，对于企业的长期发展至关重要。丁开盛、梁雄健指出，核心竞争力是企业发展独特性的能力，支撑企业存在和发展的独特性，包括独特的产品、技术以及营销手段。

还有一部分学者运用定量分析与定性分析相结合的方法评价企业核心竞争力，主要是通过定性分析确定评价核心竞争力的定量指标，确定指标权重及各指标得分，再运用数据处理软件进行综合计算，确定关键指标以便进行评价和决策。霍国庆、张晓东等运用战略中的资源基础理论，提出评价科研组织核心竞争力包括对战略领导力、人才凝聚力、科教激发力、科研协同力和合作竞争力的评价，并运用 SEM 中的验证性因子进行分析，结果表明指标体系和评价模型的效果都较好。杨静蕾、张东生用结构模型分析方法建立了核心竞争力评价指标体系，从技术能力、管理能力和集体教学能力三个构成要素出发，提出了 13 个评价指标。许国齐、段红杉基于知识维度给出了核心竞争力评价模型，从技术系统、管理系统和价值观系统三个方面进行评价，并用综合模糊评价法将评价指标量化。刘小元设计了资源型企业核心竞争力评价指标，包括核心业务与产品、核心技术能力、企业文化能力、战略决策能力、可持续发展能力、组织协调能力、市场营销能力、生产制造能力，并利用模糊数学构建了资源型企业核心竞争力综合评价方法。

二、企业核心竞争力培育的研究

对核心竞争力培育的研究，Peter Jenner以合资企业为研究对象，认为战略发展规划能力是保证企业持续发展的核心能力，其水平是衡量企业核心竞争力强弱的主要标准，提高企业的战略规划能力是培育企业核心竞争力的有效途径。David Sarpong等认为，企业的战略规划能力和战略洞察能力是维系企业持续发展和推动企业不断获得利益的核心能力，其能力培育不能仅局限在业务能力水平上，更要注重企业文化的建设。Gloria Appiah认为，动态核心能力培育的本质是通过企业变革导向能力的作用，保障企业通过战略重组和整合企业现有资源，应对组织环境和顾客需求的变化。谢讯认为，培育过程分为四个步骤：发现企业需求、确立企业目标、评估相关因素、实施培育措施。张新华、范宪认为，核心竞争力的培育包括内部培育、外部并购、联合开发三条路径。李龙一基于创新的视角，对核心竞争力的培育过程进行了研究，提出了五种途径：集群创新、自主创新、模仿创新、合作创新、虚拟创新。林叶也强调核心竞争力的本质是创新，企业培育核心竞争力必须在战略、技术、组织管理、营销手段等方面进行创新，只有创新才能实现企业的独特性和不可模仿性。陈索鹃从知识结构的视角对企业核心竞争力的形成机理进行了研究，并提出了以培养动态认知模式、增加知识搜索投资和开发知识群为手段的企业核心竞争力培育方法。尹文秋经过研究，设计了以构建创新体系、完善服务体系、提高国际化程度等发展战略为基础的企业持续竞争力培育模式。

第四节 稀土企业核心竞争力研究综述

一、稀土产业分析研究

《美国地质调查局年报》对美国稀土产业状况进行了系统分析，包括：美国国内稀土生产及消费、出口，世界稀土矿产量等数据统计，储量及储量基础、稀土生产应用概况、美国稀土进口来源、美国国内发生的重大有关稀土事件、稀土产业的发展趋势等。数据权威且较为完整，对我们了解稀土大国——美国的稀土产业发展状况及未来趋势具有非常重要的作用。

由英国 Roskill Information Services Ltd. 编著的“The Economics of Rare Earths and Yttrium”(《世界稀土经济》第 11 版和第 12 版),介绍了世界上 30 多个国家和地区稀土资源储量、产量、分布情况、稀土矿产品、分离产品、深加工产品的种类、规模以及稀土消费和出口情况,并对稀土市场和价格以及世界稀土产业发展的新趋势、新情况、新问题做了较为全面的分析。

中国有色矿业集团有限责任公司编著的《国外稀土资源开发与利用现状》介绍了美国联邦地质调查局公布的世界稀土金属储量及在各产地国的分布情况,论述了稀土在各领域的应用现状,介绍了国外主要的稀土矿山:美国的芒廷帕斯稀土矿和贝诺杰稀土矿、加拿大的内查拉口稀土矿和霍益达斯湖稀土矿、澳大利亚的韦尔德山稀土矿和诺兰稀土矿等的总体概况。

由国土资源部信息中心编著的《世界矿产资源年评》对世界稀土资源和储量、生产和开发、用途和消费、贸易和市场状况及其年度变化进行了论述,并概要分析了稀土产品的供需前景。

由中国稀土网翻译并编印的《稀土应用与未来——国外稀土调研报告汇编》,介绍了美国地质调查局、日本金属矿业事业团和法国罗地亚稀土公司等世界稀土生产应用主要国家的重要部门和重点企业对稀土应用及市场供求的调查情况,分析了稀土产业现状和未来发展趋势。

姚钰编著的《世界稀土市场综述》,对国内外稀土市场现状进行了对比研究,分析了当前稀土市场的需求动向,并对未来 10 年世界稀土主要应用领域和市场进行了展望。

近年来,第四届中国稀土学会副理事长苏文清在报纸、期刊、学术会议上发表了多篇关于稀土产业的研究论文,并编著了多部关于稀土产业的著作。《关于稀土产业科学发展观的思考》从科学发展观的角度,阐述了在稀土产业发展中,如何遵循科学发展观,更好地保护和合理开发利用稀土资源;《稀土产业及应用项目投资指南》、《中国稀土产业概览》和《稀土及新型材料产业化示范链的研究》,从稀土产业链和产业化项目的角度进行了分析,提出了延伸稀土产业链,发展深加工产品及投资项目建议;《内蒙古稀土产业发展战略研究》从产业发展、结构调整、资源环境保护、宏观调控、产业政策等角度,提出了内蒙古稀土产业和中国稀土产业的发展战略目标和措施;《中国稀土产业经济分析与政策研究》从经济学和管理学的视角,对国内外稀土的资源、产业、市场和技术经济效益进行了科学、客观的分析,并据此提出了中国稀土产业发展的企业战略和国家战略。

秦志宏、郭晓川在《稀土》上发表的《包头稀土产业的成长模式研究》,介绍了世界稀土产业发展格局下的包头稀土产业，分析了包头稀土产业的资源优势、包头稀土生产企业地域性积聚的集群优势、包头稀土产业技术与人才的优势，并从高技术化成长模式、集群化成长模式和资本化成长模式等多角度对包头稀土产业的成长模式进行了探索。

红枫在《2004年稀土永磁材料论坛》发表了《对我国稀土产业的评价》，从资源、生产技术、生产水平、应用开发、出口贸易等方面介绍了中国稀土产业概况，以客观翔实的数据分析了中国稀土产业在世界上的地位，并指出了中国稀土产业存在的问题及其与国外同行间存在的差距。

国务院发展研究中心鲁志强发表的《为什么"稀土卖成土价钱"》调查研究报告，从没有"发挥出来"的优势、没有"办好"的"稀土的事情"、没有"战略"的"资源"和稀土不等于石油四个方面讨论分析了稀土产业发展中的一些焦点问题。

二、稀土企业核心竞争力研究

（一）从行业及资源层面分析核心竞争力

国内学者大多从行业及资源层面分析核心竞争力。

尚宇基于对中国稀土产业国际竞争力问题的思考，在对中国稀土产业现状进行客观分析的基础上，选择当前世界稀土产业发展处于领先地位的日本、美国、法国、加拿大和中国进行比较研究，以产业经济学、产业竞争力理论和企业竞争力理论等为指导，从中国稀土的资源状况、生产、消费以及产业政策等方面对稀土产业现状进行了分析，进而运用"钻石"模型、波特五力模型以及SWOT模型对中国稀土产业国际竞争力现状进行了思考，并采用国际竞争力指标评价体系和综合指数评价法相结合的方法，对我国稀土行业的国际竞争力问题进行了研究，最后对包头稀土产业进行了实证分析，得出了以下结论：

（1）尽管中国拥有丰富的稀土资源，但是缺少稀土产业的竞争优势。

（2）中国稀土产业在国际竞争中有优势也有劣势。竞争优势主要体现在资源基础、市场控制力上，竞争劣势主要体现在科技、管理支撑能力以及产业环境上。

（3）我们应该客观分析中国稀土产业的国际竞争力，理性面对。既要对中国稀土产业的未来充满信心，又要增强危机感和紧迫感，认识到美国、日本等其他国家的稀土产业都有很大发展潜力。如果不注意克服自身劣势，充分发挥优势，继续走过度开发、粗放发展的老路子，中国稀土产业走向衰退也是有可能的。

苏文清详尽地叙述了稀土产业国际竞争力的优势和劣势，优势包括资源优势、产业优势、市场优势。劣势包括稀土冶炼与分离能力过剩，产销严重失衡；生产经营和管理方式比较粗放；产品结构不够合理，产品档次低，一致性差，产品质量不够高；稀土应用技术含量偏低，跟踪仿制多，独立创新少，开发应用滞后，技术创新能力差；技术装备落后，基础科研后劲不足，科技成果转化和产业化滞后。相对于稀土资源地位来说，稀土产业对我国经济增长的贡献率还不算高，稀土产业的高速度发展并没有带来高效益。他还对优劣势成因进行了合理的分析，他认为，优势成因包括稀土性质特殊，故开发利用意义重大，搞好稀土的开发利用是我国经济发展的迫切需要，我国积极发展稀土产业，对世界文明和人类进步做出了积极贡献；劣势成因包括产业结构矛盾突出、环保问题严峻、开发应用水平低下、科技创新能力弱、技术装备落后、地域落后差距明显。同时从产业和市场竞争以及知识产权的较量两方面对中国稀土产业的威胁进行了分析。此外，他还总结了世界上几个典型国家稀土行业核心竞争力研究的方法，提出了我国稀土产业保持国际竞争力的方法：高度重视资源的有效供给；注意环境保护，走可持续发展道路；优化产业结构；贯彻科技兴业方针，提升产业素质；重视人力资源优势的发挥；把握好产业结构的调整。

刘艳、饶振华从资源优势、发展现状以及产业优势等方面对江西省稀土产业的国际竞争力进行了分析，认为目前江西稀土产业发展存在的主要问题包括稀土矿的地质条件的制约；稀土分离投资过热，扩产过猛；加工和应用产品发展滞后；稀土生产的监管有待进一步完善，规模偏小，整合困难。他们针对以上问题从产业链和产业群两方面提出了江西稀土产业发展的基本思路，提出了提升江西稀土产业竞争力的几点政策建议：加大对稀土资源的保护力度，严格控制稀土矿产品开采总量，严格控制稀土矿产品及分离产品的出口量；加大开采方法研发力度，解决环境污染问题；注重稀土产业链的协调配套发展；自主创新，扩大应用；大力扶持和建设好赣州稀土产业基地；加强稀土产业的行业管理，保护环境，减少污染。

曾国华、吴雯雯从生产要素、需求条件、企业战略和同业竞争行为、产业耦合与结构、产业集群、知识吸收与创新能力以及环境成本等方面对中国南北稀土产业竞争力进行了对比分析，提出了目前南北稀土产业存在的主要共性问题是资源消耗过快、深加工能力差、产业链短、结构不合理、产业集群规模和效益有待提升；主要个性问题是北方稀土产业在资源整合、技术研发以及产业集群等方面已走在全国前列，但其产业发展依然存在诸多困难和问题。轻稀土资源国外储量丰富，北方稀土存在较多的潜在竞争者，生产要素竞争力面临挑战；南方稀土产业竞争力主要受益于得天独厚的资源禀赋，与北方稀土产业相比，南方稀土产业发展集中度不高，整合有待进一步加强。稀土产业人才缺乏，与北方稀土产业相比，南方稀土产业在生产技术、生产规模、科研开发等方面总体水平比较低，专业人才缺乏。同时，他们比较了国际、国内稀土产业，可以很清晰地认识到我国南北稀土产业发展水平不均衡，在资源储量、人力资本技术水平、产业集群等方面存在明显差距。因此，提升我国稀土产业竞争力，需要针对南北稀土产业实行差异化管理，做到有所侧重、循序渐进。具体来说，可以从以下几个方面进行：控制开采总量，分类管理，提高利用率；通过税收、财政、制定政府购买价格等政策，引导稀土产业向高科技应用领域发展；加快行业整合力度，以科研平台建设、人才培养为突破口，提升南方稀土产业竞争力；产学研用结合，以提升集群内涵、延伸产业链为突破口，提升北方稀土产业竞争力。

李文龙从可持续发展的角度对稀土行业国际竞争力进行了研究，从稀土资源、稀土生产、稀土应用和稀土出口等方面总结了我国稀土产业发展现状，提出了稀土产业可持续发展存在的问题，包括：企业自身问题，如稀土企业规模小，竞争力差，市场集中度低；企业盲目生产，产销存在结构性失衡；高精技术人才缺乏，供需矛盾日益突出。稀土行业存在的问题包括：开采方式粗放，资源浪费严重；环境污染严重；应用研究滞后，缺乏自主知识产权；缺乏有效且适合市场运行规律的管理体制；出口秩序混乱，监管有待加强。他还提出了稀土产业可持续发展的对策：加强宏观调控，发挥政府主导作用；提高自主创新能力，促进产业结构升级；提高产业集中度，推动企业联合重组；立足于国内市场，扩大内需；加快稀土战略资源储备制度的实施，夺回国际定价权。通过李文龙的研究可以了解到，我国是稀土资源大国，但不是稀土强国，要加快把稀土资源优势转化成经济优势。稀土产业的瓶颈严重制约着其可持续发展，因此，要做强、做大稀土产业，促进我国稀土产业的可持续发展，就需要国家、行业和企业相互有效配合，相互支持，发挥出各自的作用。

冯静蕾通过分析内蒙古稀土产业在飞速发展的现状，提出提升稀土产业竞争力要从缩小差距开始，例如稀土应用落后于稀土生产，稀土产业的快速发展并没有带来高效益。目前，国际上稀土产品价格趋于下跌。在这一情况下，内蒙古以大量珍贵资源换取的却是极为低下的经济效益。由于内需不旺，产品供过于求，只好依赖出口，导致众多稀土企业开工不足，僧多粥少，只好互相压价，无序竞争，低价竞销。她提出内蒙古有着得天独厚的稀土资源，具有无法比拟的资源优势，储量大，居世界第一位，开采成本低，品位高，却没有发挥出资源优势，发展成为特色经济。

张丽颖对目前国内外学者们的研究进行总结，发现：①从竞争力定位来看，关于稀土资源竞争力的研究很少，现有成果多从稀土产业竞争力角度入手；②从研究的主体来看，多以矿产资源竞争力研究为主，稀土资源竞争力研究不多；③从竞争力的层次来看，现有稀土竞争力研究多以表层的静态方式进行评定，没有深入其实质发掘竞争力发展的长期动态趋势；④从研究方法来看，多以定性研究为主，定量研究很少；

⑤从研究的国界来看，多研究国内竞争力，与他国比较的研究不多见，对稀土资源竞争力进行动态定量研究具有一定的理论和现实意义。因此，她通过 Malmquist 指数模型从横向、纵向和综合角度动态分析了中国稀土资源竞争实力，提炼出评价稀土资源竞争力的三个投入指标（储量规模、进出口贸易差额、资源开采成本）和一个输出指标（稀土资源年收入），研究发现该竞争力在外界因素的改变下，时刻在发生变化，而且它并不像其他国家学者研究的那样处于领先地位，而是由于过度开采等增加了环境的补救成本，综合竞争力在弱化。

李胜连采用 Malmquist 指数模型和相关数据，用 DPS 软件计算出了中国稀土资源竞争力区域动态水平，接着基于 Tobit 模型对稀土产业竞争力影响因素进行了分析，给出了不同地区提高稀土资源竞争力的政策性建议。

（二）从企业层面研究核心竞争力

国内学者从企业层面研究核心竞争力的很少。

吴一丁等采用主成分分析与因子分析法，选取 11 项财务指标构建了稀土上市公司综合绩效评价体系，对 2012 年 19 家稀土上市公司的绩效进行了实证分析和综合评价。

安忠梅以国内稀土行业的龙头企业——包钢稀土为例，对其企业的核心竞争力进行了研究。先通过对我国稀土企业核心竞争力的现状及运行特征和规律的分析，结合包钢稀土的企业核心竞争力现状，提出对包钢稀土企业核心竞争力进行测评的 8 个指标因素及 28 个具体评价指标，进而建立了包钢稀土核心竞争力的评价指标体系和测评模型。然后通过层次分析法和模糊综合评价法计算出包钢稀土的核心竞争力的总体及各指标的分值，归纳出包钢稀土整体核心竞争力处于一般水平，有待提升。同时有针对性地从包钢稀土的企业研发、科技创新能力等薄弱环节出发，对包钢稀土企业核心竞争力培养、提升以及保持进行了深入的探讨。

张江朋等以 2006~2014 年中国稀土永磁类上市公司为样本，从原材料价格波动视角，应用随机前沿的方法研究了稀土永磁行业技术效率变化趋势。

马越峰等运用数据包络分析（DEA）的 C^2R 和 BC^2 模型，以 2011 年 17 家稀土上市公司为研究对象，对其经营绩效进行综合效率、纯技术效率、规模效率分析及投影测度分析。研究发现，我国稀土上市公司总体绩效并不理想，平均效率值只有 0.8043。她还针对非 DEA 有效的决策单元，给出了投入指标和产出指标的调整目标值。

第三章　稀土行业发展现状

第一节　稀土产业概述

一、稀土元素和稀土矿物

稀土是一组金属的简称，包括化学元素周期表第三副族中称为镧系元素的镧（La）、铈（Ce）、镨（Pr）、钕（Nd）、钷（Pm）、钐（Sm）、铕（Eu）、钆（Gd）、铽（Tb）、镝（Dy）、钬（Ho）、铒（Er）、铥（Tm）、镱（Yb）、镥（Lu）以及与其密切相关的两个元素——钪（Sc）和钇（Y）。根据稀土物理化学性质的差异，人们一般把稀土分为轻稀土和重稀土。其中轻稀土是指稀土元素中的镧（La）、铈（Ce）、镨（Pr）、钕（Nd）、钷（Pm）、钐（Sm）、铕（Eu）七个元素；重稀土是指稀土元素中的钆（Gd）、铽（Tb）、镝（Dy）、钬（Ho）、铒（Er）、铥（Tm）、镱（Yb）、镥（Lu）、钪（Sc）和钇（Y）十个元素。另外，稀土极易与水和氧发生反应，生成稳定的正三价氧化物。

世界上含有稀土元素的矿物有 250 多种，其中稀土氧化物含量大于 10%的矿物有 70 余种，但具有工业开采价值的稀土矿物仅有 10 种左右，其中最主要的是氟碳铈矿、独居石和离子吸附型矿。氟碳铈矿主要产于中国和美国，占世界稀土资源的很大一部分；独居石除产于中国外，澳大利亚、巴西、印度、马来西亚、南非、斯里兰卡、泰国和美国等国家的资源也非常丰富；离子吸附型矿则主要分布在中国江西、广东、湖南、广西、福建等地。世界各主要稀土矿种稀土典型配分数据如表 3.1 所示。

表 3.1 世界各主要稀土矿种稀土典型配分数据

稀土配分	中国包头矿	中国离子型矿			美国碳铈矿	俄罗斯铈铌钙钛矿	澳大利亚独居石	印度独居石	马来西亚磷钇矿
		富镧钕型	中钇富铕型	高钇型					
La_2O_3	25.00	38.00	27.56	2.18	32.00	25.00	23.90	23	1.26
CeO_2	50.07	3.50	3.23	<1.09	49.00	50.00	46.30	46	3.17
Pr_6O_{11}	5.10	7.41	5.62	1.08	4.40	5.00	5.05	5.5	0.50
Nd_2O_3	16.60	30.18	17.55	3.47	13.50	15.00	17.38	20	1.61
Sm_2O_3	1.20	5.32	4.54	2.37	0.50	0.70	2.53	4.0	1.16
Eu_2O_3	0.18	0.51	0.93	<0.37	0.10	0.09	0.05		0.01
Gd_2O_3	0.70	4.21	5.96	5.69	0.30	0.60	1.49		3.52
Tb_4O_7	<0.1	0.46	0.68	1.13	0.01		0.04		0.92
Dy_4O_3	<0.1	1.77	3.71	7.48	0.03	0.60	0.69		8.44
Ho_2O_3	<0.1	0.27	0.74	1.60	0.01	0.70	0.05		2.01
Er_2O_3	<0.1	0.88	2.48	4.26	0.01	0.80	0.21	1.5	6.52
Tm_2O_3	<0.1	0.13	0.27	0.60	0.02	0.10	0.01		1.14
Yb_2O_3	<0.1	0.62	1.13	3.34	0.01	0.20	0.12		6.87
Lu_2O_3	<0.1	0.13	0.21	0.47	0.01	0.15	0.04		1.00
Y_2O_3	0.43	10.07	24.26	64.97	0.10	1.30	2.41		61.87

资料来源：国土资源开发管理司. 中国矿产资源主要矿种开发利用水平与政策建议［M］. 北京：冶金工业出版社，2006.

稀土具有供应来源有限、全球市场容量小、代用程度低、军需程度高并且有地缘政治风险等特点，被许多国家列为战略资源。2010 年 12 月美国能源部出台了能源部的第一个“关键矿产战略”，在这份战略报告中将 14 种重要元素及其相应的矿产列入了分析研究对象。其中稀土元素有九种，它们是镧（La）、铈（Ce）、镨（Pr）、钕（Nd）、钷（Pm）、钐（Sm）、铕（Eu）、铽（Tb）和镝（Dy）。报告对所列的 14 种元素/矿产逐一进行了详细计算，并按照关键性将 14 种元素/矿产分成了三大类：关键、接近关键、不关键。具体分类情况如表 3.2 所示。根据分析，稀土元素中的镝、铕、铽、钕和钇在短期和中期均被美国能源局列为了关键矿产。

表 3.2 按关键性对 14 种矿产的分类

	近期	中期
关键	镝、铕、铽、钕、钇、铟	镝、铕、铽、钕、钇
接近关键	铈、镧、碲	铟、锂、碲
不关键	钴、镓、锂、镨、钐	铈、镧、钴、镓、镨、钐

为保障国家经济安全、国防安全和战略新兴产业发展需求，国务院于 2016 年 11 月 2 日批复通过的《全国矿产资源规划（2016~2020 年）》首次将石油、天然气、煤炭、稀土和晶质石墨等 24 种矿产列入战略性矿产目录，作为矿产资源宏观调控和监督管理

的重点对象，并在资源配置、财政投入、重大项目和矿业用地等方面加强引导和差别化管理，提高资源安全供应能力和开发利用水平。

二、稀土的分布

稀土资源主要分布在中国、独联体国家、美国、澳大利亚、印度、加拿大、南非、巴西和马来西亚等国家。美国地质调查局的调查数据显示：目前，中国稀土资源的工业储量为 3600 万吨（REO），占世界的 36.52%，是目前为止世界上稀土资源最丰富的国家，主要矿种有氟碳铈矿、离子吸附型矿、独居石矿和磷钇精矿，其中以氟碳铈矿为主，并拥有世界罕见的离子吸附型矿稀土资源。从储量基础看，中国目前是 5500 万吨（REO），为世界储量的 43.61%。目前，全国 2/3 以上的省均发现了稀土矿床、矿点或矿化地，共有上千处。但是这些稀土资源集中分布在内蒙古的白云鄂博、江西赣南、广东粤北、四川凉山和山东微山等地，形成北、南、西、东的分布格局和北轻南重的分布特点。另外，随着我国不断开采和世界新矿藏的发现，中国的稀土资源储量优势不断削弱，而其他国家的工业储量却在不断增加。世界稀土产量与储量如表 3.3 所示。

表 3.3　世界稀土产量与储量

国家	稀土产量（吨）		储量（吨）
	2014 年	2015 年	
美国	5400	4100	1800000
澳大利亚	8000	10000	3200000
巴西	—	—	22000000
中国	105000	105000	55000000
印度	NA	NA	3100000
马来西亚	240	200	30000
俄罗斯	2500	2500	NA
泰国	2100	2000	NA
其他国家	NA	NA	41000000
总计（取整）	123000	124000	130000000
总计（取整）	110000	110000	130000000

注：NA 表示没有收集到数据，—表示产量为零，俄罗斯的稀土储量统计在其他国家。
资料来源：美国统计局。

美国已探明的稀土工业储量占世界稀土资源的 13.19%，主要矿种有独居石、氟碳铈矿和磷钇矿。美国的芒廷帕斯（Pass）稀土矿位于美国科罗拉多州格林伍德维村，该矿发现于 20 世纪 50 年代，是目前世界上稀土品位较高的工业氟碳铈矿，而且在中国白云鄂博稀土矿开发利用前一直被认为是世界上稀土储量最大的矿山。罗斯基尔的《稀土与钇经济》中的统计数据表明，该矿已探明储量以及远景储量总计达 2800 万吨，稀土平均品位为 8.86% REO。

澳大利亚已探明的稀土工业储量约占世界稀土资源的 5%，主要矿种为独居石。澳大利亚目前赋存已知的稀土资源主要集中在韦尔德山（MtWeld）稀土矿和诺兰（Nolans）稀土矿。韦尔德山（MtWeld）稀土矿位于澳大利亚西澳大利亚州的拉沃顿镇南 35 公里，该矿床发现于 1966 年，矿物主要是假象独居石，已探明储量以及远景储量总计达 620 万吨。而且韦尔德山稀土矿是一座富矿，品位比中国白云鄂博稀土矿高得多（平均品位 11.9% REO）。诺兰稀土矿位于澳大利亚北领地艾丽思斯普瑞斯城北 130 公里，已探明储量以及远景储量总计达 30300 万吨，平均品位为 2.8% REO。

印度已探明的稀土工业储量约占世界稀土资源的 3%，主要矿种为独居石。加拿大的两大稀土矿山分别是加拿大内查拉口（Nechalacho）稀土矿和霍益达斯湖（Hoidas Lake）稀土矿。内查拉口稀土矿位于加拿大西北地区的托尔湖，该矿床已探明储量以及远景储量总计达 6521 万吨，平均品位为 2.05% REO，其中重稀土氧化物占全部稀土氧化物的 15%左右。霍益达斯湖稀土矿位于加拿大萨斯喀彻温省北部铀城以北 50 公里，该矿床已探明储量以及远景储量总计达 115 万吨，平均品位为 2.36% REO。

俄罗斯的稀土储量居全球第二位，据美国地质调查局统计，2014 年独联体稀土资源储量为 2500 万吨，但独联体的稀土矿品位较低，很多稀土矿位于没有基础设施的地区。另外，巴西和马来西亚储量均不到世界的 1%。

三、稀土的应用

20 世纪 50 年代开始，稀土因其特殊的性质成为关注对象，在冶金机械、石油化工、玻璃陶瓷和农业轻纺等传统领域得到广泛应用。稀土冶炼分离产品的主要用途是生产各种稀土材料。我国稀土永磁材料产能达 30 万吨之多，仍呈增长趋势，产量占世界的 88%左右；储氢材料产能 2.5 万吨，产量约占世界的 70%；发光材料产能 2.5 万吨，产量占世界的 90%以上；抛光材料产能接近 7 万吨，产量占世界的 80%以上；催化材料包括石油催化裂化材料和汽车尾气净化催化材料，产量仅占世界的 20%左右。2014 年与 2015 年主要稀土材料生产统计分析如表 3.4 所示。

表 3.4 主要稀土材料生产统计分析

稀土材料	2014 年	2015 年	同比
磁性材料	毛坯 14.5 万吨	毛坯 14 万吨	持平
	磁材 10.98 万吨	磁材 11 万吨	持平
石油催化裂化材料	20 万吨	20 万吨	持平
汽车尾气净化催化材料	2800 万升	2900 万升	4%
储氢材料	7500 吨	8100 吨	7%

续表

稀土材料		2014 年	2015 年	同比
抛光材料		1.8 万吨	2 万吨	11%
发光材料	三基色荧光粉	3120 吨	2200 吨	29%
	LED 荧光粉	106 吨	130 吨	23%
	长余辉	350 吨	210 吨	-40%

（一）传统领域

1. 稀土在冶金工业中的应用

稀土元素因其独特的物理、化学性质对提升传统钢铁以及新型有色金属及其合金结构材料的性能都起着极其重要的作用。稀土在冶金领域的应用已有 30 多年的历史，目前已形成了成熟的技术和工艺。稀土在钢铁、有色金属中的应用非常广泛，虽然单位用量小，但是由于钢铁、有色金属总体量大，稀土用量也很大，曾经占稀土总用量的 1/3。

我国开发的稀土钢品种主要包括铜磷系耐大气腐蚀钢、锰铌系低合金高强度钢、X 系管线钢、铌稀土重轨钢、风力发电机用钢、齿轮钢、轴承钢、弹簧钢、模具钢、工程机械用钢、低碳微合金深冲钢、不锈钢和耐热钢等。

稀土在钢中有以下三大作用：

（1）净化钢液。稀土有较强的脱氧、脱硫作用，在钢铁的生产中有脱氧、脱硫作用，还可以减少并细化钢中夹杂物。

（2）变质夹杂。稀土加入钢中生成球状稀土硫化物或硫氧化物，取代长条状硫化锰夹杂，使硫化物形态得到完全控制，提高钢的韧塑性特别是横向冲击韧性，改善钢材的各向异性。稀土可以使高硬度的氧化铝夹杂转变成球状硫氧化物及铝酸稀土，显著提高钢的抗疲劳性能。

（3）微合金化。稀土在钢中有一定的固溶量，它在晶界的偏聚能抑制磷硫及低熔点杂质铅、锡、砷、锑、铋在晶界的偏析或与这些杂质形成熔点较高的化合物，消除低熔点杂质的有害作用；稀土净化和强化晶界，阻碍晶间裂纹形成和扩展，有利于改善塑性尤其是高温塑性；稀土能抑制动态再结晶，细化晶粒和沉淀尺寸；溶解的稀土可改变渗碳体的组成和结构，并使碳化物球化、细化和均匀分布。

稀土在铸铁中作为石墨球化剂、蠕化剂、孕育剂、形核剂和对有害元素的控制剂，能改善铸件的机械性能，提高铸件质量。稀土在铸铁中的应用是稀土最大的应用领域之一。稀土铸铁主要应用于冶金行业的轧辊、钢锭模等大型冶金备件，机械行业的各种齿轮、凸轮轴、耐磨抗磨铸件、机座、履带，汽车船舶行业的曲轴、气缸体、变速箱、排气管，建筑行业的输水、输气管线。

稀土在有色金属合金应用方面，对以有色金属为基础的各种合金都有良好的作用，可改善合金的物力和机械性能，其中最多的是铝、镁、铜三个系列。21 世纪以来，节约能源、减轻环境污染已经成为世界各国在发展过程中共同关心的问题，材料的轻量化可以有效降低能源的消耗，对于实现节能环保有着十分重要的意义。因此，铝、镁、钛等轻质合金作为结构材料在工业领域中的应用也越来越广泛。

稀土在钢铁、有色金属及合金中的应用、开发潜力巨大，但现今开发的深度和广度还不够。我国大批量生产的稀土钢品种仅 9 个钢号，稀土钢产量占总钢产量的比例不到 1%，而美国是 5%，差距不小。我国稀土钢产量超过 100 万吨的 2005 年、2006 年、2008 年，中小钢厂的产量占了 40%。在金属结构材料领域，我国无论是传统的稀土钢、稀土铸铁，还是新型的稀土铝、镁合金产品的研发及应用，均与美国、俄罗斯等国家存在着一定程度的差距。所以，我国必须强化基础研究及应用开发两方面。

2. 稀土在石油化工工业中的应用

稀土广泛应用于石油化工工业，主要作为石油催化裂化剂，用于提高催化剂的活性和稳定性，提高原料油裂化转化率，增加汽油和柴油的产率。目前生产的裂化催化剂大都含有稀土氧化物。稀土催化剂可以改善分子筛的活性、选择性、水热稳定性和抗钒中毒能力，明显提高石油裂化过程中汽油和柴油的收率，同时还可以提高液化气及烯烃的收率，增强重质油的转化能力，满足我国原油重质化变化的需求。

催化裂化是石油加工的重要过程，国外 1/3 以上的汽油来自催化裂化，我国成品汽油的 80%和成品柴油的 35%均来自催化裂化。稀土催化裂化剂成为我国生产的最大的催化剂品种。随着我国原油加工量的增加，用于石油催化裂化的催化剂中稀土的用量也会逐渐增加。目前，国内催化裂化剂品种不断翻新，日趋满足国内市场需求，已拥有自己的独特技术和生产体系，各类炼油催化剂品种已形成系列化，技术含量与国外催化剂相差无几，有的还具有自己的优势。我国企业与国外厂家的差距主要体现在规模效益和价格两个方面，国内催化裂化剂的总产量还不及国外一家大公司的生产量，价格也与国外同类产品进口后价格相差 20%左右。

（二）新材料领域

稀土材料种类繁多，主要包括永磁材料、发光材料、储氢材料、催化材料以及抛光材料等。随着科技的进步，稀土元素优异的光、电、磁等物理化学性能将进一步被开发，稀土材料在众多新材料中起着非常重要的作用，与现代高新科技的发展关系密切。

2012年国务院发布《"十二五"国家战略性新兴产业发展规划》，划定七大战略性新兴产业：新能源、节能环保、电动汽车、新医药、新材料、生物育种和信息产业。稀土材料在这七大新兴产业中都有不同程度的应用或者关联，且发挥着不可替代的作用。其关联程度如表3.5所示。这说明稀土材料已经并将继续成为我国战略性新兴产业起飞的"助推器"，随着战略性新兴产业的发展，稀土产业将迎来自身的发展，同时成为对经济社会具有全局带动和重大引领作用的产业。

表3.5　稀土材料与战略性新兴产业的关联程度

产业	现实应用	未来可能应用
节能环保产业	应用于电梯、工业电机等各种节能电机、三基色节能灯、LED、储氢（储能）装置、尾气净化、传感器、仪表、三废处理	太阳能、节能装置、环保设备
新一代信息技术产业	基础电子材料、基础元器件、3C产品、光导纤维	新型半导体器件、微电子装置、量子器件、物联网、云计算
生物产业	MRI等高端医疗设备、农业、林业、畜牧业、水产品、高档化妆品、内外用药、试剂	药用菌种及各种酶的培育、诊断试剂、癌症、艾滋病防治
高端装备制造产业	高性价比优质结构材料、传感器、探测器、控制装置、微特电机、飞机、航天器、机器人	海洋工程设备、轨道交通、空间基础设施
新能源产业	风力发电、核电专用材料、储能装置	钍（副产品）作为核燃料用于发电、生物质能转化的催化剂、智能电网
新材料产业	稀土材料、功能膜、陶瓷、特种玻璃、高品质特殊钢、有色金属、工程材料、助剂、纳米、超导、智能等基础材料、常规兵器、航空、航天、舰船、电子干扰	碳纤维、新型功能材料
新能源汽车	稀土储氢电池、永磁电机、轻质高强结构材料、传感器、仪表、三元及四元尾气净化器	燃料电池、储氢输送装置

战略性新兴产业的发展对稀土原材料提出了更高的要求。在稀土原料方面，战略性新兴产业尤其是新材料产业要求提供包括化学纯、光谱纯、荧光纯以及特定物理性能产品在内的全系列产品。同时，新材料产业对稀土原料、稀土功能材料产品的均匀性、一致性、批次质量稳定性，对稀土原料中稀土杂质及非稀土杂质含量等都提出了更高的要求。在稀土材料方面，战略性新兴产业尤其是新材料产业需要提供多品种、不同批量且具有较高使用性能及良好服役寿命的优质高性价比的稀土功能材料。同时，随着战略性新兴产业的推进，未来对稀土新材料的需求总量将继续保持快速增长。表3.6列出了稀土材料在战略性新兴产业中的应用。

表 3.6 稀土材料在战略性新兴产业中的应用

稀土材料	战略性新兴产业						
	节能环保	新一代信息技术	生物	高端装备制造	新能源	新材料	新能源汽车
永磁材料	节能电机		核磁共振成像仪	控制装置、微特电机	风力发电	钕磁硼永磁体	永磁电机
发光材料	三基色灯、节能灯、LED 灯					稀土荧光粉	
储氢材料	储氢装置				储能装置	储氢合金	稀土储氢电池
抛光材料		集成电路、玻璃盘片、平板显示				铈基抛光粉	
催化材料	尾气净化装置、水处理催化剂				燃料电池电极及电解质材料	铈基储氧材料	尾气净化器

四、稀土产业链

产业链是由市场供求双方构成的，以产品交易为纽带，并在经济发展中追求平衡和稳定。稀土产业链在纵向上可以分为三个环节：稀土原材料产品—稀土深加工产品—稀土功能性产品。稀土原材料产品位于稀土产业链的上游，是稀土产业的初级产品，主要包括稀土矿石、稀土精矿等。稀土深加工产品位于稀土产业链的中游，是在稀土原材料产品的基础上进行分离或进一步加工获得的稀土产品，主要包括稀土化合物、稀土氧化物、各种纯度的单一稀土金属和稀土中间合金等。稀土功能性产品位于稀土产业链的下游，是利用稀土特有性能制成的稀土应用性产品，如稀土永磁材料、稀土荧光粉、稀土抛光粉、稀土催化剂等。但利用稀土材料制成某种器具件和整机者属于机电制造业，如生产稀土节能灯、稀土永磁电机等，不属于稀土产业范围。稀土产业链的构成如图 3.1 所示。

五、稀土市场分析

（一）稀土市场供给分析

1. 稀土精矿

目前，世界上能够生产和提供稀土精矿的国家有中国、美国和俄罗斯等，如图 3.2所示。但由于国际市场上中国 “廉价稀土”供应充裕，许多国家都关闭了自己的稀土矿山，或者将本国稀土资源储备起来，中国成为世界上最大的稀土矿产品供应国，供应产量占世界的 95%以上。世界稀土精矿产量分布如图 3.2 所示。

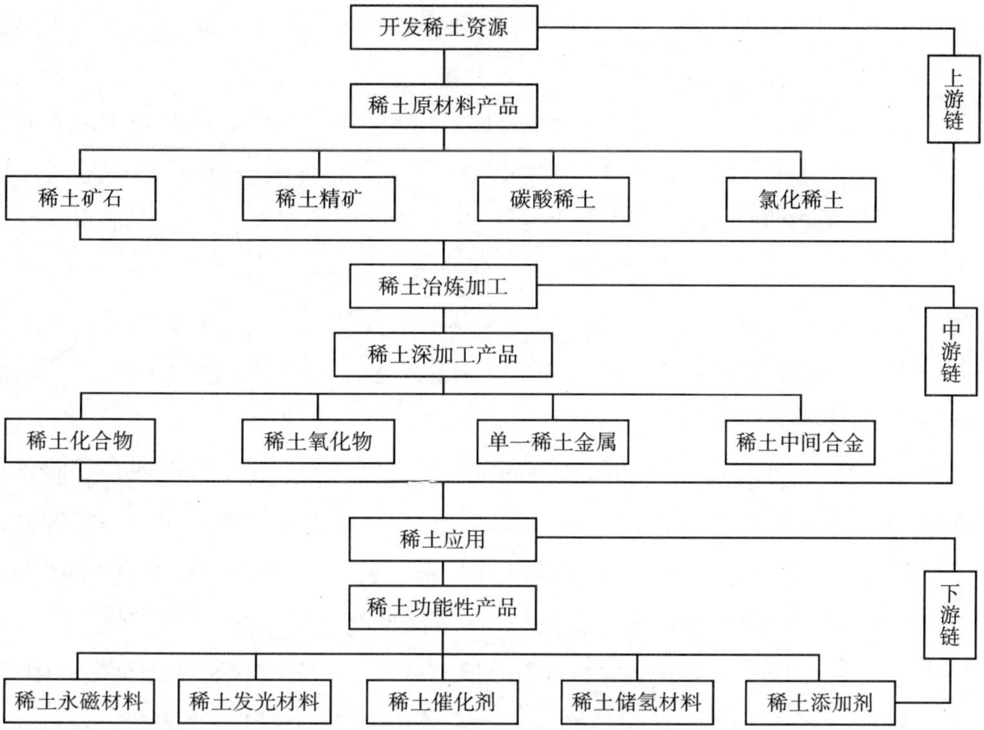

图 3.1　稀土产业链示意图

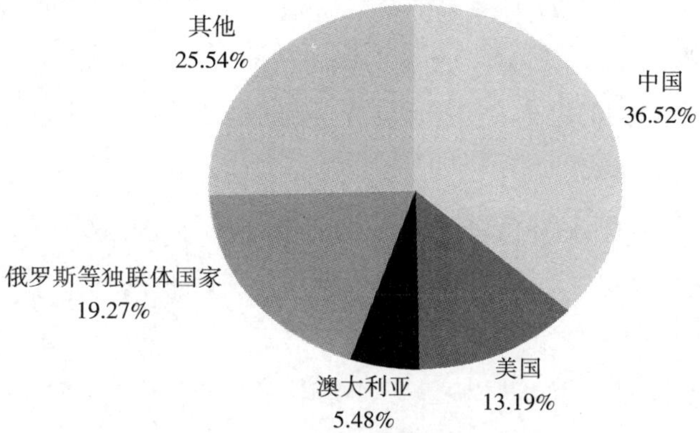

图 3.2　世界稀土精矿产量分布

近两三年来，由于中国政府加强了对稀土产业的调控管理，中国稀土供应不断减少，美国、澳大利亚、加拿大这些国家已知的几座大型稀土矿山开始投产，形成产能，进入全球供应链。

美国：1986 年以前，美国稀土产量居世界首位，后来由于中国“廉价稀土”的竞争，2003 年以后不再进行本国稀土矿的开采。2010 年底，一度被关闭的美国芒廷帕斯（Pass）稀土矿山取得了开发稀土矿的环境许可，目前正在恢复生产。预计芒廷帕斯

(Pass) 稀土矿年产量为 19968 吨。该矿山主要生产的是轻稀土，铽、钕、镝、铕和钇等重稀土产量很少，甚至根本不能生产。

澳大利亚：2007 年 3 月底，西澳大利亚政府部门工业与资源部同意了澳大利亚韦尔德山稀土项目的开采以及矿石与废料的存放建议。而且该项目早已获得环保批准，预计年产量为 14925 吨，开采年限至少为 20 年。诺兰稀土矿目前已经完成可行性研究并建设了中试厂，预计年产量为 9980 吨。都保（Dubbo Zirconia）稀土矿于 2013 年投产，年产量 2913 吨。需要指出的是，澳大利亚的这三个大型稀土矿山也都主要生产轻稀土，铽和镝等重稀土产量很少，除都保（Dubbo Zirconia）稀土矿能生产少量钇外，其他两个矿山均不能生产钇。

加拿大：加拿大内查拉口（Nechalacho）稀土矿的开发目前已获得批准，投产后预计年产量为 4925 吨。霍益达斯湖（Hoidas Lake）稀土矿目前已完成可行性研究和环境影响评价报告，2011 年开始进行工程设计和建设，2013 年投产，年产量 2991 吨。加拿大投产的两个稀土矿均能生产少部分铽、镝和钇等重稀土，值得我们重视。

印度：从事稀土开采的企业主要是印度稀土有限公司和喀拉拉矿物金属有限公司，其矿产品种类主要是独居石。自 1998 年以来，印度的独居石产量一直维持在 2700 吨（REO）。

俄罗斯：从事稀土开采的企业主要是罗沃兹斯基卡亚矿业公司，该公司从 1951 年开始进行稀土矿开采，最大产能曾达到 25000 吨精矿。俄罗斯的稀土矿产品种类主要是铈铌钙钛矿，自 1998 年以来，产量大多维持在 2000 多吨（REO）。

2. 稀土冶炼产品

目前，中国、日本、法国和美国是世界上主要的稀土冶炼产品生产国，中国是世界上最大的稀土冶炼产品生产国。据不完全统计，中国目前有稀土冶炼企业 130 多家，稀土金属生产企业 80 多家，数量之多居世界首位。冶炼分离产品（包括稀土盐类、稀土氧化物、稀土金属和稀土新材料等）产量达 125973 吨（REO），占世界总产量的 85%~90%；稀土永磁材料等新材料供应占世界的一半左右。目前，中国已成为世界上唯一能够大量供应各种级别、不同品种稀土产品的国家。

日本和法国虽然没有稀土资源，所有稀土都来自进口，但它们却是国际稀土加工基地，是稀土冶炼加工产品的生产大国和供应国。法国罗地亚公司是世界上最大的单一稀土生产商，其分离原料主要来自中国，产品则销往欧洲、美国和日本。罗地亚在境内外稀土企业的年生产能力占世界的 20%~25%，按产值计，则占 25%~45%。日本稀土原料完全依赖进口，却是目前世界上应用稀土实现附加值最高的国家，用于高新技术领域的稀土占其总用量的 90%以上，稀土的深加工产品主要销往欧美和东南亚各国。

（二）稀土市场需求分析

近年来，世界稀土消费快速增长，年增 10%左右。中国的稀土消费增长最快，年均增长 14.5%，自 2000 年起，我国稀土消费量已超过美国（2000 年消费 REO 17900 吨）居于世界第一位。世界上主要的稀土消费地为中国、日本、美国、欧洲及东南亚等国家和地区，具体情况如图 3.3 所示。

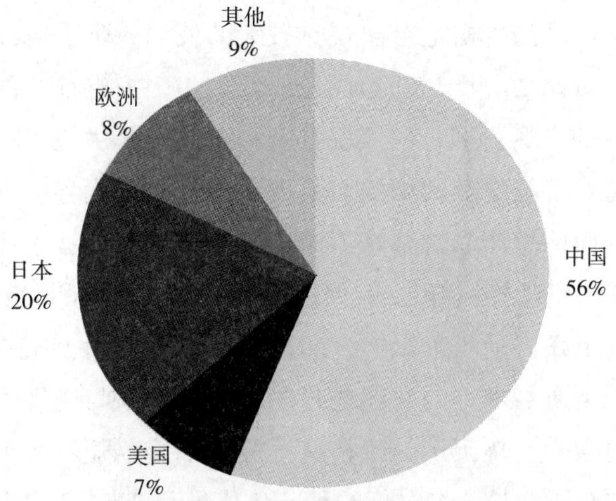

图 3.3　近年来世界稀土消费比例概况

日本本身没有稀土资源，却曾经是世界最大的稀土消费国，2000 年中国稀土消费量超过日本，至此日本一直位居世界稀土消费量第二大国，目前约占世界稀土消费总量的 20%。日本的稀土消费中，消费量最大的是玻璃陶瓷领域。在玻璃行业，主要用于抛光粉（显示屏幕、各种透镜、激光晶体、光掩膜等）和玻璃添加剂（各种透镜、汽车玻璃、荧屏玻璃）生产。而陶瓷领域的应用主要在功能陶瓷方面，如多层陶瓷电容器、光纤通信用光效放大器与光隔离器、微波通信中用的微波铁氧体、连接光纤的套圈等。不难看出，这类用途也应属新材料的范畴。在催化领域，主要用作汽车尾气净化催化剂。

美国也是世界主要稀土消费国之一。1997 年以前，每年稀土在各应用领域的总消费量为 20000 吨左右，一直是世界第一大稀土消费国。主要以汽车尾气净化催化剂、玻璃抛光和陶瓷以及稀土金属与合金为消费对象。但据美国稀土行业统计，近年来美国的稀土消费有下降的趋势，约占世界稀土消费总量的 8%。

欧洲的稀土消费量也在逐年增加，但在世界稀土消费总量中所占比重变化不大。目前欧洲的稀土消费量大约在 10000~12000 吨（REO），约占世界稀土消费总量的 13%~15%。在各应用领域中，催化剂的稀土消费量是最大的，因为欧共体环保法规定，从 1992 年起，所有新出厂的汽车都必须安装尾气净化转换器。因此，自 20 世纪 90 年代以来，稀土在汽车尾气净化催化剂中的消费量迅速增加，主要消费者是世界上最大的汽车尾气催化剂生产厂——约翰森马泰公司。其他应用领域的稀土消费量，从多到少依次为玻璃、冶金和永磁体。

（三）稀土市场价格分析

1. 稀土价格走势分析

中国国内主要稀土产品的价格表现出的特征是不同种类的稀土产品价格差异很大，并且在不同年度同一产品的价格也会出现比较大的波动。唯一可以得出的结论是目前大多数稀土产品的价格比 20 世纪 80 年代还要低。中国拥有绝对的稀土资源优势，并且占世界上 80%以上的市场份额，应该说具有绝对的垄断优势，然而稀土产品的市场价格却相反，并未随着市场份额的增加而具有垄断价格的优势，近几年出现了稀土产品出口量大量增加，而稀土产品价格却不断下降的情况，违背了市场规律。2007 年 7 月以来，稀土产品在出口价格巅峰之后，便开始大幅下滑，尤其是 2008 年全球经济危机爆发后，更是大幅下跌。受政策影响，2011 年稀土产品价格被推上历史最高点，过高的稀土价格抑制了下游需求，同时产能过剩、非法开采与违规生产导致稀土供给远大于需求，市场竞争激烈，稀土产品价格持续震荡下行。随着稀土价格下跌，稀土应用市场需求与出口均有所增长，但过低的稀土价格导致 2015 年大多数稀土矿山冶炼分离企业亏损。2010~2016 年国内市场主要稀土氧化物产品均价及 2011~2016 年主要稀土出口产品均价如表 3.7、表 3.8 所示。

表 3.7　2010~2016 年国内市场主要稀土氧化物产品均价

单位：元/千克

品名	规格（%）	2010 年	2011 年	2012 年	2013 年	2014 年	2015 年	2016 年
氧化镧	≥99	28	109	81	34	19	13	12
氧化铈	≥99	22	127	82	34	18	12	11
氧化镨	≥99	176	707	473	453	548	354	308
氧化钕	≥99	183	857	501	326	304	269	257
氧化镨钕	≥99	162	721	388	334	313	270	263
氧化铕	≥99	2850	14245	8020	4739	3484	1248	609
氧化铽	≥99.9	2476	10736	6249	3747	3070	3100	2405
氧化镝	≥99	1102	6533	4333	1997	1616	1489	1296

表 3.8　2011~2016 年主要稀土出口产品均价

单位：美元/千克

品名	2011 年	2012 年	2013 年	2014 年	2015 年	2016 年
氧化镧	107.2	40.5	8.2	5.8	2.8	2.4
氧化铈	100.8	36.9	9.2	11.1	9.3	7.2
氧化钇	126.3	92.8	26.9	16.8	8.0	4.9

续表

品名	2011年	2012年	2013年	2014年	2015年	2016年
氧化钕	250.3	128.2	69.4	65.3	47.7	39.7
氧化铽	2060.3	1633.0	818.0	647.3	517.2	414.7
氧化镝	1058.5	1732.0	1997.8	394.2	256.7	203.2
氧化铕	1523.7	4657.3	1277.6	783.8	223.5	58.5
氧化镨	—	99.2	93.7	119.5	62.5	47.9
金属镨	—	122.6	120.5	152.0	86.3	63.8
金属铈	—	23.08	9.38	3.95	1.98	4.8
金属钇	—	136.9	62.8	65.1	45.9	45.5
金属铈	—	40.8	16.8	11.2	6.6	4.8
金属钕	274.6	153.8	88.6	83.6	57.6	47.4
金属铽	2519.5	1589.3	943.3	874.8	752.9	547.0
金属镧	—	38.6	15.5	10.0	6.4	4.5
金属镝	1694.7	1773.2	861.2	552.6	349.0	244.9

2. *稀土产品价格波动原因分析*

一般来讲，稀土产品同大多数正常产品一样，影响价格的因素主要是供求因素。即当供大于求时，稀土产品的价格应该下降；而当供不应求时，稀土产品的价格应该上涨。我国由于无序开采，近几年长期处于稀土材料以及稀土产品供大于求的状况，这是导致我国稀土价格很难上涨的一个原因。但其中最主要的是，由于我国稀土资源开采管理监督不当，我国稀土产品价格长期走低的背后是我们付出了巨大的环境代价。此外，一些非供求因素，如稀土政策的不断变化、经济周期的波动如经济危机的到来等都会对稀土价格的波动产生很大的影响。

第二节　国外稀土行业发展现状

国外稀土工业始于20世纪初，早期采用烧碱分解、沉淀结晶分离工艺从独居石中回收稀土，主要应用于汽灯罩、打火石、电弧碳棒。1950年前，德国稀土产量占世界的95%。20世纪50年代，美国芒廷帕斯氟碳铈矿开始开采，改变了稀土工业生产完全依赖独居石精矿的局面，美国成为世界最大的稀土生产国。同期，美国科学家开发出离子交换法分离稀土工艺。20世纪60年代，溶剂萃取分离稀土工艺开发成功，并应用于氧化铈、氧化铕、氧化钇、氧化镧的分离提取。随着稀土分离技术的不断提高，稀土的纯度也不断提升，为稀土元素的特性研究创造了最基本的条件，从而促进了稀土应用的开发，如石油催化裂化剂、彩色电视用氧化钇铕红色荧光粉、稀土永磁材料等一系列稀土先进材料的成功开发。对稀土产量和质量的更高需求，又促进了稀土冶炼分离技术和产业的发展。20 世纪 80 年代以前，稀土产品主要由美国钼公司、法国罗地亚公司等世界著名的稀土冶炼分离生产企业供应。随着中国稀土工业的崛起，世界稀土冶炼分离工业的中心逐步向中国转移，到 21 世纪初，国外稀土生产量不到世界年产量的 10%。

近几年来，我国为了保护宝贵的稀土资源，减少环境污染，加强了对稀土矿山开采及冶炼分离行业的治理整顿，从资源、经济、环境、市场几个方面综合考量，出台了一系列政策和管理规定。随着中国稀土政策的调整，以美国钼公司和澳大利亚莱纳公司为代表的国外稀土企业开始复产、建立生产基地，以保证国外稀土应用企业的原料供应，世界稀土生产与供应格局已经逐渐发生变化。

一、美国钼公司

1949 年，在美国芒廷帕斯发现了氟碳铈矿型稀土资源。1952 年，美国钼公司开始稀土生产。1965 年，彩色电视用氧化钇铕红色荧光粉的成功开发和应用，拉动了对氧化铕的需求，钼公司开始建设铕分离提纯厂，同时带动氧化铈和富镧产品产量的增加。1981 年，钼公司建设新的分离厂。1990 年，钼公司矿山开采量最高，达到 22000 吨/年，供应了全球 40%的稀土。1998 年，由于废水蒸发池造成的环保问题，钼公司的稀土分离厂停产。2002 年，采矿作业停止，选矿厂的尾矿坝区在使用了 30 年后关闭。2004 年，钼公司获得 30 年采矿计划许可。2007 年，全球稀土价格回升，钼公司镨钕萃取分离生产线重新启动，使用库存的原料生产。2010 年底，钼公司又恢复了矿山的开采。

钼公司于 2011 年开始采用新工艺扩建稀土生产线（凤凰工程项目），工厂的现代化建设和扩建工作完成后，钼公司每天可以处理（采矿、破碎、选矿和分离）2800 吨稀土矿石，以生产满足工业标准纯度要求的单一稀土氧化物。2011 年钼公司生产了稀土产品 3516 吨（REO），2012 年芒廷帕斯冶炼分离厂共生产稀土精矿（包括重稀土精矿）2661 吨，实现销售收入 9612.6 万美元，产量同比 2011 年减少约 1000 吨。

2013 年 1 月，凤凰工程项目一期的关键生产单元完成并投产；2013 年第一季度生产精矿 763 吨，同比 2012 年增加 90 吨。芒廷帕斯的二期设计年生产能力为 40000 吨（REO），二期扩产所需的大部分设备现都已采购到位，二期项目的建筑施工工作和设备启动将取决于稀土市场需求、产品价格、资金情况以及一期工程的投资回报等情况。

近年来，钼公司推出了“从采矿到磁体”的产业链延伸战略，不断向金属、合金和磁体的下游产业发展，已将日本三德凤凰城合金工厂、加拿大 Neo 公司并购，产品品种和规模大幅增加。

就稀土生产而言，钼公司拥有下列稀土产品：

（1）稀土分离产品：在美国芒廷帕斯、爱沙尼亚、中国江阴和淄博四个稀土分离工厂生产高纯稀土分离产品。

（2）稀土金属：在美国亚利桑那州 Tolleson 和爱沙尼亚 Sillamäe 等地生产稀土金属。

（3）稀土合金：在美国、爱沙尼亚、中国、泰国有稀土合金生产厂。

（4）稀土磁体：与大同制钢合资生产烧结钕铁硼，在其他工厂也生产多种磁材。

二、澳大利亚莱纳公司

2001 年，莱纳公司获得了韦尔德山稀土项目的所有权。2007 年，莱纳公司决定将选矿厂建在韦尔德山，并将稀土精矿出口至马来西亚关丹市的新材料厂进行冶炼分离，生产各种稀土化合物产品。

2011 年 5 月 14 日，莱纳公司的韦尔德山选矿厂首次开始处理韦尔德山稀土原矿。截至 2013 年 4 月，莱纳公司已经开采了韦尔德山 77.3 万吨矿石（稀土含量 15.49%，折合稀土氧化物 11.6 万吨），足够满足马来西亚稀土冶炼分离厂生产 6 年的原料需求，目前 1.5 万吨袋装干燥精矿已开始运往马来西亚。

马来西亚新材料厂原计划 2012 年第二季度实现回转窑的首次进料生产，但由于环境问题，开工投产日期一再拖延。目前，马来西亚政府已同意并颁发了生产许可证（2 年期限），并于 2013 年 1 月湿法冶炼分离设备成功试车，2013 年 2 月生产出第一批稀土产品。根据莱纳公司的计划，2013 年第二季度加快速度，生产达到一期工程 1.1 万吨（REO）稀土分离产能，2013 年第三季度二期工程进行试车，根据市场需要，扩产至 2.2 万吨（REO）。一期工程达产后，产品构成为 2600 吨碳酸铈、1350 吨碳酸镧、4000 吨碳酸铈/镧、2700 吨高性能含镨快淬（Nd/Pr）氧化物和 480 吨重稀土。

韦尔德山稀土矿中主要矿物为独居石，但其铁含量高，放射性钍、铀含量远远低于其他地区的类似矿料。目前，马来西亚关丹新材料厂采用与包头混合型稀土矿相同的高温硫酸化焙烧工艺处理韦尔德山精矿。

三、法国罗地亚公司

法国罗地亚公司生产厂位于法国西南部拉罗谢尔和美国得克萨斯州的弗里波特稀土厂。1990 年以前，以澳大利亚独居石稀土矿为原料，采用烧碱分解—硝酸溶解—TBP 萃取分离铀、钍和稀土。由于独居石放射性元素铀、钍含量高，防护及环保成本高，于20世纪90年代停止处理独居石，采用包头混合碳酸稀土为原料，经过硝酸溶解后进行萃取分离生产高纯稀土化合物，2005年后，萃取分离部分停产。法国罗地亚公司20世纪90年代末开始在中国内蒙古包头和江苏溧阳建立了2家稀土冶炼分离厂，为法国本部提供稀土原料，主要用于生产稀土抛光粉、稀土催化剂、稀土荧光粉等稀土产品。2001年，罗地亚公司（Rhodia）被比利时苏尔威公司收购。

四、日本企业

日本是世界主要的稀土消费国之一，日本稀土供应主要依靠从中国进口。为降低稀土供应风险，日本实施了稀有金属供给保障策略，在全球范围内先后与越南、巴西、哈萨克斯坦、印度等国合作开发稀土资源。

2009年6月，越南煤炭矿业集团Vinacomin集团（国有企业）与日本丰田通商株式会社（Toyota Tsusho）和双日株式会社（Sojitz）建立合资企业（两家日本公司占49%股份），开发越南都巴奥（DongPao）稀土矿，计划2014年投产，每年生产3000~7000吨稀土产品。

2009年7月，三菱公司与Neo材料技术公司签署了一份谅解备忘录，三菱投资250万美元帮助确认、开发皮廷加潜在的稀土资源，谅解备忘录包括三菱有权购买该项目所有稀土分离产品。

2009年8月，日本住友公司与哈萨克斯坦国有企业成立合资企业——Summit Atom Rare Earth Co.（SARECO）。公司将从铀尾矿和10% TREO（包括钇）独居石精矿的混合原料以及铀矿池浸废液中提取稀土，生产含氧化钕的轻稀土氧化物精矿及含镝的重稀土氧化物精矿。

2011年6月，印度稀土公司、丰田通商株式会社（Toyota Tsusho）和信越化工的合资公司开始在印度新建稀土加工厂，计划用印度稀土公司稀土厂的混合氯化稀土生产单一稀土氧化物。

另外，日本信越化学、三德金属工业、昭和电工等公司是全球主要的稀土生产厂家。2008年10月，昭和电工在河内市南部的Ha Nam省成立分公司（昭和电工控股90%），用以生产稀土永磁所需的合金材料。昭和公司在中国还拥有2家分公司，即包头昭和稀土高新材料公司及赣州昭日稀土新材料公司，均生产钕铁硼快淬薄带。

五、印度稀土公司

海滨砂矿（独居石）是印度现有的唯一经济可采的稀土资源，印度稀土公司及喀拉拉邦金属矿产公司负责进行海滨砂矿开采。印度稀土公司在曼瓦拉克鲁奇的独居石矿采选厂的生产能力为每年 6000 吨，喀拉拉邦金属矿产公司在萨瓦拉的生产能力为每年 240 吨。

目前，印度稀土公司正在位于奥里萨邦的奥斯康分厂建造独居石冶炼分离厂，该厂的年处理独居石能力为 10000 吨，每年生产稀土氯化物 11000 吨，折合稀土氧化物 5000 吨，原计划于 2012 年建成投产。由于印度国内稀土市场有限，印度稀土公司拟瞄准国际市场，出口部分高纯稀土产品。

第三节　国内稀土行业发展现状

我国稀土资源储量居世界首位，稀土资源分布地域广泛，到目前为止，已在全国 22 个省（市、区）发现上千处稀土矿床、矿点和矿化产地。但绝大部分稀土资源集中分布在内蒙古包头、四川攀西、山东微山和南方七省（江西、广东、广西、福建、湖北、湖南、贵州）。总体上，我国稀土资源分布具有北轻南重的特点。经过 60 多年的发展，我国建立了较完整的稀土采、选、冶生产体系及稀土材料应用体系。

一、我国主要稀土矿床

中国地处亚欧板块、太平洋板块和南亚板块构造活动中间区，地壳物质多期重熔、分异、富集，形成多种成因类型的稀土矿床，其中喷气—沉积—热液改造型稀土、铁、铌矿床，碱性岩型稀土矿床和花岗岩类风化淋积型稀土矿床最为重要。中国稀土矿床主要分布在华北板块北缘裂谷系，川滇裂谷系和华南褶皱系。成矿时代以远古代和第四纪为主，次之为燕山期。中国稀土资源分布广，矿物种类较齐全，是世界上稀土资源最丰富的国家。我国的轻稀土矿有氟碳铈矿和包头矿（一种氟碳铈矿与独居石混合矿），主要分布在内蒙古、四川攀西地区和山东；重稀土矿有离子吸附型稀土矿和磷钇矿，主要分布在江西、广东、福建、浙江、湖南、广西和云南。

白云鄂博矿区地处内蒙古地轴北缘向内蒙古古生代褶皱带过渡的地段，岩质为由原岩为砂岩、粉砂岩、灰岩和白云岩组成的浅变质岩。白云鄂博稀土矿是一个独特的超大型铁、稀土、铌、钍等多金属共生矿床，矿区目前已发现 71 种元素、175 种矿物。其中探明的稀土矿资源工业储量 5738 万吨，是目前已知的世界上最大的稀土矿。矿区东西长约 18 千米，南北宽约 3 千米，分为主矿、东矿、西矿、东介勒格勒和东部接触带 5 个主要矿段。富集到工业上可开采的稀土主要赋存于主、东矿体靠近下盘的萤石型赤铁矿石中，这类矿石中铁含量较低，而氧化稀土的含量很高。白云鄂博稀土矿在整体分布上，稀土矿化强度由东向西逐步降低，白云鄂博西矿的稀土平均品位为东、主矿的近 1/5。白云鄂博矿床的稀土以轻稀土为主，镧、铈、镨、钕、钐占 95%以上，同时富含铕。稀土矿物主要有氟碳铈矿、氟碳钙铈矿、氟碳铈钡矿、黄河矿、氟碳钡铈矿、独居石和磷镧镨矿等，其中以氟碳铈矿和独居石为主。由于白云鄂博稀土矿物颗粒细小（0.001~0.06 毫米），稀土矿物的可浮性与含钙、钡的萤石、方解石、磷灰石、重晶石相近，磁性与赤铁矿、钠辉石、钠闪石等弱碱磁性矿物接近，而密度则与铁矿物、重晶石相近，因而分离回收稀土矿物的难度极大。

南方离子吸附型稀土矿主要分布在江西、广东、福建、湖南、广西和云南六省，已探明工业储量达 150 万吨，稀土资源十分丰富。南方离子吸附型稀土矿在各省（区）所占比例如图 3.4 所示。

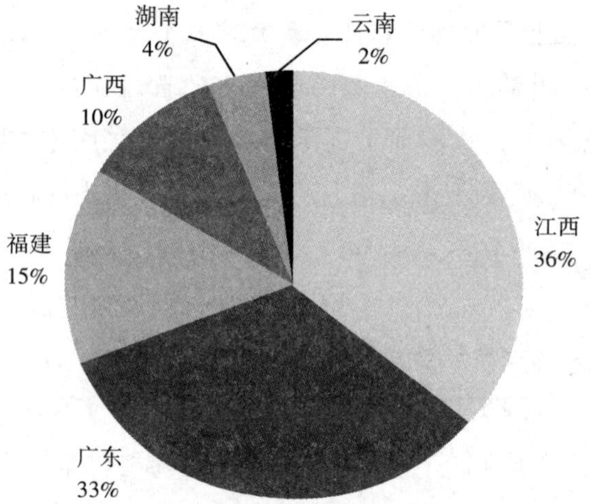

图 3.4 南方离子吸附型稀土矿在各省（区）所占比例

江西省离子吸附型稀土矿主要集中在赣南地区寻乌、龙南、信丰、安远、定南、全南、宁都、赣县等 80 余个矿区。以寻乌为代表的富镧少钇型离子矿，轻稀土含量为 74%，重稀土含量为 26%，氧化钐、氧化铕、氧化钆、氧化铽含量分别比美国最大的 Mountain Pass 稀土矿含量高 10 倍、5 倍、12 倍和 20 倍。以龙南为代表的高钇型矿储量巨大（约 16 万吨），是世界其他国家钇工业储量的 4 倍，重稀土含量为 85%左右。以信丰为代表的中钇富铕型离子矿，氧化铕配分特别高，重稀土含量约占 45%~50%。广东省的离子吸附型稀土矿主要分布在粤东的平远、兴宁，粤北的和平、新丰、英德和佛冈等地，其产量仅次于江西。福建的稀土矿区集中在长汀、宁化。湖南的稀土矿则主要集中在江华、炎陵。

四川省稀土资源主要分布在攀西地区的冕宁、西昌、会理、会东等县，已探明稀土氧化物储量239.49万吨，其中轻稀土239.46万吨，重稀土0.03万吨。已发现稀土矿床29处，最大的矿床是牦牛坪稀土矿，储量155.11万吨，占四川省的65%，也是中国第二大稀土矿。四川省的稀土矿主要是氟碳铈矿，矿化充分，矿物粒度粗，有害杂质含量低，易选冶，可直接入炉冶炼中间合金，工艺简单易行。

山东的稀土资源主要分布在微山，是典型的氟碳铈镧矿床，稀土元素主要是镧、铈、镨、钕。稀土矿物粒度粗，有害杂质含量低，也属于易于深加工的单一稀土矿。

二、我国稀土资源特点

（一）资源丰富且潜力巨大

我国已探明的稀土工业储量为3600万吨，占世界稀土储量的36%，是名副其实的世界第一稀土资源大国。内蒙古包头白云鄂博稀土矿已探获的资源量居世界之首，潜在资源量巨大，预计稀土氧化物总量可达1亿吨。虽然在矿石质量上并无优势，属于难选的复杂稀土矿，但其最大的优势在于可以随铁矿开采，综合回收，产量大而成本低，弥补了加工上的不足。另外，全国2/3以上的省都发现有稀土矿床，具有良好的找矿前景。

（二）分部面广且相对集中

中国稀土资源分布广泛又相对集中。中国2/3的省都发现有稀土矿藏，但98%以上的稀土资源集中在内蒙古、江西、广东、四川和山东等地。我国已发现的稀土矿床、矿区达130个。目前有工业开采价值的矿床主要集中在内蒙古、江西、广东、四川、山东等省（区）。其他省虽有稀土矿床发现，但一般规模较小，这种矿化富集区的集中对中国稀土工业的发展十分有利。

（三）成因复杂且种类齐全

我国稀土矿床由于成矿地质条件复杂多样，形成了多种类型的稀土矿床。主要有8种成因类型，其中喷气—沉积—热液改造型稀土矿床、碱性岩性稀土矿床和花岗岩类风化淋积—离子吸附型稀土矿床是我国最重要的矿床类型。目前其他国家的稀土均以轻稀土为主，而我国稀土资源轻、中、重品种齐全，稀土元素配分有价组分含量高。尤其是南方离子型稀土资源富含与高新技术产业有关的中重稀土，占世界中重稀土资源的90%以上。山东微山稀土矿是我国典型的氟碳铈镧矿，稀土矿物以氟碳铈矿和氟碳钙铈矿为主，矿物中含有17种稀土元素，其中La、Ce、Pr、Nd四种稀土元素占总量的98%以上，且嵌布粒度粗，可选性好，有害成分低，精矿产品易于深加工和分离单一稀土元素，其他稀土矿无法企及，矿石中放射性元素含量低，具有明显的矿石质量优势。

（四）开采条件好且成本低

包头白云鄂博稀土矿是举世瞩目的大型铁、稀土、铌等元素的共生矿，稀土矿产品是从包钢白云鄂博铁矿的铁矿石中回收的副产品，同品位稀土精矿的售价只相当于国外产品的1/3。南方离子型稀土矿主要以离子状态吸附于风化层的黏土上，开采十分容易，成本低，售价仅相当于国外同组分产品的1/2。四川稀土矿和山东微山稀土矿矿物粒度粗、有害杂质少，选矿容易，稀土回收率高，也具有成本低的优势。

（五）有益组分含量高且具有较高综合利用价值

目前我国已发现的重要稀土矿床多与金属或非金属矿物共生，且储量巨大，有益组分含量高，可在开采主元素的同时，回收利用与之共生的有益元素，经济效益可观。

（六）北轻南重

轻稀土资源主要分布于中国包头的白云鄂博地区，储量几乎占世界总储量的一半；离子型中重稀土资源主要分布于中国南方省份，占世界中重稀土资源的90%。

总之，中国稀土资源得天独厚，不仅储量大，品种全，而且品位高、品质好、开采成本低。

三、我国稀土产业概况

根据稀土资源特点及市场需求，我国已形成以包头混合型稀土矿、四川氟碳铈矿以及南方离子型稀土矿为原料的三大稀土冶炼分离生产基地。

以包头混合型稀土精矿为原料地，在内蒙古、甘肃形成了北方轻稀土生产基地，主要生产镧、铈、镨、钕、钐、铕、钆等单一或混合稀土化合物及金属。原有冶炼企业40多家，处理包头精矿能力合计超过18万吨，分离稀土能力为8万吨。2011年以来，通过兼并重组、关停并转，包头稀土冶炼分离企业基本进入包钢稀土集团，包头地区稀土产业集中度显著提高，骨干企业有内蒙古北方稀土、包头华美稀土高科有限公司、内蒙古和发稀土科技开发股份有限公司以及甘肃稀土集团有限责任公司等。

以四川冕宁氟碳铈矿为原料地，在四川冕宁、乐山等地形成了氟碳铈矿冶炼分离产业基地，主要生产以镧、铈、钕、镨（镨钕）、铈富集物等为主的单一或混合稀土化合物。现有湿法冶炼企业20余家，总分离能力3万吨以上。骨干企业有四川江铜有限责任公司、四川乐山盛稀土科技有限公司和四川冕宁方兴稀土有限公司等。

以南方离子吸附型稀土矿为原料地，在江西赣州、江苏、广东、广西、福建形成了中重稀土冶炼分离产业基地，主要生产镧、铈、镨、钕、钐、铕、钆、铽、镝、钇等各种单一高纯稀土氧化物或富集物、稀土金属及合金等。现有分离企业30多家，主要集中在江苏、江西、广东、广西、福建等省，其中年生产能力超过2000吨的有10余家，离子矿的总分离能力已达到6万吨以上。骨干企业有赣州稀土集团有限公司、中国五矿稀土（赣州）、中国稀有稀土集团、中国有色集团（广东珠江稀土有限公司）、中国稀土控股有限公司（宜兴新威）、江阴加华新材料资源有限公司和溧阳罗地亚稀土新材料有限公司等。

四、我国稀土产品的生产及产量变化

中国稀土精矿的开采始于20世纪50年代。改革开放30多年以来，中国稀土产业取得了飞速发展，20世纪70年代，我国稀土产品产量仅为1000多吨；“六五”期间稀土产业取得了长足进步，产量年均递增约27%，1985年稀土产品产量达到8500吨，初步具备一定生产规模。

我国稀土产品产量变化大致可分为三个阶段：

第一阶段（1985~1998年）：我国稀土生产处于稳定上升期，逐步改变着以美国为主导的市场局面，世界稀土开始转向主要由中国供应。

第二阶段（1999~2006年）：我国处于稀土产品产量快速增长期，至2006年矿产品和冶炼分离产品分别达到历史最高值132500吨和157000吨。

第三阶段（2007年至今）：自2007年我国对稀土冶炼分离产品的生产实行指令性计划管理，稀土生产进入震荡调整期。

据不完全统计，我国现有稀土矿山及冶炼分离企业超过100家，矿山企业产能达20.9万吨，冶炼分离能力达43.06万吨（其中，稀土矿冶炼分离产能35.92万吨，稀土废料回收利用产能5.34万吨，独居石作为副产品年产能1.8万吨）。

五、我国稀土消费量及消费结构变化

稀土广泛应用于冶金机械、石油化工、玻璃陶瓷、新材料、农业轻工纺织等众多领域。20世纪90年代，我国稀土消费10000多吨，应用领域主要集中在冶金机械、石油化工等传统行业。进入21世纪后，随着信息技术、新能源、高端制造等高新科技产业的快速发展，稀土消费量保持高速增长，2011年稀土消费量超过80000吨，稀土在新材料领域的应用比例大幅增长，2012年占比达72%，2013年由于冶金/机械领域中的稀土应用量大幅增加，稀土在新材料领域中的应用比例有所降低，如表3.9所示。

中国经济快速增长刺激了对稀土的消费。未来随着中国汽车、计算机和手机等行业的高速发展，稀土新材料消费会继续扩张。如风力发电、混合动力汽车等将会带动稀土永磁材料的消费需求，LED与PDP彩电和三基色节能灯将会带动稀土荧光粉的

表 3.9　2000~2013 年我国稀土消费量及消费结构（REO）

单位：吨，%

年份＼消费结构	冶金/机械		石油/化工		玻璃/陶瓷		新材料（永磁/荧光等）		农业/轻工/纺织		总计
	消费量	比例	消费量	比例	消费量	比例	消费量	比例	消费量	比例	
2000	5200	27.0	4300	22.3	2000	10.4	4620	24.0	3150	16.3	19270
2001	5500	24.3	4500	20.0	2900	12.8	6300	27.9	3400	15.0	22600
2002	5400	24. 5	4500	21.5	2800	12.7	6000	27.3	3300	15.0	22000
2003	5410	18.3	4935	17.0	6000	20.3	10000	34.0	3155	10.7	19500
2004	5000	15.0	4000	12.0	6200	18.6	15911	47.6	2300	6.9	33411
2005	9738	18.8	6000	11.6	6500	12.5	24662	47.5	5000	9.6	51900
2006	10085	16.06	6800	10.83	7607	12.11	30701	48.90	7600	12.10	62793
2007	10994	15.15	7548	10.40	7872	10.85	38450	53.00	7686	10.59	72550
2008	10370	15.32	7520	11.11	7160	10.58	35510	52.47	7120	10.52	67680
2009	11000	15.07	7500	10.27	7200	9.86	40300	55.21	7000	9.59	73000
2010	11200	12.87	7500	8.62	7600	8.73	53825	61.85	6900	7.93	87025
2011	10100	12.15	7500	9.02	7000	8.42	55010	66.20	3500	4.21	83110
2012	1000	1.5	7600	11.7	7000	10.08	46697	72.1	2500	3.9	64797
2013	14375	16.9	7600	8.9	7240	8.5	53429	62.8	2500	2.9	85144

消费需求，航空、航天与汽车工业的发展则会带动稀土的铝、镁、钛等轻合金的消费需求。

此外，世界上一些生产和应用稀土新材料的著名企业为降低生产成本、获取稀土原料以及抢占中国市场，纷纷将其生产线移至中国，也会增加国内稀土消费需求。如在生产烧结钕铁硼永磁材料方面，日本的精工和爱普生已将其生产线全部移至中国上海，三德与昭和电工也开始在中国设厂，日本的 Neomax 和 TDK、芬兰的 Neorem 亦在中国建立了磁体后加工基地，美国的麦格昆磁、德国的真空熔炼也将生产线转移到中国。在应用稀土永磁材料生产电子元器件方面，美国的希捷、日本的日立环球存储等全球著名生产厂商也在中国建立了生产线。外国稀土材料企业在中国积极投资设厂，不仅提升了中国开发稀土新材料的水平，而且使全球稀土市场本土化的趋势更加明显。

六、我国稀土出口贸易

从 20 世纪 80 年代开始，中国稀土产品真正进入国际市场，到 1989 年出口量达到 9154 吨，创汇近 1.2 亿美元，达到中国稀土出口的第一高峰；20 世纪 90 年代以后，随着中国稀土工业的快速发展，稀土的出口外销取得了同步、高速发展，出口数量已稳定在世界出口总量的 80%以上，年出口量近 50000 吨。据商务部公布的数据，2001~

2012 年，中国稀土产品出口量维持在 7 万~8 万吨，中国稀土化合物出口占世界市场份额的 85%~90%，稀土金属出口占世界市场份额的 75%~80%，稀土精矿出口占世界市场份额的 95%。中国生产的稀土 60%用于出口，为世界稀土资源利用做出了重要贡献。中国稀土在海外的主要市场有三个，即日本、美国和欧洲，亚洲购买中国稀土的国家和地区还有韩国和中国台湾。表 3.10 为 2006~2014 年中国稀土开采总量指标及出口配额。

表 3.10　2006~2014 年中国稀土开采总量指标及出口配额

单位：万吨

年份	轻稀土	中重稀土	合计	出口配额
2006	7.82	0.83	8.65	6.20
2007	7.82	0.88	8.70	6.00
2008	7.85	0.91	8.76	4.70
2009	7.23	1.00	8.23	4.82
2010	7.70	1.22	8.92	3.03
2011	8.04	1.34	9.38	3.02
2012	—	—	—	3.11
2013	—	—	—	3.10
2014	—	—	—	3.12

作为“21 世纪的工业维生素”，稀土现已成为现代信息产业不可缺少的原材料，从日常生活用品到军事领域均发挥着重要的作用，稀土几乎涵盖了国民经济的所有行业和领域，西方发达国家更是将稀土资源定位为战略资源。但是中国的稀土一直以来都是以“白菜价”出口到世界各个国家。据悉，目前日本 83%的稀土来自中国，这些稀土除小部分被使用外，其余的都被埋入海底储存。1997 年，美国也关闭了本土最大稀土矿，改从中国进口稀土，目前美国本土没有一家稀土开采企业。我国从 2006 年开始逐步减少稀土出口，2010 年 7 月初，中国便宣布将 2010 年下半年的稀土出口量减少 72%，这是中国首次大规模减少稀土出口。2015 年初，实行 16 年的中国稀土出口配额管理正式取消。2014 年 12 月 31 日，商务部、海关总署 2014 年第 94 号公告公布 2015 年出口许可证管理货物目录，包括稀土、钨及钨制品、钼等在内的 8 种货物，凭出口合同申领出口许可证，无须提供批准文件。中国自 1998 年开始实施的中国稀土出口配额制度正式终结。

第四节　内蒙古稀土行业发展现状

世界稀土在中国，中国稀土在内蒙古，内蒙古的稀土主要分布在包头、呼和浩特、巴彦淖尔等地，其中，位于包头市的白云鄂博矿是内蒙古最大的稀土矿。包头有得天独厚的稀土资源优势，这也使得包头市稀土产业在全国乃至世界稀土行业中有无可替代的地位和作用。举世瞩目的白云鄂博矿铁矿富含氟碳铈矿（约70%）和独居石（约30%），其铌和钍资源储量均居世界第二位。伴随着白云鄂博矿的开发利用，包钢近年来大力实施稀土产业发展战略，独特的资源优势使包钢形成以钢铁和稀土为主业的独特产业优势，受到地方和国家的高度重视。

稀土因其独特的电子层结构及相关特征，具有十分丰富的光、电、磁、催化等功能，在高新技术产业及国防军工等重要领域得到广泛应用，特别是在磁学和光学等飞速发展的新技术材料中，具有不可替代的重要作用。内蒙古包头已经成为以混合型稀土矿为原料的全国三大稀土冶炼分离生产基地之一。

一、资源概况

内蒙古稀土的采选冶主要集中在包头市，包头市白云鄂博矿的稀土资源丰富，查明资源储量4350万吨，稀土品位5%~7%，白云鄂博矿区属于铁、铌、稀土等共伴生的大型矿床，是我国最大的稀土矿，主要稀土矿物为氟碳铈矿和独居石。稀土配分以轻稀土为主，兼具中重稀土。稀土氧化物的构成明显反映出富铈贫钇，高富集钐、铕、钕等特点。白云鄂博矿区共伴生资源多，已发现71种元素、170余种矿物，其中钍、铌资源储量居世界第二位，钪储量约为14万吨，综合利用价值高。白云鄂博矿稀土矿随铁矿采选，综合开采成本低。另外，包钢尾矿库堆存资源丰富，尾矿库中尾矿约1.9亿吨，尾矿中稀土、铌、钍等元素均相对富集（其中稀土含量约为6%），形成了宝贵的二次资源。

二、内蒙古稀土产业发展概况

经过60多年的建设和发展，包头市已形成从稀土开采、研发、生产到贸易较为完整的产业体系，成为我国重要的稀土研发、生产、加工和应用基地。到目前为止，全市共有稀土企业96家，其中规模以上稀土企业34家，稀土行业共实现销售收入203.1

亿元，同比增长1.3倍，占全市工业销售收入总额的7.03%，规模以上稀土行业工业增加值实现5606亿元，同比增长42.1%，占包头市工业销售收入总额的4.57%，全行业实现利润56.7亿元，同比增长2.7倍，位列包头市五大支柱产业实现利润之首，约占五大支柱产业实现利润的一半。

2012年，受国际经济增速趋缓的影响，稀土价格始终在低位运行，整个稀土行业也呈现低迷状态，包头市稀土行业总产值152.4亿元，占全国的19.9%，占全市规模以上工业企业完成工业产值的8%；销售收入150.5亿元，占全国的20.3%；出口7865.4万美元，占全国的5.98%。

2013年，稀土仍延续2012年的市场行情，包头市稀土行业实现总产值131.4亿元，利润30.3亿元；全年出口稀土产品6523.3吨，实现出口交货值5640.4万美元。其中包括：

（1）稀土冶炼分离企业17户，具备稀土选矿产能25万吨/年（REO=50%），焙烧产能9万吨/年，分离产品产能8万吨/年，稀土金属产能1.9万吨/年。截至2013年末，累计生产稀土精矿91151.14吨，市场投放量累计47446.9吨，储备稀土精矿累计43704.24吨；生产冶炼分离产品66656.86吨，市场投放30652.19吨，储备冶炼分离产品36006.67吨。2013年累计实现生产工业产值94.8亿元，占到全市稀土产值的72.1%。

（2）功能材料企业38户，2013年实现生产总值27.8亿元，占到全市稀土行业总产值的21.2%。其中，稀土永磁材料产量8724吨（含包钢稀土外地产量为10935吨），实现产值16.7亿元；稀土抛光粉产量4758.5吨，实现产值4.77亿元；稀土储氢材料产量2277吨，实现产值3.11亿元。

从2013年我国稀土行业整体运行情况来看，我国稀土行业营业收入769亿元，实现利润77.4亿元。包头市稀土行业营业收入131.4亿元左右，利润30.3亿元，分别占全国的17.1%和39.2%。

从产业总体结构来看，2013年包头市稀土原材料企业产值仍占主导地位，实现产值94.8亿元，占包头市稀土行业总产值的72.1%；稀土功能材料产值27.8亿元，占21.2%；稀土其他应用产业实现产值8.8亿元，占6.7%。

从稀土产品应用结构分析，包头市稀土冶炼分离产品、储氢材料、抛光材料产量占全国总量分别为36.8%、28.4%、28.0%；永磁材料仅占全国总量的0.7%。

从2013年我国稀土产业运行情况分析，包头稀土产业占据着十分重要的地位，稀土冶炼分离产品产量占全国的近四成，稀土产业产值及利润对全国的贡献较大。但从包头市的稀土产业总体结构分析，目前包头稀土产业产值仍主要依赖原材料等初级产品，新材料及终端应用产品产值占比不足三成。从新材料产品结构来看，稀土储氢材料、抛光材料具备一定的优势，产量约占全国总量的三成；而稀土永磁材料仅占约一成。因此，大力发展稀土功能材料和高端应用产品，实现产业结构调整和转型升级，是包头市稀土产业发展的重点任务。

三、内蒙古稀土产业链

内蒙古稀土产业初步形成了从原材料、新材料到应用产品的六大产业链：稀土磁性材料及各种电机；稀土抛光材料等铈类化合物的应用；稀土储氢材料及镍氢动力电池、电动车；稀土催化、功能陶瓷等材料及稀土在化工、建材领域的应用；稀土发光材料及应用器件；稀土—有色金属材料及其元器件生产。包头市稀土六大产业链主要细分为以下 11 条产业链，截至目前，各产业链的生产能力及产值如下：

（1）稀土精矿—稀土合金产业链。稀土精矿—稀土合金产业链中稀土合金年生产能力 20500 吨，折合 REO 6000 吨，主要产品产值 1.5 亿元，利税 700 万元。其中，有 3 个单位年产值超过千万元。

（2）氧化钕—电解金属钕、金属产业链。氧化钕—电解金属钕、金属产业链主要有 23 个单位，年生产金属钕和稀土金属 1 万吨，年产值 3.8 亿元，利税 20000 万元。电解金属钕产业链中金属钕产值 1.4 亿元，其他稀土金属产值 2.4 亿元。

（3）稀土精矿—稀土化合物—单一稀土产业链。稀土分离年生产能力 4.4 万吨，主要产品为混合、单一稀土氧化物、化合物及富集物、农用稀土化合物等。产值 10 亿元，利税 5000 万元。其中，有 6 个单位年产值超过亿元。

（4）稀土铈化合物—稀土抛光粉产业链。稀土抛光粉产业链主要有 3 个单位，年产能 2000 吨，年产值 7000 万元，利税 350 万元。

（5）钕铁硼—稀土永磁电机—电动自行车产业链。钕铁硼产业产值 1.76 亿元，利税 800 万元。

（6）混合稀土金属—储氢合金—镍氢电池产业链。储氢合金—镍氢电池产业链主要有 3 个单位，年产能 2000 吨，年产值 2.3 亿元，利税 1000 万元。3 个单位年产值均超过亿元。

（7）中稀土富集物—荧光级氧化铕—发光材料产业链。包头市只有京瑞稀土新材料有限责任公司一家生产中稀土富集物、荧光级氧化铕、发光材料，年产值 1 亿元，利税 100 万元。

（8）混合稀土金属—稀土处理钢产业链。包头钢铁集团公司年生产稀土处理钢 5 万吨，年产值 2.22 亿元，利税 1000 万元。

（9）稀土化合物—稀土铝中间合金—稀土铝合金产业链。稀土铝合金产业链主要有包头铝业（集团）有限公司，年产值 6.62 亿元，利税 3000 万元。

（10）稀土化合物—稀土 MC 尼龙改性产业链。稀土 MC 尼龙改性产业链主要有包头经纬稀土塑业（集团）有限公司，年产值 2000 万元，利税 100 万元。

（11）稀土金属—其他稀土功能材料产业链。正在兴起的稀土电热材料、稀土磁致伸缩材料等虽然产值不高，但是有发展前途。

第五节 包头市稀土企业分析

一、包头市稀土企业的特点与优势

（一）产品生产与冶炼分离实力强

2013 年包头市稀土冶炼分离产品产量 3 万吨（REO），占全国总产量的 36%。每年稀土冶炼分离产品已成为全国轻稀土矿产品的重要供应来源，在国际市场也有一定占有率，具备生产高纯度稀土分离产品的整体实力。

（二）稀土新材料及应用产业具有一定规模

全市拥有一批涉及领域广阔、有一定竞争能力的稀土功能材料和稀土应用产品企业，其中稀土功能材料主要包括稀土磁性材料、稀土储氢材料、稀土抛光材料、稀土有色金属合金、稀土染料、助剂、稀土中间合金等，稀土铸铁、稀土钢也具有相当规模，稀土应用产品如特种电机、动力电池、核磁共振成像仪、稀土颜料等在全国具有一定的影响力。

（三）产业集约化程度较高

已形成以包钢稀土为龙头，涵盖众多中小型稀土企业的产业集群，在保证有序开发稀土资源的基础上，实现了国内稀土产业发展的强大支撑，平衡了市场供需，防止了无序竞争，促进了稀土产业集约集聚发展。

（四）技术支撑体系健全

包头市拥有全国最大的综合性稀土科技研发机构——包头稀土研究院，院内建有两个国家级中心“稀土冶金及功能材料国家工程研究中心”和“北方稀土行业生产力促进中心”，四个自治区级研究中心，同时拥有国家级的稀土分析检验中心，即“国家稀土产品质量监督检验中心”。

全市拥有内蒙古科技大学及包头市相关研究所、企业研发中心共 42 个，与包头市稀土高新区创业中心、包头稀土研究院共同形成了涵盖稀土采选冶用相关领域和研究方向，能解决稀土行业发展关键和重大科技开发课题的技术支撑体系。

与此同时，稀土研发人才队伍也不断扩大，稀土研发人员有1000人以上。近年来，国家以及内蒙古、包头市地方政府先后启动的多层次人才和团队资助计划，也为培养和引进高水平稀土材料及应用的创新科技人才提供了良好的环境。

（五）公共服务平台逐步完善

包头市正在不断完善稀土产业公共服务平台建设，目前拥有国家商务部认定的稀土产品权威出口检验单位——国家稀土产品质量监督检验中心；有全国性稀土行业信息服务组织——稀土信息中心；建立了国内唯一的稀土知识产权信息中心——中国稀土知识产权网；高新区联合内蒙古科技大学创建了稀土产业发展保障后备人才基地——稀土学院；包头稀土研究院开展稀土材料公共技术服务平台项目，建设稀土镁合金、高纯稀土金属、烧结钕铁硼磁环、钐钴永磁材料四个中试基地以及稀土材料综合性能测试及应用性能标准检测平台，搭建了与国内外稀土产业、科研、贸易交流的信息平台——中国包头稀土产业发展论坛。

（六）发展稀土产业的综合优势明显

在国家继续推动实施西部大开发战略的背景下，作为国家重要的老工业基地、内蒙古自治区较大的工业城市，经过多年发展，包头市培育了一批优势特色产业，也具有产业可容纳空间优势、产业劳动力存量优势、矿产资源储量优势及电力能源供给等比较优势。

（七）土地资源充足，能源动力成本相对较低

包头市总面积2.77万平方千米，辖9个旗、县、区和国家稀土高新技术开发区，人口260万，是国务院首批确定的全国13个较大城市之一，土地面积大，建设开发用地多，同时水电煤价格相对便宜，能源动力充足，目前规划的“三个稀土集中区”总面积18平方公里，可承载大量稀土高科技项目落户。

二、包头市稀土企业存在问题

从总体看，包头市稀土企业取得了长足发展，但目前在稀土产业发展的过程中，也出现了一些矛盾和问题，制约着产业持续快速发展。

（一）产业结构不尽合理

虽然包头市稀土原材料资源丰富，已经成为全国最大的轻稀土原材料产品的生产基地和供应基地，冶炼分离产品产量占全国总产量的68.3%，但总产值仅占全国稀土产业的19.9%，销售收入占全国的20.3%，出口额仅占全国的5.98%。稀土产业原材料占比偏高，新材料高端应用等下游产业发展不足，除稀土永磁材料、稀土抛光材料产量在全国领先外，其余功能材料及应用均不占优势，资源就地深加工转化利用率低，资源优势未能充分转化为经济优势。高技术、高附加值的深加工及其应用产品所占产业的销售收入比例不足5%。内蒙古自治区稀土深度加工和应用领域主要集中在稀土永磁材料、稀土荧光材料、稀土抛光粉、重稀土球化剂和永磁电机等方面，企业生产规模小，科技含量不高，还没有形成一定的产业规模。稀土深度加工和应用的严重滞后已经成为制约全省稀土资源优势向产业优势和经济优势转化的重要因素。

（二）原料优势未能充分凸显

包头市稀土产业以包钢稀土为龙头，通过产业整合和资源配置等措施，实现了对内蒙古稀土原料总量的控制。由于稀土矿随铁开采，目前在国家指令性计划控制下，稀土原料产量不能全部释放，而随铁开采出来的稀土矿只能以矿石、尾渣等多种方式另行保存。随着包钢稀土公司规模的进一步扩大，其子公司对稀土原料的自我消化能力逐步增强，包头市稀土新材料企业的原料需求未能充分满足，对外招商的原料地效应没有显现。

（三）核心专利的缺失限制产业国际化发展战略的实施

稀土永磁、稀土储氢等原始核心专利几乎被日本等发达国家垄断，这不仅使稀土企业出口发展战略受到专利壁垒的制约，也影响着包头市稀土产业的持续快速发展。因此，核心专利的研发与突破、产品质量的提高和核心竞争力的培育、企业规模的壮大，是当前包头市稀土产业发展的首要任务。

（四）稀土人才结构不合理

包头稀土人才多集中于选、冶、分离及材料研发领域，缺乏高端材料、元器件、零部件、整机开发以及市场营销、资本运作等人才，同时相关人才从事项目跟踪、模仿多，原创性项目开发能力较差，部分学科缺乏领军型人才。

（五）配套能力有待提高

包头市是一个以重工业为主、由央企国企主导的工业城市，民营企业发展相对滞后，加工及相关细分专业不齐全，发展稀土应用产品尤其是元器件、整机的配套能力较差，品种覆盖率低，稀土产业下游链条延伸不足，产业链条间的连接性、协调性比较低，稀土新材料和应用产品的规模经济效应难以发挥出来。

三、机遇与挑战

（一）政策环境

稀土材料在七大战略性新兴产业领域发挥着不可替代的作用，支撑战略性新兴产业的跨越式发展，《国务院关于加快培育和发展战略性新兴产业的决定》和《国务院关于促进稀土行业持续健康发展的若干意见》都明确将稀土材料确定为新材料产业发展的重点；内蒙古自治区“8337”发展思路提出了“要把内蒙古建成有色金属生产加工和现代装备制造等新兴基地”；包头市委提出“要把包头市建成国家和自治区重要的稀土新材料基地”，出台了《关于进一步加快稀土产业发展的若干意见》。因此，强化稀土资源管理、促进稀土产业健康快速发展，是现行政策的主基调，这将是包头市稀土产业实现跨越式发展、增强竞争力和提高经济效益的强大推动力。

（二）市场环境

稀土材料是我国新材料产业的重要组成部分，是清洁能源、大运载飞机和航天工程、新能源汽车、半导体照明、新型显示器件等国家重大工程的关键支撑材料，也是促进传统产业转型升级、拉动内需、推动实施振兴规划、保障国防安全的重要产业。根据《新材料产业“十二五”发展规划》，“十二五”期间，我国风电新增装机 6000 万千瓦以上，共需要稀土永磁材料约 4 万吨，我国《稀土材料“十二五”规划》中预计达到的经济指标为：①培育 20 多家产值超过 10 亿元的创新型现代化企业；②稀土应用新材料增长一倍；③高新稀土材料年产量接近 50 万吨，年产值达 500 亿元以上；④促进稀土均衡应用，铈、镧、钇、钐等高丰度稀土元素的应用量增加 50%以上。虽然目前稀土市场还在低位震荡，但随着 2011 年稀土价格的影响日益减弱，稀土应用产品的逐渐恢复，稀土市场未来应是震荡向上的趋好走向。

（三）技术环境

1. 科技成果产业化程度

包头市科技成果转化率较低，高校、科研院所的研发工作与稀土生产的对接不够紧密，从基础研究、应用研究、中试开发到产业基地的技术创新链尚未完全形成。

2. 技术创新能力

与发达地区相比，包头稀土产业在研发投入、实验条件、科研实力、创新机制等方面还存在一定差距，技术创新能力有待进一步提升。

3. 法律法规建设

在已出台稀土管理有关法律法规的基础上，我国正在加快研究制定《稀有金属管理条例》和《稀土企业生产经营资质管理办法》等，规范稀土行业有序发展；同时正在研究调整资源税计征方式及征收标准，制定实施稀土生态环境保护与恢复治理技术规范，严格执行稀土行业准入条件和相关标准，这些都将对稀土产业的健康可持续发展起到有力的保障作用。

4. 人才战略

国家西部大开发和自治区推进呼包鄂地区率先发展战略的实施，为包头市经济社会又好又快发展创造了有利的宏观环境。《国家中长期人才发展规划纲要（2010~2020年）》的颁布，以及《关于进一步加强西部地区人才队伍建设的意见》等一系列政策文件出台，使“人才资源是第一资源”的观念更加深入人心；中组部实施“千人计划”，内蒙古自治区推动“草原英才”工程，“呼包鄂”地区打造“草原硅谷”的工作部署为包头市引才、聚才工作奠定了坚实基础。

（四）制约环境

稀土资源比较优势逐渐弱化。随着国内其他省份加大稀土开采量，以及美国芒廷帕斯、澳大利亚韦尔德山、越南都巴奥等轻稀土矿的开采，包头市稀土资源的比较优势正在逐渐弱化，而且由于少数国家实施指令性计划，各稀土生产省也拥有相应的计划指标，也有相当规模的轻稀土产出，国内轻稀土市场已形成多元化供应格局。

稀土行业区域竞争加剧。稀土永磁材料、储氢材料等都存在产能过剩问题，包头市产品低端化、初级化特征明显，加上国外跨国公司的涌入，必将导致竞争的加剧，使包头市稀土产业面临较为严峻的形势。

节能减排与环境保护压力大。包头市稀土行业不断加大节能环保投入，并取得一定成绩，但随着国家环境保护和节能减排要求的逐步提高，稀土企业的环境治理难度不断加大。主要表现：一是稀土企业装备更新更加缓慢，工艺装备的大型化、自动化与发达国家相比还有差距，在线检测、分析测试水平有待提升，带来资源利用率低，能源消耗大，产品一致性、均匀性较差等问题。二是环境治理中历史欠账较多，污染物治理技术和清洁生产工艺不完善，有的企业环保措施不到位，造成稀土企业排放的废水仍然不能稳定达标，实现污染物达标排放和循环利用任重道远。

第四章 我国稀土企业核心竞争力现状

第一节 我国稀土企业核心竞争力现状

经过 50 多年的发展，我国稀土产业已经形成了比较完整的工业体系，包括从上游的稀土资源的开采，中游稀土企业的冶炼、加工一直到下游的市场应用。中国已探明资源量、生产量、出口量和消费量均居世界第一，稀土产业已经成为我国具有国际竞争优势的产业之一。但是，我国稀土资源优势并没有转化成产业优势和经济优势，由于技术水平落后、应用研究开发能力滞后等因素的影响，在稀土应用方面与发达国家差距很大。因此，我国只在稀土资源拥有量和稀土生产上占有优势。

一、稀土资源优势逐渐减弱

稀土广泛应用于国防工业、航空航天、信息产业、制造业等领域，属于不可再生资源，全球的稀土资源主要集中在中国、俄罗斯、美国等少数国家。2015 年，世界已探明的稀土资源工业储量为 13000 万吨（REO），各国的稀土工业储量如表 4.1 所示。从表 4.1 中可以看出，我国稀土资源的工业储量在世界上占有重要的地位。

表 4.1 世界已探明稀土储量（REO）

单位：万吨

国家或地区	储量
中国	5500
巴西	2200
澳大利亚	320
印度	310
美国	180
马来西亚	3

续表

国家或地区	储量
其他国家	4100
总计	13000

资料来源：U.S. Geological Survey，Mineral Commodity Summaries，January 2016.

2015年，中国已探明的稀土储量为5500万吨，占全球总量的43.61%，如图4.1所示。中国是目前全球稀土产量、储量、消费量及出口量第一大国，供应量占全球的84.68%，如图4.2所示。

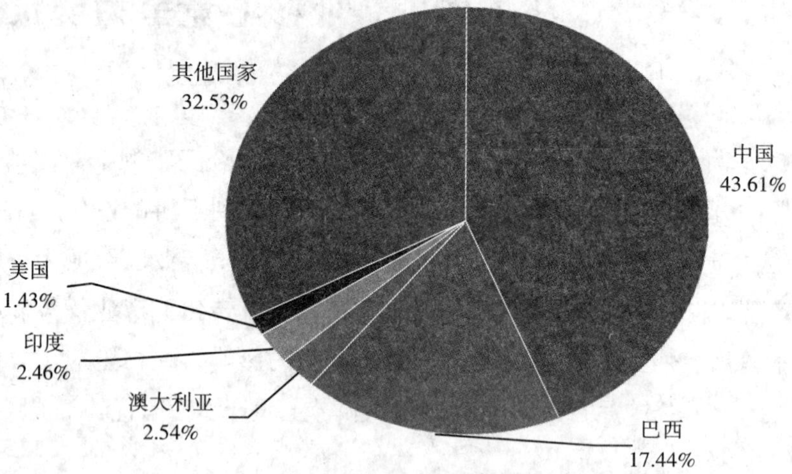

图4.1 世界稀土资源分布

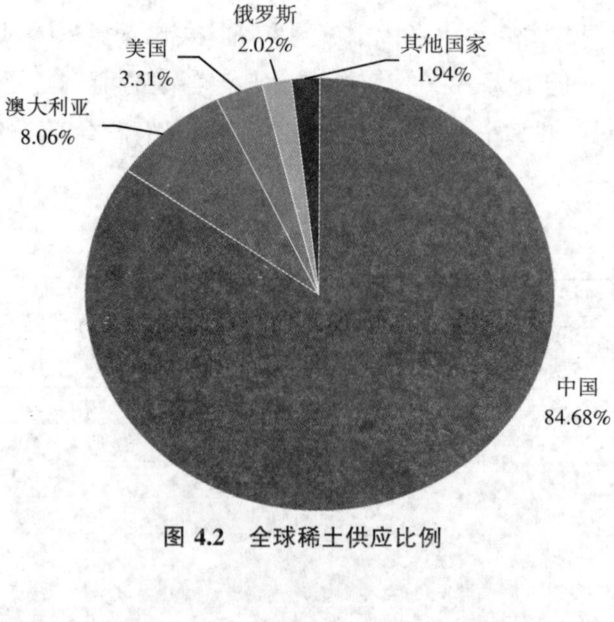

图4.2 全球稀土供应比例

随着世界稀土新矿的不断发现，稀土格局发生了变化，我国稀土储量占世界的比例不断下降。20 世纪 70 年代，我国的稀土储量占世界总储量的 74%；20 世纪 80 年代，我国的稀土储量占世界总储量的 69%，而到 2015 年，我国稀土储量只占世界稀土资源的 43.61%。根据这些数据可以非常明显地看出，我国稀土储量占世界稀土总储量的比例在逐渐降低，所以我国的稀土资源的大国优势正在减弱。从图 4.1 和图 4.2 可以看出，2015 年我国用 43.61%的稀土储量供应了世界稀土 84.68%的市场份额，我国稀土产品供给量占世界的比重远远高于我国稀土资源量占世界稀土资源总量的比重。我国稀土资源的开采利用严重过度，相对于国内消费需求水平来说，稀土产品供给严重过度。如果任由这种状况延续下去，稀土产品将会和煤炭一样，由净出口国变成净进口国，成为人均稀土资源量相对稀缺的国家。这导致我国稀土储量的急剧下降，造成我国稀土资源优势的减弱。

另外，由于我国技术水平和开发水平有限，致使稀土开采和回收利用率低，造成了资源严重浪费，在一定程度上加剧了稀土资源的枯竭。我国混合型稀土矿、氟碳铈矿、离子型稀土矿的资源利用率分别为 10%、45%、40%左右。在稀土总量快速消耗的同时，稀土元素结构性矛盾也非常突出。由于稀土是共伴生矿，目前基本是按照需求来开采稀土资源，所以那些在自然资源中含量较高的单一稀土就产生过剩，过剩的稀土资源被低价倾销或不予回收利用。同一稀土资源矿床中更紧缺的单一稀土消耗完后，该矿中其他稀土资源也将同时枯竭。稀土元素结构性的供应紧张，更加快了资源的总体消耗速度。

由于历史原因，我国一开始并没有充分认识到稀土产业所具有的战略地位，因而缺乏长远规划和统筹安排，许多企业往往只注重短期利益，对宝贵的稀土资源进行破坏性开采，资源浪费现象较为严重。同时，大量外资企业纷纷在国内通过投资办厂等方式来获取稀土资源。经过半个多世纪的超强度开采，我国稀土资源保有储量及保障年限不断下降，主要矿区资源加速衰减。

随着各国勘探技术的发展，我国稀土量在世界稀土总量中的占比不断下降，又由于我国在稀土资源的开采利用中存在浪费、回收率低等问题，稀土资源优势逐渐减弱。

二、低端产品较多而高端产品较少

全球价值链理论认为，产业链上的价值分割一般呈“倒金字塔”形，越往上游前端所分割的价值越少，越往下游后端所分割的价值越大，所以稀土的真正价值在于产业链后端。

经过多年发展，我国凭借得天独厚的资源优势已成为举世公认的稀土大国。但是，我国作为世界上稀土资源最丰富的国家，稀土产业“大而不强”，稀土产业的发展一直停滞于低附加值的产业链前端（采选—冶炼分离），高附加值的后端（功能性材料—终端应用）发展滞后，与发达国家差距大，产业发展呈现出明显的“低端锁定”发展态势，使资源优势无法转化成经济优势。从稀土矿产品直至稀土应用产品，越接近稀土产品供应链的终端，科技含量越高，经济附加值越高。在稀土产品的供应链上，稀土矿产品、冶炼分离产品、功能材料、应用产品价值比例约为 1∶10∶100∶1000；稀土产品价值沿着供应链低端向高端呈现裂变式增长，稀土矿产品、功能材料和应用产品的价值之比达到 1∶50∶500，中国稀土产品中约 80%是低端和中间产品。

我国生产的稀土加工产品主要集中在永磁材料、发光材料、储氢材料和抛光粉等中低端领域，国内使用的大部分高端材料还需要进口。我国稀土冶炼分离产品、稀土永磁、镍氢电池的出口远远大于我国相应产品的进口数量，尤其是镍氢电池和稀土永磁，镍氢电池的出口比其进口多约 42 倍，稀土永磁出口是其进口的 12 倍之多，如表 4.2 所示。

表 4.2 2016 年 1~9 月我国稀土进出口产品对比（REO）

商品分类	出口数量（吨）	进口数量（吨）	比值（出口数量/进口数量）
稀土冶炼分离	32631.6	7349.4	4.44
稀土永磁	23383.5	1925.4	12.14
镍氢电池	384346.0（个）	9025.6（个）	42.58

资料来源：根据中国稀土信息网的资料整理。

我国钕铁硼材料更多应用于中、低端领域，而在高端应用领域的市场份额很低；稀土抛光粉的应用领域也存在中、低端应用比重大，高端应用偏小的特点，产业深度应用领域发展不平衡。在下游产业中，关键的永磁体专利技术大都被国外企业掌握，中国钕铁硼企业面临的专利问题已成为了企业发展的阻碍；在荧光粉领域，无论质量和产量都与日本、美国、韩国等国家有较大的差距。稀土永磁和稀土荧光是我国两个重要的稀土下游产业，这两个重要产业的薄弱会降低整个行业的竞争力。

2011 年，我国稀土在传统领域中的消费量为 28100 吨，占比为 33.81%，在新材料领域中的消费量为 55010 吨，占比为 66.19%，如表 4.3 所示。

表 4.3 2011 年国内稀土应用结构（REO）

领域		消费量（吨）	占比（%）
传统领域	冶金/机械	10100	12.15
	石油/化工	7500	9.02
	玻璃/陶瓷	7000	8.42

续表

领域		消费量（吨）	占比（%）
传统领域	农轻纺	3500	4.21
	小计	28100	33.81
新材料领域	永磁材料	36600	44.04
	储氢材料	4430	5.33
	液晶抛光	4800	5.78
	荧光材料	4800	5.78
	催化材料	4380	5.27
	小计	55010	66.19
消费总量		83110	100.00

资料来源：根据中国稀土信息网的资料整理。

然而，在新材料领域的应用中，永磁材料消费量为 36600 吨，占稀土消费总量的 44.04%，占新材料领域消费量的 66.53%；液晶抛光消费量为 4800 吨，占稀土消费总量的 5.78%，占新材料领域消费量的 8.73%；荧光材料消费量为 4800 吨，占稀土消费总量的 5.78%，占新材料领域消费量的 8.73%；储氢材料消费量为 4430 吨，占稀土消费总量的 5.33%，占新材料领域消费量的 8.05%；催化材料消费量为 4380 吨，占稀土消费总量的 5.27%，占新材料领域消费量的 7.96%。如图 4.3 所示。根据上述数据，明显地可以看出我国稀土产品中中低端产品较多，而高端产品较少。

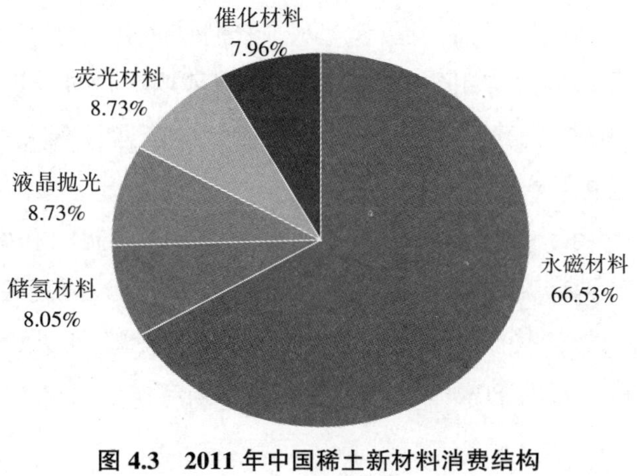

图 4.3　2011 年中国稀土新材料消费结构

三、技术相对落后

目前中国的稀土产品主要集中在中低端领域，高端材料及最终的应用产品仍需进口。导致我国稀土产业如此现状的原因是我国稀土产业技术相对落后，包括我国稀土产业的应用技术相对落后与自主研发能力不足。

（一）应用技术相对落后

我国的稀土应用技术与美国、日本等国家相比差距仍然很大。美国稀土应用的结构中，用于高新技术领域的稀土占总用量的 77%；日本用于高新技术领域的稀土占到其总用量的 90%。另外，值得一提的是，日本是一个没有稀土资源的国家，而稀土应用总量占世界近 30%的份额，是全球最大的稀土资源消费国之一。

目前日本、美国、法国等发达国家 90%以上的稀土上中游产品从中国进口，发达国家实际上是靠卖技术和高端产品赚钱，它们在人力资源、原材料上投入很少，获取的却是整个产业 50%以上的利润，新兴的工业化国家和地区在高新领域包揽了中间制造中的大部分环节，获得的利润也仅为 20%左右。中国是世界稀土生产大国，但却不是世界稀土技术大国，稀土产业在产品深加工和后处理工艺上存在不足，综合研发能力、产品性能和技术含量偏低，一些基础研究和科研成果的转化相对困难，使得中国产品在性能和档次上主要集中于中低端市场，很少能够满足高端市场的差异化需求。目前中国出口产品中，高新技术产品的比例只有 10%，远远低于日本 35%的水平，这使得中国稀土产业在参与国际竞争时处于十分被动和不利的地位。

我国稀土生产的设备装备水平远低于国外发达国家水平，特别是稀土生产设备的大型化、自动化程度和在线监测水平与国外相比有很大差距。虽然我国从 20 世纪 50 年代开始进行稀土提取和应用工作，目前我国有数百家科研院所、企业和高等院校涉及稀土研究，拥有 5700 多名科研人员，但科研条件参差不齐、经费短缺、力量分散、设备落后等问题使我国稀土应用研究和基础研究双薄弱，这种状况无法满足稀土产业快速发展对技术的需求。而稀土是典型的依赖科技的产业，若失去强大的技术支撑，只能将稀土资源作为初级产品廉价出口、销售。

以江西省为例，由于受技术、资金、市场开发等因素制约和引进机制缺乏力度，稀土应用水平低。江西赣州有色冶金研究所研制成功的原地溶浸稀土技术，除在龙南足洞矿得到较好应用外，其他县的稀土矿山仍采用“池浸”工艺。据调查，现足洞稀土矿原地溶浸矿回收率高达 80%以上，池浸回收率国有矿山可达 50%~70%，而诸多集体矿山只有 30%左右。

（二）自主研发能力不足

部分发达国家如日本、美国等重视稀土的应用研究，抢占稀土知识产权制高点，力图从技术领域控制全球稀土的生产和消费。尽管我国是稀土生产大国，拥有世界上大部分稀土资源，但在整个产业链中却处于初级生产阶段。相关高端核心技术领域由美国、日本等国的企业所控制，且已经形成相应的专利壁垒，这直接制约了我国稀土行业向高端转移。

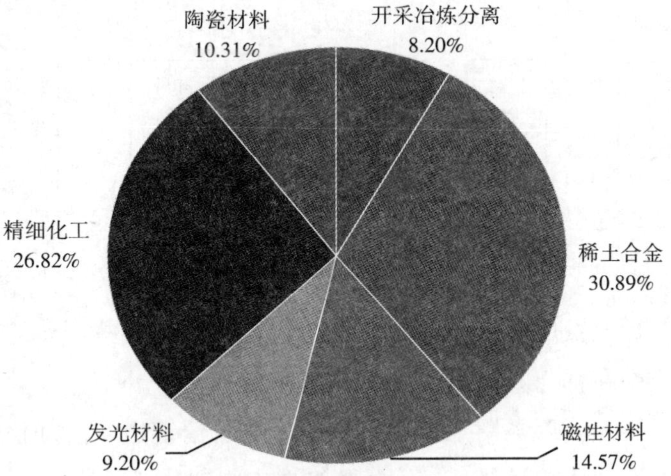

图 4.4　2013 年我国稀土产业申请专利技术领域分布

根据国家知识产权局的稀土专利检索，2013 年，我国申请的稀土专利共有 11315 项。其中，稀土合金类专利有 3495 项，占比为 30.89%；稀土精细化工类专利有 3035 项，占比为 26.82%；稀土磁性材料类专利有 1649 项，占比为 14.57%；稀土陶瓷材料类专利有 1167 项，占比为 10.31%；稀土发光材料类专利有 1041 项，占比为 9.20%；稀土开采冶炼分离类专利有 928 项，占比为 8.20%。如图 4.4 所示。我国稀土申请的专利多集中在稀土合金、稀土精细化工等低端领域，而高端领域的研发专利占比较少。

稀土研发能力落后严重制约着我国稀土行业核心竞争力的提升和企业的可持续发展。我国稀土产业存在着高端应用研发滞后的问题。由于中国稀土科研领域投入不足、关键技术攻关不力、知识产权保护意识不强等各方面因素的制约，我国很多稀土科研机构只能跟踪国外研发动态，研发新产品能力差，创新少，产品结构趋同，在新材料领域的自主知识产权极少。另外，科研成果向生产力转化的机制尚不完善，例如杨应昌教授最先发现 Sm–Fe–N 系间隙型稀土永磁体并进行开发应用，但日本 TDK 公司却早已批量生产 Sm–Fe–N 粘结磁体。

四、产业链完善不足

稀土已经被广泛地应用到国民经济的各个领域。虽然作为一个产业在国民经济中所占比重较小，经济效果并不明显，但是对其他产业尤其是高新技术产业的带动作用非常强。经过 30 多年的发展，稀土产业初步形成从矿山开采、冶炼分离、加工应用到科研开发的较为完整的产业链，如图 4.5 所示。

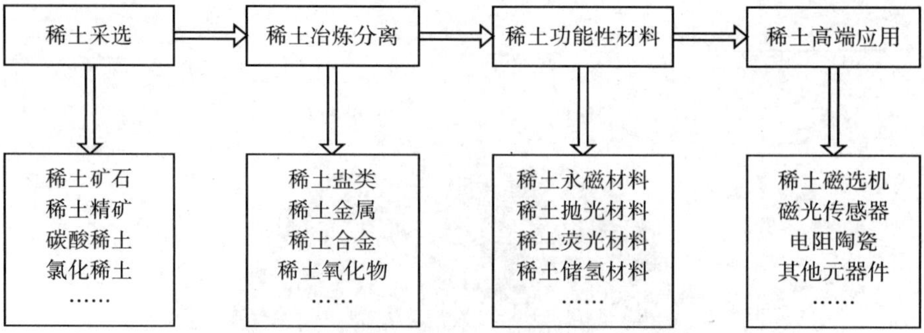

图 4.5　稀土行业产业链

尽管我国稀土行业发展取得了一定成效，但依然存在一些问题。一是仍处于产业链的低端，主要集中在稀土开采、冶炼分离、简单加工等环节，企业价值创造能力较弱、竞争力不强、产品或服务附加值低。二是产业价值链短，附加值不高，特别是高技术含量、高附加值的功能材料、元器件及终端应用产品缺乏，应用面不宽，高技术、高附加值的稀土深加工应用发展后劲不足等。

目前，我国稀土产业链各个环节所处的状态不同，在上游领域，稀土开采基本处于饱和状态，矿山企业产能供应充足；中游冶炼与分离企业分布分散，规模大小不一，技术参差不齐；下游稀土产业加工和应用企业较少，稀土产业链未能发挥出稀土资源应有的价值。

我国稀土工业的生产布局，依据稀土矿产资源分布特点和地区经济建设条件，形成南北两大传统的生产体系。

（1）以轻稀土为主的北方工艺体系。主要产品有：稀土精矿、稀土合金、混合稀土化合物、富集物和金属、各种单一稀土化合物以及稀土抛光粉、永磁材料、储氢合金等外延产品。以开发白云鄂博稀土矿产资源为主，由冶金、有色、核工业和地方企业构成，形成了世界级的稀土矿山和生产加工系统。包钢的铁精矿生产线可以将稀土产品作为冶炼副产品生产出来，成本较低，生产规模大，产量约占全国总量的80%左右，稀土产品以钕、钐、铕、镧、铈、镨等金属的氧化物、化合物以及混合物为主。其中稀土精矿的年产量为 7 万~8 万吨，碳酸和氯化稀土大约 6 万多吨，单一稀土产品大约有 1.5 万吨，稀土硅铁合金超过 3 万吨、混合稀土金属也有超过 6000 吨的生产规模。

（2）以中重稀土为主的南方工艺体系。主要产品是各种高纯单一稀土化合物和金属富集物，混合金属和合金。目前江西省稀土矿产品的年产量为 1.5 万吨左右，单一稀土金属的冶炼能力较强，目前为全国第一，各种单一稀土金属的生产能力为 3000~4000 吨/年，大约为全国稀土冶炼能力的 60%，产量占到全国总产量的 70%左右，单一稀土金属的出口量也占全国的半壁江山，达到 60%左右。四川的稀土矿产资源是纯氟碳铈矿，轻稀土资源较为优良。目前四川稀土矿产品的年生产量为2.5万~3万吨，产品主要为精矿产品、氯化稀土、碳酸稀土、稀土硅铁合金、混合稀土金属、各种单一轻稀土产品等。

就目前来看，我国稀土产业结构不够合理，生产的稀土产品类型基本雷同，初级原材料产品居多，而高附加值的稀土新材料、功能器件及终端应用产品较少。

五、环境污染较严重

我国稀土产业落后的生产工艺使得稀土在开采和分离过程中对周围环境造成了极大的破坏，有时甚至会威胁当地居民的农业生产和饮用水安全。稀土产业对环境造成污染的环节集中在稀土资源采选、冶炼分离和加工生产过程，会产生大量废渣、废水、废气以及一些放射性元素的放射性污染。一些稀土企业对环保的重视程度仍然不够，缺乏必要的环境保护和生态恢复措施，当地有关部门监管也不到位，造成了矿区植被破坏和地下水污染。

稀土采选业的主要污染物是工业废水、汞、铅、砷、工业粉尘、废渣（尾矿、废石），冶炼行业的主要污染物还包括氨氮、二氧化硫、氟化物、磷、新化学品废物等，稀土生产过程产生放射性污染、氟、氨氮、重金属、硫酸根。污染物主要以废气、废水和废渣的形式排出，对生态环境造成污染。稀土资源伴生有放射性元素镭等，随着采选和加工利用发生转移、扩散，主要在废水、废渣中存在，对周边环境造成放射性污染，对当地居民的身体健康造成影响。稀土尾矿和残渣含有大量伴生的重金属，处理不当会对周边土壤和水体环境造成严重影响。混合型稀土原矿含大量氟，气态氟化物扩散距离大，对人体和动植物危害大；离子型稀土原地浸矿析出的重金属离子，易流入周边水体，造成污染；氟碳铈矿和独居石多采用露天开采的方式，对地表植被造成一定破坏，同时矿石分离和冶炼过程中产生的废气及尾矿堆放会对环境造成严重污染。

北方白云鄂博矿在露天开采的过程中，开采剥离后的贫矿和废石被当作尾矿大量堆存，使白云鄂博矿区的动植物、土壤、地下水都受到了放射性污染。而在冶炼、萃取、分离和生产过程中，由于使用大量的酸碱、萃取剂等化工原料，又会产生大量的有毒废弃物。一些废弃或关停的稀土矿山也没有严格按照水土保持、植被恢复的要求进行生态修复，也会降低当地生态环境质量。白云鄂博稀土矿每处理1吨稀土矿约产生6×10^7立方米的焙烧废气，其中含有氟化物、二氧化硫和硫酸酸雾等有害气体，仅包钢一家企业目前1.8亿吨的尾矿占地已达10多平方千米，而牦牛坪矿区的尾矿、弃渣规模可达1.77×10^7立方米，同时废渣中的放射性核素易造成局部大气二次放射性污染。据有关部门统计，以北方稀土集团为首的一些包头稀土企业每年会因为生产稀土产品而产生此类废水1000万吨，这些工业废水中氮的含量严重超标，超出《污水综合排放标准》规定的废水氮含量200倍。同时，由于乱采滥挖现象严重，既破坏了生态环境，又严重污染地下水，严重影响了当地居民的生活。

目前，南方离子矿多采用原地浸析开采工艺。在离子吸附型稀土矿开采过程中，浸矿剂容易进入地下水和土壤，造成水体和土壤中长时间的金属离子和氨氮超标，导致地表植被受到不同程度的伤害，影响表层植被生长。另外，浸取尾矿中含有大量的硫酸铵，且浸出过程中使原矿土壤中的营养元素钙、镁、钾等流失并进入浸出液中，使尾矿修复困难，地表以下因浸矿剂的侵蚀，土壤结构也变得更加松弛，原有的山体重力平衡被打破，存在严重的地质灾害隐患。在离子吸附型稀土矿提取稀土过程中，使用大量的硫酸铵和碳酸氢铵，会产生大量的氨氮废水，其浓度高达3500~4000毫克/升。由于矿山渗漏及降雨等原因，废水中氨氮很容易渗入土壤、地下水和地表水。即使经过地表水和地下水稀释，在春季，水中氨氮也高达80~110毫克/升，冬季则高达90~160毫克/升，导致矿区水系氨氮严重超标，水体富营养化，对生态安全造成了极大的威胁。

我国赣州是重稀土资源的重要产区，因为开发稀土，生态植被损毁、水土流失严重，大约有97平方公里的土地出现了荒漠化，导致这些地区多次发生泥石流。赣州累计开采稀土25万吨，但留下的废弃矿山需要70年来治理，费用将达到380亿元，代价触目惊心。

由于稀土行业对环境的严重污染性，所以如何形成环境友好型的稀土开采、冶炼、分离等工艺过程，是稀土行业亟须解决的一项难题。

六、企业管理人才和专业技术人才相对缺乏

近几年来，我国稀土企业人才流失现象严重，导致稀土管理、经营、应用研究人才短缺，稀土经营管理水平不高，稀土应用产品开发缓慢。我国最大稀土研究院包钢稀土研究院人数最高时曾达2000多人，目前已萎缩到500人。我国稀土资源集中在内蒙古、四川、广东、江西赣南等中西部地区，经济区位不够优越，再加上人才引进的措施、政策不力，很难吸引国内外稀土高精技术人才，加上种种原因，过去聚集来的优秀稀土专业人才也大量流失，科研骨干青黄不接，目前已无明显优势。人才的缺乏已成为我国稀土产业发展的制约因素。

对于企业的长期发展而言，人才是必不可少的重要因素。目前，我国稀土企业中高端人才往往储备不够，人才资源紧缺。虽然在引进方面，企业往往也十分重视，但主要针对的是技术人员的引进，往往忽视了管理人才的重要性，这样就造成公司管理

水平低下、运作效率不高，影响公司整体的市场竞争能力。同时，对于我国大部分稀土企业而言，稀土技术人才物质待遇一般，也使得稀土企业技术人才流失严重，影响企业自主研发能力和创新能力，进而影响产品质量和公司整体水平。所以，我国稀土企业要全方位加大人才的储备和引进力度，只有在人才资源方面占有优势，才能在管理和生产技术上有所保障。

为了避免国际贸易摩擦带来的重大损害，我国需要培养更多的高级经济管理人才，尤其是精通国际贸易规则和谈判的高级人才。这样才能在国际谈判中争取主动，积极应对，保护我国利益不受侵害和损失。

我国稀土企业所拥有的资源优势正逐渐被弱化，将来我国稀土企业的资源优势一定会被其他国家所占据，所以，我国稀土企业必须在资源优势消失殆尽之前，发展好自己的其他优势，如技术优势、研发优势、产品优势等。目前，我国稀土企业存在着一些问题，如应用技术水平、研发能力远落后于其他国家的稀土行业，稀土产业链完善不足。我国的稀土产品多为价值含量低的低端产品，相较于其他稀土国家，我国稀土行业的竞争优势不明显。而且，稀土行业对生态环境的危害较大，在如今大力倡导环保的时代，我国稀土企业必须注重环境友好型发展。人才也是影响我国稀土企业发展的重要因素，我国稀土企业缺乏稀土行业的技术型人才和管理型人才。我国稀土企业的核心竞争力不足，必须加强对其的培育与发展，从而使我国的稀土企业更具有竞争力。

第二节　国内外稀土企业核心竞争力比较分析

一、知识产权方面竞争力的较量

国外与我国正在进行着稀土知识产权较量，这是一场没有硝烟的战斗。我国稀土材料及应用技术与国外领先水平相比仍存在差距，如永磁材料、发光材料、催化材料等领域的核心知识产权均由日本、法国、美国等发达国家掌控，我国稀土产品的产品性能、附加值等均有待进一步提高，下一代稀土功能材料亟待探索研究，创新能力急需提高，知识产权有待进一步合理布局。2013 年，世界上有关稀土技术的专利共有 41376 项，我国有 11315 项，占比为 27.35%。世界稀土开采冶炼类专利有 2484 项，我国有 928 项，占比为 37.36%；世界稀土合金类专利有 11084 项，我国有 3495 项，占比为31.53%；世界稀土磁性材料类专利有8311项，我国有1649项，占比为19.84%；世界稀土发光材料类专利有4948项，我国有1041项，占比为21.04%；世界稀土精细化工类专利有8716项，我国有3035项，占比为34.82%；世界稀土陶瓷材料类专利有5833项，我国有1167项，占比为20.01%。如表4.4所示。

表4.4 2013年世界各国稀土行业申请专利分布状况

单位：项

领域	中国	日本	美国	欧洲	英国	韩国	加拿大	德国	其他国家和地区	世界总计
开采冶炼分离	928	483	390	149	169	58	78	86	143	2484
稀土合金	3495	4247	1296	593	250	202	252	272	477	11084
磁性材料	1649	3886	1288	509	131	143	123	173	409	8311
发光材料	1041	1505	1060	365	159	157	177	102	382	4948
精细化工	3035	1589	1477	535	657	231	404	214	574	8716
陶瓷材料	1167	2174	1036	461	147	183	140	177	348	5833
合计	11315	13884	6547	2612	1513	974	1174	1024	2333	41376

资料来源：夏昕昱. 稀土专利现状简析 [J]. 稀土信息，2013（12）.

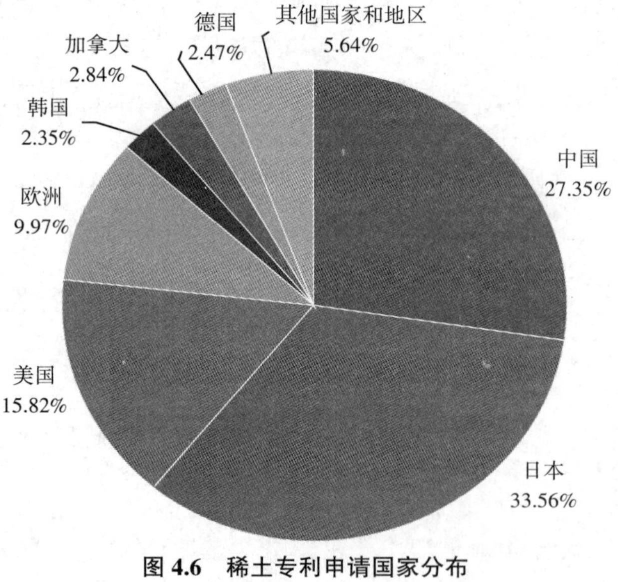

图4.6 稀土专利申请国家分布

从表4.4和图4.6中可以看出，稀土行业中申请和获得专利数量最多的是日本。特别是近年来，日本在功能材料及应用领域申请的专利不断增多，其申请稀土专利数量一直居世界申请量首位，表明日本企业将稀土技术专利数量作为一种竞争手段，抢占中国市场。而我国申请的专利中非职务申请专利多，技术含量低，且多为实用型，可实施性差，无法与发达国家相抗衡。发达国家大公司不仅申请专利数量多，而且专利技术含量高，覆盖范围广，且多为发明专利。另外，在国外稀土企业专利技术产业化率也非常高，而我国有很多专利申请多年并未实施。日本、美国、欧洲等发达国家和地区正力图通过专利战略，抢占世界稀土市场，以继续保持其稀土功能材料生产及应用技术产品的优势。我国要成为稀土知识产权强国，还有很长的路要走。

尽管我国已经成为世界上最大的稀土生产国和出口国，但整个行业技术落后的现状并没有转变，特别是没有掌握功能材料深加工环节等方面的核心技术，这些技术方面的劣势制约了我国稀土资源优势的发挥。

与日本的稀土技术专利相比，在高端技术的开发方面，我国明显处于劣势地位，如图 4.7 所示。稀土合金类专利方面，日本占比为 38.32%，而我国占比为 31.53%；磁性材料类专利方面，日本占比为 46.76%，而我国占比为 19.84%；稀土陶瓷材料类专利方面，日本占比为 37.27%，而我国占比为 20.01%。我国稀土行业自主创新能力不强，缺乏尖端人才和技术，技术、新产品研发投入不足，科研资源分散。

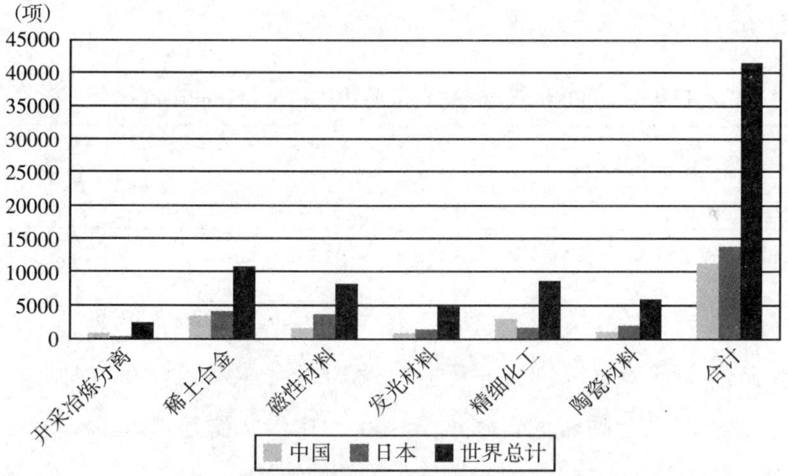

图 4.7　2013 年中国与日本稀土技术专利对比

以在美国申请专利的所有权人分布为例，日本最多，占比为 31.50%（16616 项），可见日本在知识产权保护和占领技术市场方面具有强烈的意识。次之是美国的 9009 项，占比为 17.08%；德国 2392 项，占比为 4.53%；法国 1378 项，占比为 2.61%。如图 4.8 所示。我国在美国的稀土专利只有 375 项，仅占美国稀土专利的 0.71%。我国在稀土应用技术方面与日本、美国等国家存在一定的差距，也说明我国在跨地域保护知识产权的意识方面还很薄弱。另外，在我国申请稀土专利比较集中的国家是日本（1324 项）、美国（406 项）、德国（45 项）。

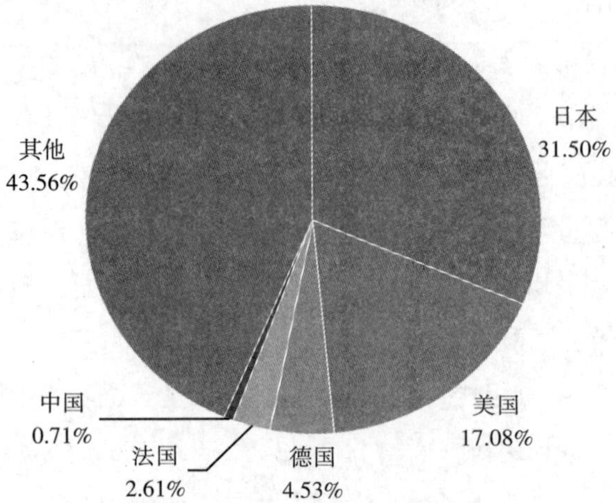

图 4.8 2013 年在美国申请稀土专利的国家分布

根据国家知识产权局的专利检索，截至 2013 年 10 月底，我国申请的含稀土专利共 16874 项。1980 年至 2013 年 10 月，我国稀土专利的申请数量逐年大幅增长，1990 年以后几乎每五年专利数量都会翻一番，如表 4.5 所示。

表 4.5 1980 年至 2013 年 10 月中国稀土专利的申请数量

	1980~1985 年	1986~1990 年	1991~1995 年	1996~2000 年	2001~2005 年	2006~2010 年	2011 年至 2013 年 10 月
申请数量（项）	10	443	984	1065	2458	5441	8091

资料来源：根据《稀土信息》的资料整理。

与此同时，我国稀土论文发表数量也在飞跃性增长。据日本对近十年的《化学文摘》（CA）收录的文章摘要统计，与稀土有关的约占 3%，其中，中国、日本、美国、德国、俄罗斯、法国六个国家的贡献占了 70%。中国的贡献在增长，日本的贡献在下降，美国持平，略有增长。

虽然我国申请的专利和发表的稀土论文数量多，但在促进新思想的提出、新材料的发现和新领域的开发方面还不够，具有自主知识产权的核心技术不多，专利质量和成果转化还需进一步提高。

二、稀土产品出口结构的比较

众所周知，在稀土产品价值链中，产品的价值从低端向高端是以裂变的方式增长的，如稀土精矿、新材料和元器件的价值之比为 1∶50∶500，终端产品价值增值更高。据统计，我国稀土产品的出口中低端产品占全部出口稀土产品的 63%。目前我国稀土产品主要集中在永磁材料、储氢材料、抛光材料和发光材料等中低端领域，国内使用的大多数高端材料及最终的应用产品还需进口。

我国稀土产业自主创新能力不足，科技创新能力差，稀土产品技术含量明显偏低，自主创新少，缺乏具有自主知识产权的成果和具有竞争力的核心产品，低档产品供过于求，高档产品难以满足市场的需求。因此，在我国出口的产品中虽然深加工产品出口比重逐年增加，但稀土原材料产品的出口比重仍然很大。

从稀土产品出口的产品结构来看，如图 4.9 所示，2016 年 1~10 月我国出口稀土永磁材料 25978.9 吨（REO），占稀土出口总量的 41.94%；稀土氧化物为 21934.0 吨（REO），占稀土出口总量的 35.41%；稀土金属为 6905.7 吨（REO），占稀土出口总量的 11.15%；稀土盐类为 6833.8 吨（REO），占稀土出口总量的 11.03%；稀土火石合金为 295.3 吨（REO），占稀土出口总量的 0.48%。从上述数据可以看出，稀土永磁出口最多，其次是稀土氧化物，但这些都属于稀土低端产品。我国稀土产品的出口主要集中在稀土资源的原材料方面。

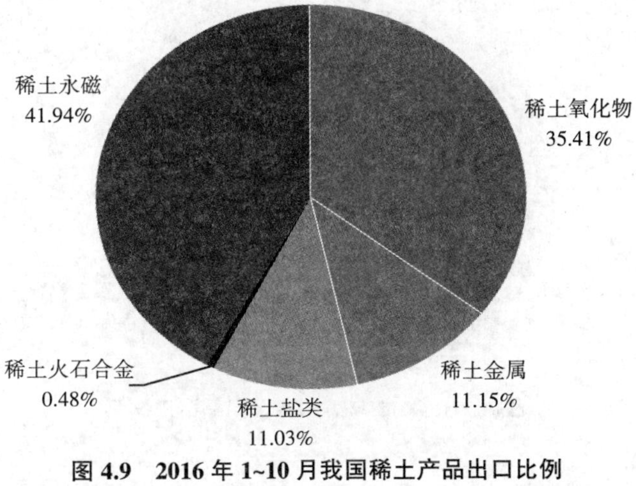

图 4.9 2016 年 1~10 月我国稀土产品出口比例

2015 年，日本出口铈化合物 2644 实物吨，占日本稀土产品总出口的 55.30%；其他稀土化合物 2089.7 实物吨，占比为 43.71%；铈铁合金、打火石 34.4 实物吨，占比为 0.72%；稀土金属、钪和钇 12.8 实物吨，占比为 0.27%。如图 4.10 所示。日本稀土出口产品主要集中在稀土化合物方面，稀土原材料产品的出口比重小。

2015 年，美国出口其他稀土化合物 6000 吨（REO），占美国稀土产品总出口的 76.34%；稀土金属、钪和钇 1200 吨（REO），占比为 15.27%；出口铈化合物 600 吨（REO），占比为 7.63%；铈铁合金 60 吨（REO），占比为 0.76%。如图 4.11 所示。美国稀土产品的出口主要集中在稀土化合物方面，稀土原材料产品的出口比重小。

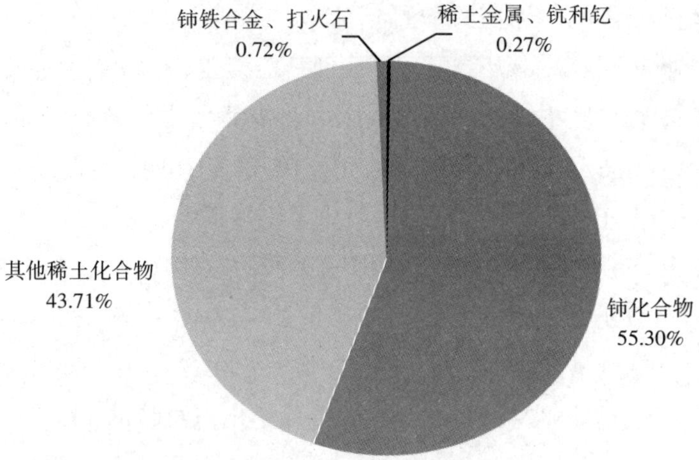

图 4.10　2015 年日本稀土产品出口比例

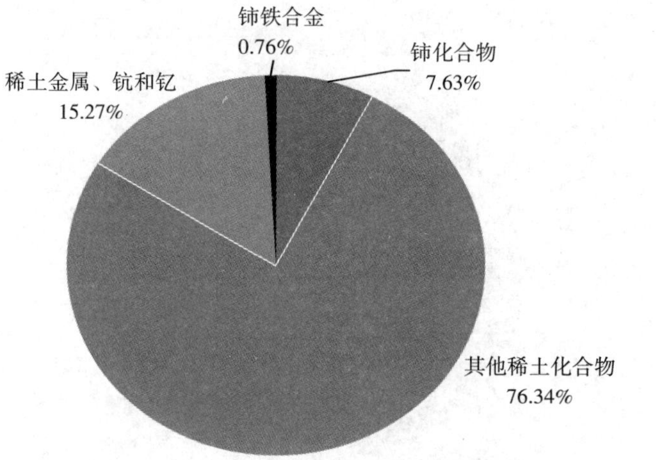

图 4.11　2015 年美国稀土产品出口比例

根据上述数据，明显可以看出我国稀土产品的出口多为原材料产品，而日本、美国出口的稀土产品多为稀土资源深加工产品，我国稀土出口中原材料比重大，而深加工产品所占比重较小。

三、世界稀土企业竞争力排序

苏文清选择中国、美国、日本、法国、加拿大五个典型的国家，对世界稀土的企业竞争力进行了综合评价，并分析了竞争力的影响因素，从宏观、中观、微观选定指标，建立指标体系。根据综合评价，中国得分为 1999，是目前世界稀土产业最具竞争力的国家，其余国家的得分从高到低依次是日本、美国、法国、加拿大。我国稀土产业的优势主要是靠资源优势、成本低和政府政策支持实现的。由于稀土资源集中分布在我国，国内企业具有资源优势，能够获得独特的控制资源的能力，但是，笔者认为，这些优势只能是暂时的，从长远看稀土资源应当作为加快我国稀土发展的推动因素，作为进一步提升我国稀土产业的条件。要形成我国稀土企业的核心竞争力，必须积极培育稀土的核心产品、核心技术和核心竞争力。中国、日本、美国、法国、加拿大竞争力评价得分见表 4.6。

表 4.6　中国、日本、美国、法国、加拿大竞争力评价得分

序号	指标体系		竞争力指标分数				
			日本	中国	法国	美国	加拿大
1	竞争实力	稀土资源拥有量	0	95	0	50	20
2		国内市场需求状况	100	100	85	85	80
3		研究开发投入力度	95	82	95	92	90
4		产品进口依赖程度	0	95	0	50	70
5		产品出口增长能力	85	98	75	75	80
		小计	280	470	255	357	340
6	竞争能力	竞争机制与规模效应	95	88	98	90	85
7		生产组织与管理效能	100	80	95	90	85
8		资源开发与转化能力	100	80	95	90	87
9		产业行业管理体制	90	85	90	88	88
10		企业管理制度与手段	95	75	98	90	85
11		稀土主要骨干企业实力	90	79	98	85	85
12		政府行业管理效率	85	90	80	80	75
13		评价激励与监督机制	90	80	80	75	80
14		相关产业政策效能	80	85	70	75	70
15		国家发展稀土产业意志	90	100	80	85	75
16		相关产业配套行业实力	96	75	96	97	85
17		人力资源管理政策效能	95	85	90	90	90
18		国家科技工业经济实力	95	72	92	94	90
19		产业化高级人力资源	95	75	95	94	93
		小计	1296	1149	1257	1223	1173
20	竞争潜在能力	创新成果转化与贡献	95	75	96	90	80
21		产业国际合作能力	90	70	90	80	90
22		资源配置与利用状况	50	85	60	60	55
23		相关后备高级人力资源	90	70	90	90	85
24		所有制与市场化	95	80	95	95	95
		小计	423	380	431	415	405
综合得分			1996	1999	1943	1995	1918

资料来源：苏文清. 中国稀土产业经济分析与政策研究［M］. 北京：中国财政经济出版社，2009.

通过在知识产权、产品出口结构、综合竞争力方面与其他国家的比较可知，我国稀土企业的核心竞争力不足。在知识产权方面，我国申请的专利多在稀土产业链的低端，而日本的专利主要集中在稀土产业链的终端环节；在出口产品的结构方面，我国稀土产品出口的数量大，但多是利润低、技术含量不高的原材料产品，而日本、美国等国家出口的多为利润高、技术含量高的稀土高端产品。我国稀土企业在世界上具有竞争优势，但尚未发挥出其所蕴含的竞争力。我国稀土企业的竞争力有待加强。

第三节 影响我国稀土企业核心竞争力的关键因素分析

在稀土企业核心竞争力的众多影响因素中，主要的影响因素包括资源条件、技术创新、人力资本、企业的战略管理能力及国家产业政策等。

一、资源条件

稀土生产企业是资源消耗型企业，在短期内企业的竞争在一定程度上源于现有产品的性价比特性。但是从长期看，一个企业持久的竞争优势是由其能否构建出支撑企业持续发展的核心竞争力所决定的。一个企业培育核心竞争力一般需要 5~10 年，或者更长的时间，如果没有足够的资源作为支撑，企业核心竞争力是很难培育和建立起来的。一般地，当市场需求一定时，具有较低产品成本的企业、地区或国家在激烈的市场竞争中能够占有更大的市场份额。这就是经济学意义上的竞争力，亦称成本优势。资源优势正是通过成本优势影响资源竞争力的。如果某种资源在目标区域储量大且分布集中、品位高且易于开发，则目标区域的资源产品的成本就低，就能够在相同甚至较低的价格水平上出售更高的产量从而实现较多的销售收入，竞争力就强；反之，虽有资源优势却无成本优势的资源，其竞争力就弱，甚至没有竞争力。

稀土资源是影响稀土企业核心竞争力的主要因素之一，只有当企业管理层充分利用拥有的稀土资源，并能够有效地把整个企业拥有的先进技术和生产技能进行整合，形成其他企业无法模仿的核心竞争力时，才能真正地把资源优势转化成企业的持续发展的竞争优势。资源条件是企业能否形成核心竞争力的基础，丰富的资源是企业形成并保持竞争优势的前提条件。

我国稀土资源具有得天独厚的优势。我国拥有丰富的稀土矿产资源，成矿条件优越、矿床类型齐全并且分布面广而又相对集中、矿物品种齐全、综合利用价值高，而且是全球唯一能提供多种稀土元素的国家，所有稀土元素在我国都发现了矿物和矿石。

二、技术创新

在技术创新竞争时代，企业核心竞争力是以技术为核心而形成的综合能力，企业开发和拥有核心技术是企业核心竞争力的重要标志。现代企业的竞争优势在很大程度上取决于技术的竞争优势。

（一）应用技术创新

企业通过拥有先进的技术并保持技术变革，会直接影响企业生产经营要素本身的素质、品质及其效能的发挥，从而有助于企业改变产品的相对成本地位并促进产品的异质化，最终使企业获得超额收益和企业价值的综合提高。技术创新还可以使企业的资源配置趋于合理，减少经营的不确定性，降低企业受威胁的程度。因此，企业的技术优势，从根本上决定了企业核心竞争力的形成和巩固。

技术创新能力是企业保持核心竞争能力的一个关键因素，我国稀土企业科技创新意识不强、机制不活、人才和研发资金短缺是影响稀土企业核心竞争力形成和提升的主要因素。企业之间的技术竞争将成为制胜的焦点。因而，企业必须充分认识到技术创新的重要性，并加大技术创新力度。

（二）研究开发能力

研究开发能力是稀土企业形成核心竞争力的关键因素，也是能在国际市场上形成竞争优势的决定因素。如果说核心技术反映的是企业的静态优势，那么研究开发优势则反映企业在技术竞争方面所具备的潜在能力，是一种动态属性的反映。

我国由于缺乏足够资金支持，稀土企业的后续发展资金和科技研发资金无法保证，导致稀土科研人才短缺，研发能力减弱，进而影响稀土应用产品的快速研发，制约着稀土企业的可持续发展，是影响我国稀土企业核心竞争力的重要问题。

在我国由于企业技术创新能力普遍较低，在稀土行业科技创新能力不足表现更为突出，稀土企业没有成为技术研发的主体。从表 4.7 可以看出，企业研究与开发投入远远低于国际水平，大中型企业的研发投入仅占销售收入的 0.5%~1.5%，而国外大型企业该比例则在 5%以上；国内企业拥有科技人员的数量仅占全国科技人员的 40%；而在发达国家，则为 60%以上。研究表明：大中型企业研发费用若低于销售额的 5%，就很难形成竞争优势。我国稀土企业的大多数产品是中低端产品，附加值和科技含量低，在国际市场竞争中处于被动地位，这导致在国内外市场上我国稀土产品竞争力偏低，关键技术受制于人，因此，科技创新能力低是我国稀土企业核心竞争力低的一个重要因素。

表 4.7 国内大中型企业和国外大型企业研发能力比较分析

	国内大中型企业	国外大型企业
R&D/销售收入	0.5%~1.5%	≥5%
企业拥有的科技人员/全国科技人员	40%	60%~80%

资料来源：梁婧姝，马明. 稀土产业竞相压价现状调查及分析［J］. 稀土信息，2010（6）：5–9.

三、人力资本

在知识经济时代，企业竞争已由过去的资源、产销、资本实力的竞争逐步转向技术创新竞争阶段。知识已成为企业的首要财富，是企业未来生存的根本，而人才是知识的载体，是一切创新活动的基础，是企业实施战略的第一资源，人才因素可以影响其他生产要素发挥的效果，从而影响企业的核心竞争力，所以，企业核心竞争力的强弱在相当程度上取决于人力资本的优劣。

在知识经济时代，企业有好的管理人员和技术人员才能获得竞争的优势。高级人才是企业核心竞争力的有效保证。人力资本是现代企业最重要的资源，是一个企业能够在同领域获得竞争优势的根本保证，并且和一个企业的生死存亡有着直接密切的关系。对一个企业来说，其目标必须要通过企业员工的工作和努力才能实现，所以人力资本是能够保证企业拥有一定数量和质量的劳动力、促进企业正常运营和不断发展最重要的要素；人力资本是增强企业活力、提升企业经济效益的有力保障，是企业健康发展的动力。

稀土企业也不例外，同样需要人力资本管理企业。就研发能力和创新能力而言，稀土在高新技术方面的应用需求越来越高，稀土产业的高附加值挖掘和产业链的延伸，依赖于科研的支撑和创新能力的提升，研发经费和研发人员的比重将是稀土企业保持旺盛生命力的源泉。

目前，我国稀土企业严重缺乏稀土技术研究与运营管理的人才。人才的缺乏已成为我国稀土产业发展的一个重要瓶颈，并制约着稀土企业核心竞争力的形成。

四、企业的战略管理能力

企业的战略管理能力对于一个企业的发展与成长有着至关重要的作用，关系着企业的胜败兴衰与生死存亡。经济一体化进程的加快，让市场环境更加瞬息万变。每天都有企业发展壮大，也有企业濒临灭亡。当今社会，一个企业能否长远稳定地发展，战略管理起着非常重要的作用。在经济全球化和技术高度发展的新的环境条件下，企业的生存、发展面临前所未有的竞争压力。企业只有制定有效的战略，建立科学的战略决策程序，建立并不断完善创新系统，保持持续的竞争优势，才能抓住机遇，顺应时代潮流，加快发展速度，使自己立于不败之地，使企业健康有序发展。

战略管理就是企业的方向。因此，对于想谋求长远发展的企业，建议必须重视战略管理。在世界经济竞争日益激烈的今天，战略管理越来越受到人们的普遍重视。因为正确的战略及决策不仅能促进企业紧紧跟上并融入时代的步伐，而且能够促进企业朝着可持续发展的方向运营，促进企业的良性循环。

企业的战略管理能力可以有效地组织企业内部资源和能力，使企业尽可能有效地比竞争对手拥有持久的竞争优势，企业的战略制定和实施决定了企业核心资源的配置。现代企业竞争不在于短期的利润最大化，而在于长期发展并形成持续竞争优势。而决定企业持续竞争优势的关键不仅是规模和实力、成本与价格，最重要的是企业制定和实施战略的能力。

我国稀土企业大多规模小，以众多中小企业为主，在包头现有的近 60 家稀土企业中，年处理稀土精矿能力 1 万吨以上的仅有 2 家企业，5000 吨以上的也仅有 5 家企业。规模大的企业有自己的战略规划，但中小企业没有任何战略管理，只追求短期利益，盲目开采、生产、加工，造成各地稀土产品结构雷同，产品生产能力过剩，价格低迷，再加上条块分割、管理混乱、重复建设问题，既浪费资源，又难以形成企业的核心竞争力。

五、国家产业政策

产业政策是一国政府为了实现一定的经济和社会目标而对产业的形成和发展进行干预的各种政策的总和。长期以来，国家产业政策一直是中国政府调控经济活动的重要工具。我国政府一直注重采用产业政策来实现重大经济结构的调整和转型，加强和改善宏观调控，提高产业质量，弥补市场的不足，在促进我国经济体制改革方面起到了至关重要的引导和扶持作用。

鉴于稀土战略性资源的地位，国家极其重视稀土产业的发展，并出台了一系列政策，这些产业政策势必会影响到稀土企业的发展和其核心竞争力的形成和提升，同时也是稀土企业可持续发展的基础。近几年，国家多次出台各种有关政策和批示，加强对稀土资源的保护，采取对策和措施解决稀土矿产资源开发和综合利用方面存在的问题。2013 年以来出台的稀土政策如表 4.8 所示，从中可以看出，国家的产业政策对稀土企业的发展有很大的影响。

我国的稀土产业政策持续从出口、打击违法违规生产、转型升级等全方面多管齐下，引导我国稀土产业解决发展问题、应对市场挑战，并取得了一定的成效。对于环

表 4.8　2013 年来出台的稀土行业主要政策列表

时间	政策内容
2013 年 1 月	《关于加快推进重点行业企业兼并重组的指导意见》指出以稀土等九大行业为重点，推进企业兼并重组
2013 年 5 月	企业投资除稀土矿山开发项目和已探明工业储量 5000 万吨及以上规模的铁矿开发项目外的其他矿山开发项目（不含煤矿、铀矿），核准权力下放至省级投资主管部门；企业投资稀土深加工项目核准下放至省级投资主管部门
2013 年 5 月	工业和信息化部公告批 948 项行业标准及 6 项有色金属行业标准样品。其中，稀土行业标准 5 项
2013 年 7 月	工业和信息化部下达了 2013 年第二批稀土指令性生产计划，其中矿产品 46900 吨（REO），冶炼产品 45150 吨（REO）
2013 年 8 月	工业和信息化部、公安部、国土资源部、环境保护部等八部委联合发文《关于组织开展打击稀土开采、生产、流通环节违法违规行为专项行动的函》中的要求
2013 年 9 月	2013 年度全国稀土矿（稀土氧化物 REO）开采总量控制指标为 93800 吨，其中离子型（以中重稀土为主）稀土矿指标 17900 吨，岩矿型（轻）稀土矿指标 75900 吨
2013 年 11 月	《全国资源型城市可持续发展规划（2013~2020 年）》提出要加强重要优势资源储备与保护
2013 年 12 月	稀土矿山开发项目和冶炼分离项目由国务院行业管理部门核准；稀土深加工项目由省级政府核准
2013 年 12 月	国土资源部发布《关于铁、铜、铅、锌、稀土、钾盐和萤石等矿产资源合理开发利用“三率”最低指标要求（试行）的公告》
2013 年 12 月	规定了 PM、二氧化硫、硫酸雾、氟化物、Cl_2、HCl、NO_x 和钍、铀总量 9 种稀土工业特别排放限值
2013 年 12 月	2014 年第一批稀土出口配额总量为 15110 吨（REO），其中轻稀土为 13314 吨（REO），中重稀土为 1796 吨（REO）
2014 年 1 月	将以前的“稀土生产指令性计划”改为“稀土生产总量控制计划”
2014 年 2 月	2014 年第一批补充稀土出口配额总量为 390 吨（REO），其中轻稀土为 378 吨（REO），中重稀土为 12 吨（REO）
2014 年 2 月	《稀土行业清洁生产技术推行方案》要求各稀土生产企业结合清洁生产技术推行现状、推行潜力，制订有针对性的清洁生产技术推行计划
2014 年 5 月	2015 年全国稀土矿（稀土氧化物 REO）开采总量控制指标为 105000 吨，其中离子型（以中重稀土为主）稀土矿指标 17900 吨，岩矿型（轻）稀土矿指标 87100 吨
2014 年 5 月	《关于清理规范稀土资源回收利用项目的通知》明确坚决纠正以“资源回收利用”为名，违规核准稀土项目和从事稀土冶炼分离生产
2014 年 5 月	《关于做好 2014 年稀土产业调整升级专项资金项目申报工作的通知》继续对稀土资源开采监管系统建设、稀土绿色采选冶炼环保技术改造、稀土共性关键技术研发、稀土高端应用技术产业化项目给予支持
2014 年 5 月	《2014~2015 年节能减排低碳发展行动方案》进一步硬化节能减排降碳指标、量化任务、强化措施，对 2014 年、2015 年两年节能减排降碳工作提出具体要求
2014 年 6 月	2014 年稀土矿（稀土氧化物 REO）开采总量控制指标为 105000 吨，其中离子型（以中重稀土为主）稀土矿指标 17900 吨，岩矿型（轻）稀土矿指标 87100 吨
2014 年 7 月	《国家物联网发展及稀土产业补助资金管理办法》补助资金支持稀土领域主要包括：稀土资源开采监管；稀土采选、冶炼环保技术改造；稀土共性关键技术与标准研发；稀土高端应用技术研发和产业化及公共技术服务平台建设。补助资金支持稀土领域，采用以奖代补和无偿资助方式
2014 年 7 月	2014 年第二批稀土出口配额总量为 15499 吨（REO），其中轻稀土 13690 吨（REO），中重稀土 1809 吨（REO）
2014 年 8 月	稀土首次被纳入淘汰落后产能名单，涉及内蒙古、江苏、湖南、四川、甘肃五省区 28 家稀土（氧化物）企业，合计产能 10.371 万吨
2014 年 9 月	《打击稀土违法违规行为专项行动方案》要求加大打击违法违规行为力度，切实查处典型案件，采取坚决措施遏制非法开采、生产、交易，并对失职渎职行为进行问责

续表

时间	政策内容
2014 年 10 月	稀土矿山开发项目，由国务院行业管理部门核准，冶炼分离项目由国务院行业管理部门核准，稀土深加工项目由省级政府核准，其余项目由省级政府核准
2014 年 12 月	从 2015 年 1 月 1 日起，稀土出口执行出口许可证管理，企业只需凭出口合同申领出口许可证，无须再提供批准文件
2014 年 12 月	2015 年稀土出口关税设为 15%，重稀土出口关税设为 25%
2015 年 1 月	《原材料工业两化深度融合推进计划（2015~2018 年）》要求着力解决钢铁、有色金属、稀土等原材料工业的突出问题和两化深度融合的薄弱环节，以公共平台建设、智能工厂示范、技术推广普及为着力点，努力实现集研发设计、物流采购、生产控制、经营管理、市场营销为一体的流程工业全链条全系统智能化
2015 年 2 月	2015 年首批稀土生产总量中，矿产品为 52500 吨（REO），冶炼分离产品为 50050 吨（REO）
2015 年 2 月	工业和信息化部发布《2015 年原材料工业转型发展工作要点》，提出稀土行业要加强战略性资源管理，全面落实行业管理任务
2015 年 3 月	《中国制造 2025》提出的新一代信息技术产业、高档数控机床和机器人、航空航天装备、海洋工程装备及高技术船舶、先进轨道交通装备、节能与新能源汽车、电力装备、农机装备、新材料、生物医药及高性能医疗器械十大重点领域与稀土产业关联度高，对稀土材料的保障能力和质量性能提出了更高要求，将带动稀土产业高速发展。主要稀土功能材料产量年均增长 15%以上，中高端稀土功能材料占比显著提升，产业整体步入中高端发展阶段，跻身全球稀土技术和产业强国行列
2015 年 4 月	《稀土冶炼行业清洁生产评价指标体系》在稀土生产、矿山、废弃物等方面都做了详细的要求，指导和推动稀土企业依法实施清洁生产改造
2015 年 4 月	自 2015 年 5 月 1 日起取消稀土产品的出口关税。55 项稀土产品关税由此前的 15%~25%调整为 0
2015 年 4 月	自 2015 年 5 月 1 日起实施稀土资源税清费立税、从价计征改革。轻稀土按地区执行不同的适用税率，其中内蒙古为 11.5%、四川为 9.5%、山东为 7.5%，中重稀土资源税适用税率为 27%
2015 年 4 月	自 2015 年 5 月 1 日起，在全国范围统一将稀土矿产资源补偿费费率降为零
2015 年 4 月	在稀土生产、矿山、废弃物等方面都做了详细的要求，指导和推动稀土企业依法实施清洁生产改造
2015 年 7 月	工信部批准 543 项行业标准，其中 2 项涉及稀土，自 2016 年 1 月 1 日起开始实施
2015 年 7 月	《2015 年第二批国家标准制修订计划》，其中涉及稀土行业的有 3 项
2015 年 7 月	《关于 2015 年工业转型升级重点项目指南的通知》重点针对智能制造和“互联网+”行动支撑保障能力、绿色制造、中药材提升与保障、工业强基 4 大重点领域和中小企业服务体系的重点专项提供资金支持，共实施 20 项 73 个方向
2015 年 10 月	工业和信息化部公布了 902 项行业标准，其中包括 5 项稀土行业标准，均涉及废旧稀土回收，从 2016 年 3 月 1 日起开始实施
2015 年 11 月	《产业关键共性技术发展指南（2015 年）》要求相关部门积极组织好相关产业共性技术的研发工作
2015 年 12 月	稀土属于出口许可证管理的货物；出口稀土，凭货物出口合同申领出口许可证；钐及钐合金（颗粒<500μm）的出口免于申领出口许可证，需按规定申领两用物项和技术出口许可证。稀土类货物和铁合金类货物中涉及稀土的钕铁硼合金共计为 78 项
2016 年 2 月	第一批稀土矿（稀土氧化物 REO）开采总量控制指标为 52500 吨，其中离子型（以中重稀土为主）稀土矿指标 8950 吨，岩矿型（轻）稀土矿指标 43550 吨
2016 年 2 月	国务院下放稀土矿山开发和稀土冶炼分离项目核准权限
2016 年 2 月	16 项轻工、有色、稀土行业标准报批公示
2016 年 3 月	工信部公示 213 项行业标准，6 项涉及稀土行业
2016 年 4 月	对朝鲜禁运部分矿产品
2016 年 4 月	加强对稀土等战略性矿产重要矿产地储备

续表

时间	政策内容
2016 年 4 月	《稀土行业规范条件（2016 年本）》和《稀土行业规范条件公告管理办法》推动稀土产业结构调整和升级，规范生产经营秩序，促进稀土行业持续健康发展
2016 年 4 月	工信部印发《智能制造试点示范 2016 专项行动实施方案》将稀土材料行业归于流程制造领域
2016 年 5 月	实施矿产资源税从价计征改革，全面清理涉及矿产资源的收费基金，加强矿产资源税收优惠政策管理，提高资源综合利用效率
2016 年 6 月	《工业和通信业节能与综合利用领域标准制修订管理实施细则（暂行）》适用于稀土行业
2016 年 7 月	《稀土行业规范条件（2016 年本）》和《稀土行业规范条件公告管理办法》对稀土项目的设立和布局、生产规模、资源利用等多个方面都进行了细化规定，并决定于 7 月 1 日起实施
2016 年 10 月	工业和信息化部印发《稀土行业发展规划（2016~2020 年）》，规定了稀土行业接下来的发展规划，包括生产规模、技术水平等
2016 年 10 月	《水污染防治重点行业清洁生产技术推行方案》有两项技术涉及稀土行业，分别是"非皂化萃取分离稀土技术"和"低碳低盐无氨氮稀土氧化物分离提纯技术"，两项技术均针对稀土行业存在的氨氮污染问题提出解决方案
2016 年 12 月	国务院下放稀土矿山开发和稀土冶炼分离项目核准权限
2016 年 12 月	工信部与国土资源部、公安部、环保部、海关总署、税务总局、工商总局、安监总局联手组织开展打击稀土违法违规行为新一轮专项行动
2016 年 12 月	2016 年第二批稀土生产总量控制指标为矿产品 52500 吨（REO），冶炼分离产品 55000 吨（REO）
2016 年 12 月	《全国矿产资源规划（2016~2020 年）》首次将稀土等 24 种矿产列入战略性矿产目录
2016 年 12 月	稀土稳定剂等入选 2016 年版国家鼓励的有毒有害原料（产品）替代品目录

资料来源：根据《稀土信息》、中国稀土网的资料整理。

境保护和资源的可持续利用，我国自 1998 年开始实施稀土产品出口配额制度，并于 2010 年收紧配额、减少出口，由此引发了美国、欧盟、日本对我国的"WTO 诉讼案"，2014 年 8 月 7 日，WTO 裁定中国稀土出口管理措施违规，我国稀土出口管理开始作出重大调整，自 2015 年 1 月 1 日起，我国取消执行了 16 年的稀土出口配额管理制度。

我国对稀土行业的监管由出口环节转向国内生产环节，为合理利用和保护性开采我国稀土矿产资源，稀土资源税由从量计征改为从价计征。过去我国稀土按开采多少矿来缴纳资源税，造成了"嫌贫爱富"的资源利用不合理等现象，改为从价计征后则按照稀土价格高低缴纳资源税，在资源配置上更科学合理，也被业内认为是配合出口关税改革的需要。取缔省以下地方政府违规设立的相关收费基金，既促进了企业间公平税负，也有利于调动地方政府保护资源的积极性。

随着近年来人们对环境的关注、国家对环境污染的重视，国家出台了一系列针对稀土行业环境保护的政策法规。因为稀土产业的污染多集中在稀土资源的开采和冶炼分离中，国家把环境标准设为稀土行业市场准入的条件，因此，拥有稀土矿山开采权的企业应严格遵守国家有关稀土开采、冶炼与分离的环保要求，建立规范有序的开发、冶炼分离和市场流通秩序，避免无序开采、生态环境恶化；积极发展绿色高效开采技术，平衡利用稀土资源。由于稀土大多是几种元素的共生体，因此在冶炼和分离过程中应尽量提高稀土资源综合利用率，注意“三废”治理，积极开展稀土二次资源回收再利用。2015 年 10 月工业和信息化部公布了 902 项行业标准，其中包括 5 项稀土行业标准，这 5 项稀土行业标准均涉及废旧稀土回收，已然表明国家对稀土资源循环利用的重视。我国是稀土资源最为丰富的国家之一，然而随着稀土开采及消费量、出口量的增加，我国稀土储量日益衰减。加之稀土材料及产品废弃量日益增加，废料中所含稀土价值相当可观。若能对废弃稀土进行回收利用，一方面可减少开采量，另一方面又能形成循环产业链，提高我国稀土资源的利用率。

国家政策是企业发展方向的风向标，国内稀土企业要抓住机会，充分利用国家政府的优惠政策培养和提升企业的核心竞争力。

在资源条件方面，我国稀土企业具有得天独厚的资源优势，因此，我国具有非常大的竞争力。在技术方面，稀土产业是技术依赖型产业，高新技术的研究开发对稀土产业发展至关重要；应用技术和研发能力是我国稀土企业发展壮大、获得竞争力的短板。在人力资本方面，我国稀土企业缺乏高端人才，管理、经营、应用研究人才短缺。在战略能力方面，我国稀土企业规模小，没有战略管理能力。在产业政策方面，我国的产业政策鼓励我国稀土企业向大规模优质企业发展。

第五章　内蒙古稀土企业核心竞争力分析

第一节　基于产品链的内蒙古稀土企业核心竞争力分析

产品链是产业链上各种实物形态的产品（包括半成品、产成品、副产品等）的链接，按照稀土产品在整个产业链中的位置和特点，可把稀土产品链分为稀土原材料产品、稀土深加工产品和稀土功能性产品三大类。

一、稀土原材料产品的竞争力分析

稀土原材料产品，处于整个稀土产业链的上游，也称为稀土产业上游产品或初级产品，包括稀土矿石、稀土精矿、碳酸稀土和氯化稀土等。

作为不可再生的战略性资源，稀土的资源条件是稀土企业核心竞争力形成的基础条件，丰富的稀土资源是企业形成并保持竞争优势的前提条件。白云鄂博矿床系沉积变质—热液交代的铁、稀土、铌多金属共生大型矿床，已发现 71 种元素、170 多种矿物，稀土矿物主要为氟碳铈矿和独居石轻稀土混合矿，比例为 7∶3 或 6∶4。有用矿物之间共生关系密切，嵌布粒度细小，稀土矿物粒度一般在 0.074~0.01 毫米。矿石中有用矿物主要有磁铁矿、赤铁矿、氟碳铈矿、独居石、铌矿物等。白云鄂博矿稀土不仅储量居世界第一，而且稀土元素含量高，品种多，钐、铕含量比美国芒廷帕斯稀土矿高 1 倍，稀土矿物质中轻稀土含量占 90%以上，尤其是铈、钕等稀土元素含量丰富并且有重要的工业价值。这使包钢稀土具有其他稀土企业不可比拟的资源竞争优势，为其核心竞争力的形成、培育和提升奠定了坚实的基础。

内蒙古稀土精矿是以包钢集团公司选矿厂选铁后的强磁尾矿浆为原料，采用浮选工艺生产稀土精矿。含稀土的入选原料经过“一粗二精一扫”的浮选工序就可生产出 50% REO 的混合稀土精矿，如果需要 60% REO 的精矿，只需增加一道精选即可。还可根据需要对混合稀土精矿进行氟碳铈矿与独居石的浮选分离，得到单一的稀土精矿。目前，每年进入稀选流程的矿源约为370万吨，稀土氧化物平均品位为7%左右。

碳酸稀土的品种主要有少钕碳酸稀土（用于生产抛光粉）、富铈碳酸稀土（用于化工、玻璃工业作为催化剂、澄清剂和抛光粉）、富镧碳酸稀土（用于制取其他化合物、制取稀土抛光粉、化工领域催化剂、汽车尾气净化催化剂、玻璃澄清剂等，也是制取其他化合物的原料）和碳酸镧、碳酸铈、低氯根碳酸铈、碳酸镨和碳酸钕等产品。

氯化稀土的品种有富铈氯化稀土、富镧氯化稀土、少铕氯化稀土、少钕氯化稀土、中铈氯化稀土等。氯化稀土主要用于单一稀土化合物制取石油裂化催化剂、混合稀土金属、多组分稀土富集物的原料，也用于化工、轻纺、农业等领域。

包头虽然是世界上最大的稀土原料生产基地，但其产品多数是科技含量和附加值低的原材料型的初级产品和半成品。目前内蒙古自治区稀土工业产品结构中，上游产品占50%，中游产品占38%，下游产品仅占12%左右，这种现状明显说明，包头的稀土产品结构仍然是以生产稀土原料和技术含量低的初级产品为主，稀土资源的优势并没有真正转化为经济优势。其核心产品是稀土精矿，其最终产品是稀土化合物、稀土金属、稀土合金和其他应用产品等，虽然具有一定的规模，但整体市场占有率不高，并没有形成独特的竞争优势。

二、稀土深加工产品的竞争力分析

稀土深加工产品处于稀土产业链的中游，也称为稀土产业中游产品，是指在稀土原材料产品基础上经过分离或进一步加工的稀土产品，一般包括稀土单一氧化物、化合物、混合稀土金属和各种不同纯度的单一稀土金属以及稀土中间合金等。

内蒙古稀土氧化物储量为4350万吨，产品包括十几种单一稀土氧化物、混合氧化物，例如氧化铈、氧化钕、镨钕氧化物等，其产品有较高的纯度，未来发展方向是生产大颗粒和超细等具有特殊性质的稀土氧化物，尤其是高纯特殊氧化物及化合物，使产品的纯度及性能指标达到国际先进水平。

内蒙古稀土深加工产品主要有金属镨、金属钕、金属镝、金属铽、金属镨钕以及电池级混合金属、冶金级镧铈金属、高纯金属（主要是中重稀土）、金属钪、稀土与铝、硅、钙、钡的中间合金、铸铁用硅铁镁中间合金。金属镨、金属钕、金属镝、金属铽主要用于永磁材料，是拉动稀土产业的核心产品，具有较强竞争力。金属钐主要用于钐钴合金永磁材料。电池级混合稀土金属（镧、铈为主）主要用于镍氢电池。金属钪主要以钪铝合金的形式用于航空结构材料。镧、铈混合稀土金属主要用作钢和铜等有色金属的添加剂。稀土钢为内蒙古稀土企业具有核心竞争力的产品。稀土在钢中所具有的净化、变质、微合金化三大功能，可提高汽车用钢、家电用钢、管线能源用钢的综合性能，包括强度、低温冲击韧性、塑性、冲压成型性能、焊接性能、耐腐蚀性能等。2016 年 12 月 8 日，内蒙古包钢集团建厂历史上最大的结构调整项目——产能 550 万吨的稀土钢板材生产项目生产线全面投产，这标志着产能 550 万吨的包钢稀土钢板材项目全线贯通。投产 20 多天，包钢稀土钢冷轧生产线首次超过预定产能。目前稀土钢包括高速钢轨、无缝钢管已经广泛应用于国家重点工程，并沿着“一带一路”远销海外 25 个国家。

三、稀土功能性产品的竞争力分析

稀土功能性产品处于稀土产业的下游，是不同稀土金属间，稀土化合物间，稀土与其他金属、非金属间，稀土与各类有机、无机化合物间相互作用形成的具有独特功能的稀土产品。例如，稀土永磁材料、稀土储氢材料、稀土发光材料、稀土催化材料、稀土抛光材料、稀土助剂材料等。

（一）稀土永磁材料

稀土永磁材料至今发展了三代，第一代和第二代为钐钴永磁材料，由于缺乏原料、价格昂贵，前两代稀土永磁材料主要用于军工领域。第三代为钕铁硼永磁材料，因其剩磁高、矫顽力高、磁性能高等优点，一出现就受到各国的高度重视，发展极为迅速，已经占据磁体市场的主导地位，市场占有率高达 90%。

钕铁硼材料能够成为目前最广泛的市场主流永磁材料，是由于它在减小体积的情况下大幅度提高了产品的性能、节约能耗，符合现代战略新兴产业倡导节能、减排、环保的技术发展需求，因而广泛用于高端电子信息、新能源汽车、现代医疗设备、节能家电、工业节能电机等领域。

（二）稀土储氢材料

稀土与过渡元素的合金在较低温度下可吸放氢气，通常将这两种可以吸放氢气的合金称为储氢材料。稀土储氢材料主要有两大类：$LaNi_5$ 系（AB_5 型）和 La-Mg-Ni 系（AB_3 型、A_2B_7 型），储氢材料的主要应用领域包括镍氢电池、固态储氢、氢气分离净化、制冷或采暖设备等。

内蒙古稀土储氢合金生产实力雄厚，拥有内蒙古稀奥科储氢合金有限公司、包头鑫普新材料有限公司、包头三德电池材料有限公司等行业龙头企业。内蒙古稀土储氢材料存在产能过剩的问题，2012 年包头市储氢合金产量为 2489 吨，仅 5 家生产企业的产能已经达到 1 万吨。未来应开发大容量镁基储氢合金，开发其在电池、电动工具、电动汽车等领域的应用。

（三）稀土发光材料

稀土发光材料，是指稀土元素被用作发光（荧光）材料的基质成分，或被用作激活剂、共激活剂、敏化剂或掺杂剂所形成的材料。稀土发光材料的优点是发光谱带窄，色纯度高，色彩鲜艳；吸收激发能量的能力强，转换效率高；发射光谱范围宽，从紫外到红外；荧光寿命从纳秒到毫秒跨越6个数量级；材料的物理化学性能稳定，能承受大功率的电子束，高能射线和强紫外光的作用等。

稀土在先进发光材料中具有不可替代性，稀土发光材料是信息显示、照明光源、光电器件等领域的关键支撑材料之一。例如，节能荧光灯用到了稀土三基色荧光粉、白光LED用到了稀土发光材料、平板显示（PDP）用到了稀土三基色荧光粉等。

（四）稀土催化材料

由于稀土元素具有独特的4f电子层结构，稀土在化学反应中具有良好的助催化性能。目前在石化、环境、能源、化工等催化应用领域已成为不可或缺的重要成分，已形成石油催化裂化剂、机动车尾气净化催化剂、催化燃烧催化剂、固体氧化物燃料电池催化材料及新能源稀土催化剂。目前最大的应用市场是石油催化裂化剂和机动车尾气净化催化剂两大领域。

（五）稀土抛光材料

稀土抛光粉是一种重要的抛光材料，也是一种重要的稀土产品，被称为“抛光粉之王”，其抛光性能在切削能力、抛光精度、抛光时间、使用效果等方面与其他抛光粉相比更加优良。以氧化铈为主要成分的抛光粉是我国目前最常见的稀土抛光粉之一，这种抛光粉主要用于产品表面光洁度的提高。通常以氟碳铈矿精矿（含REO≥60%）或可溶性稀土盐类（含CeO_2/REO≥45%~50%的氯化稀土或含CeO_2＞80%的富铈稀土化合物）为原料，经过化学方法处理、灼烧、粉碎、筛分等过程制成。

铈基稀土抛光粉是一种性能优良的抛光材料，在光学玻璃、电子产品等高科技领域的应用较为广泛。目前内蒙古生产的铈系稀土抛光粉材料主要有三大类别，即高级铈系稀土抛光粉（CeO_2/TREO≥80%）、中级铈系稀土抛光粉（80%≥CeO_2/TREO≥50%）和低级铈系稀土抛光粉（CeO_2/TREO≤50%）。目前国内抛光粉生产企业（年产量超过30吨）已达14家，其中包头市天骄清美稀土抛光粉有限公司年产量为2220吨，是目前最大的稀土抛光粉生产企业。稀土抛光粉产品的发展方向是用于液晶玻璃、电子器件、半导体硅片等高档氧化铈基抛光粉以及用于集成电路和LED芯片的高端氧化铈半导体抛光液。

（六）稀土助剂材料

稀土在高分子材料中作为功能助剂的应用是一个新领域，可明显改善高分子材料的加工和使用性能。稀土助剂主要成分是镧、铈、钇等高丰度元素，主要应用在塑料、橡胶、纺织等行业，如稀土阻燃剂、发泡剂、表面处理剂、抗光剂、抗氧剂、防污剂、硫化促进剂、防老化助剂、加工型助剂等。

包头稀土研究院稀土助剂研究团队以轻稀土化合物在高分子材料中的应用为主要研究方向，拥有一条现代化的年产量5000吨的稀土助剂全自动生产线，成功开发出了稀土紫外屏蔽剂、硅橡胶稀土耐热助剂、稀土热稳定剂等多种高分子材料助剂。研究团队自主研发并拥有自主知识产权的稀土热稳定剂，具有优异的热稳定性，各项指标完全符合欧盟RoHS指令，处于国际先进水平，已在国内多个生产企业中实现应用。2015年2月，已与广州鸿达兴业集团实现了该项技术成果转让。

四、基于产品链的内蒙古稀土企业核心竞争力分析

稀土产业链可以划分为稀土开采、冶炼和分离、原材料、新材料、元器件、终端产品等环节。稀土终端应用具有聚焦高新技术产业、同一元素链接形态丰富、产品网络密度高等特点，是稀土产业链中附加值最高的环节和产业链升级的重要方向。从开采到终端应用各环节的产品种类来看，完善的稀土产品链应该呈“喇叭”状，即越接近下游其产品的种类就越多，产品链关系越复杂。然而，目前内蒙古稀土产品链却是“漏斗”状，开口太大、尾部偏小、深度不够，主要集中于分离冶炼、中低档合金材料等产业链上游环节。中游的新材料过度集中于以钕铁硼为代表的永磁材料、稀土荧光材料、储氢合金、抛光粉等功能材料领域。稀土催化、纳米、激光、航空新材料等高端功能新材料刚刚起步，高端产品占合金材料总量的比重不足10%，下游应用产品尚未形成规模。内蒙古稀土产品链沿着产业链的方向逐步萎缩，低端化、碎片化特征明显。此外，内蒙古稀土产业空间分布过于分散，各地在发展中存在各自为政的现象，缺乏有机协同配合，导致各地产品链在结构上趋同，低端环节产能过剩，加剧恶性竞争，反映到市场上便是价格与真实价值背离。

从产品角度看，高技术化产业的特征表现为产品链的延伸和产品线的扩展。稀土产业链主要包括以下六种市场：稀土原矿产品市场；混合稀土产品市场；单一和高级稀土氧化物及金属市场；稀土高技术材料市场，如稀土永磁材料、荧光材料、储氢材料、激光晶体、超导材料、磁致冷材料、磁致伸缩材料；含有稀土材料的器件市场，如计算机中的音圈马达、稀土镍氢二次电池、汽车尾气净化器等；终端应用市场，如稀土电动汽车、计算机显示屏等。从近年来内蒙古稀土产业的发展来看，产品正在从前三种市场向第四种市场发展。随着技术水平的提高，稀土产品的附加价值呈增高的趋势，这也指明了内蒙古稀土产业技术升级的方向。在企业内部，随着原有产品的成

熟，产品向技术含量高的方向发展，以高技术化推进整体规模的扩大和效益的提高。

准确把握市场对稀土新材料的需求是稀土产品链向完整化、高端化、品质化、规模化和生态化方向延伸升级的前提。稀土六大新材料产品链中，稀土永磁材料最完善的原因就在于它的应用范围最广。巨大的市场需求和应用空间将倒逼稀土企业通过专利许可或自主创新实现相关下游产品的生产及其产业化，同时也促使企业不断改善工艺、提高稀土原料的丰度及其氧化物的纯度，突破制约其发展的核心技术和优化关键装备，从而提高本土企业的自主创新能力。因此，为促进稀土产品链升级，稀土行业协会、龙头企业及政府相关主管部门应通过共建稀土综合信息服务平台，共同为稀土行业提供新闻资讯、市场变化、稀土专利、稀土标准等各类信息，实现对市场前沿的动态监测，挖掘稀土的应用空间，增强稀土产业发展的前瞻性，尤其是要挖掘其他战略性新兴产业发展对稀土新材料的种类、功能、质量等方面的新要求，不断延伸稀土永磁材料、发光材料、储氢材料、催化材料、防腐材料、金属调质剂的应用领域，提高稀土产品链的深度、密度和复杂程度。

第二节　基于技术链的内蒙古稀土企业核心竞争力分析

技术链是物化于战略性新兴产业链中的各种新兴技术，依据产业环节形成技术链。战略性新兴产业最突出的特点是创新的驱动性、突破性和先导性，技术链升级为战略性新兴产业的形成和发展提供了内在动力，是保证产业链升级的源泉。根据升级强度不同，技术链升级可分为渐进性升级和突破性升级。渐进性升级是工艺技术、产品设计、制造技术的渐进创新，表现为链内节点间的移动，由较低层次的技术升级到较高层次的技术，表现为产品的改进和生产效率的提高；突破性升级是技术范式、技术轨道、技术逻辑的跃迁，是对原有技术链的摈弃。战略性新兴产业技术链升级，一方面表现为重大技术突破带来全新的技术范式和产业技术轨迹的跃迁，如风能、太阳能、生物质能等产业的发展便是核心技术跨越的产物；另一方面则是在原有技术轨道上，通过技术延伸、融合和重构等渐进式技术创新实现。战略性新兴产业技术链延伸，不仅表现为技术链向纵深延伸，实现资源的深度开发，还表现为向上游原料、零配件方向延伸以及向辅助、配套技术的侧向延伸，使技术链不断得到拓展。技术链融合是指将截然不同的技术链融为一个统一的整体，技术链融合致使不同产业的技术基础协同化，催生新产业链，如节能环保技术和新一代信息技术的融合产生了智慧能源产业。

技术链重构是在对原有技术链进行解构的基础上，加入新的技术元素，打破原有技术网络的内部结构，实现对原有技术网络的重新安排，如将自动化、智能化技术加入传统装备制造业，进而升级为高端装备制造业。

以下分别分析稀土采选冶领域、稀土结构材料、稀土功能材料的技术现状、技术壁垒、技术需求。

一、稀土采选冶领域

（一）稀土采选领域

1. 技术现状

包钢稀土选矿生产是以包钢集团选矿厂选铁后的强磁中矿和强磁尾矿浆为原料，采用浮选生产工艺生产稀土精矿。目前，每年进入稀选流程的矿源约为370万吨，稀土氧化物平均品位为7%左右，其流程如图5.1所示。

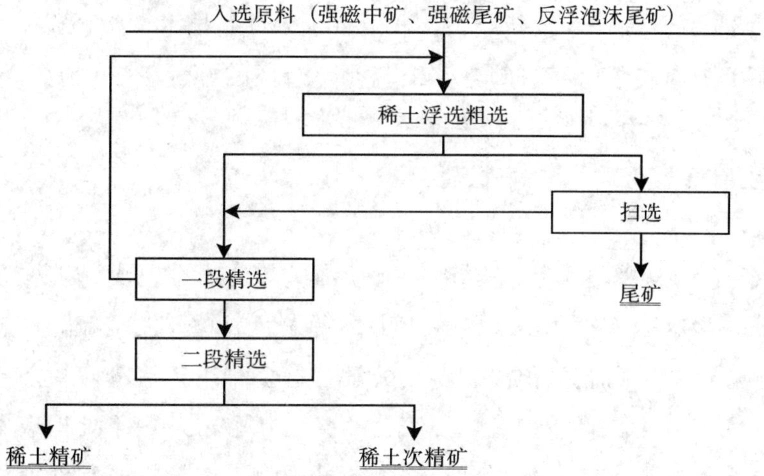

图5.1　白云鄂博矿浮选稀土矿物工艺流程

2. 技术壁垒

（1）资源综合利用技术。白云鄂博是多金属共（伴）生的复杂矿床，目前选矿生产过程中大部分稀土、钍和少部分铁以及其他元素铌、钪、钛、氟、钡、磷都未得到回收利用。

（2）稀土资源利用率偏低。长期以来，白云鄂博遵循“以铁为主，综合利用”的方针进行开发。在生产实践中稀土作业回收率低，主、东矿选矿工序稀土资源的利用率小于20%，造成大量稀土资源堆存在尾矿库中。

（3）绿色高效清洁采选技术。由于白云鄂博矿石原料的特殊性，其生产工艺复杂，矿山开采易产生扬尘，浮选工艺产生的废水量大，配套的环保技术、自动化控制及装备水平等相对落后，造成初级产品生产综合技术水平较低。

（4）环境保护与治理难度大。白云鄂博矿主要含有铁、稀土、铌等金属，同时还伴有天然放射性核元素钍等。矿山开采剥离后的贫矿和废石，运到矿山周围的各大排土场堆存，对周边环境造成了一定的影响。矿石破碎过程中产生含放射性钍的粉尘，造成环境污染。

3. 技术需求

（1）实现选稀土尾矿的综合利用产业化。研发稀土尾矿资源综合利用新技术，规划建设一条尾矿综合利用回收生产线，全面回收稀土、铁、铌、钪、硫等有价元素；开发钍资源回收利用技术，在国家确立收储钍或钍应用产业成熟后，再将钍提取出来。

（2）环境污染治理与生态恢复技术。加强采选工序配套的环保技术及装备研究，减轻稀土采选对环境造成的污染，开展对包钢尾矿库及周边地区生态系统恢复技术研究。

（3）研发稀土采选新技术及新装备。研发稀土采选新技术，如氟碳铈和独居石矿分选技术，消除矿源构成变化和原矿选矿工艺调整造成的不利影响；提高采选的自动化装备水平，稳定稀土精矿的产量和质量。

（二）稀土冶炼分离

1. 技术现状

（1）冶炼工艺。包头混合型稀土矿由氟碳铈矿和独居石组成，矿物结构和成分复杂，被世界公认为难冶炼矿种。我国稀土工作者先后成功开发了硫酸焙烧法、烧碱分解法、碳酸钠焙烧法、高温氯化法、电场分解法等多种工艺流程。目前，在工业上应用的有硫酸法和烧碱法。硫酸强化焙烧工艺（第三代酸法）由于处理成本低、适应性强，易实现连续大规模生产，采用硫酸法工艺处理量占白云鄂博矿处理总量的90%以上，目前仅包钢淄博公司采用烧碱分解工艺处理白云鄂博混合矿。

酸法冶炼工艺主产品为混合碳酸稀土或混合氯化稀土溶液，为后续稀土分离提供原料。工艺流程如图5.2所示。

碱法冶炼工艺原料为含稀土57%以上的包头稀土矿，通过氢氧化钠分解，循环洗涤、盐酸溶解，获得混合氯化稀土溶液，为后续分离生产提供原料。工艺流程如图5.3所示。

（2）分离提纯生产工艺。包头矿分离提纯主体工艺均为P_{507}盐酸萃取体系。选择氢氧化钠或碳酸氢铵离子交换剂，通过P_{507}交换介质，将原料中不同的稀土元素逐一提纯为99.9%~99.99%的单一氯化物，经过碳酸氢铵沉淀与水分离形成稀土碳酸盐固体，热

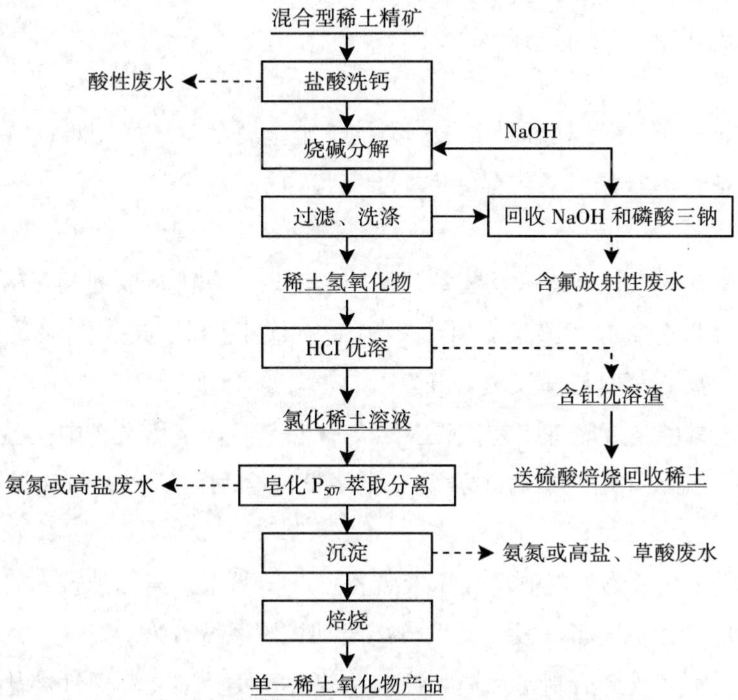

图 5.2 白云鄂博混合矿第三代酸法工艺流程示意图

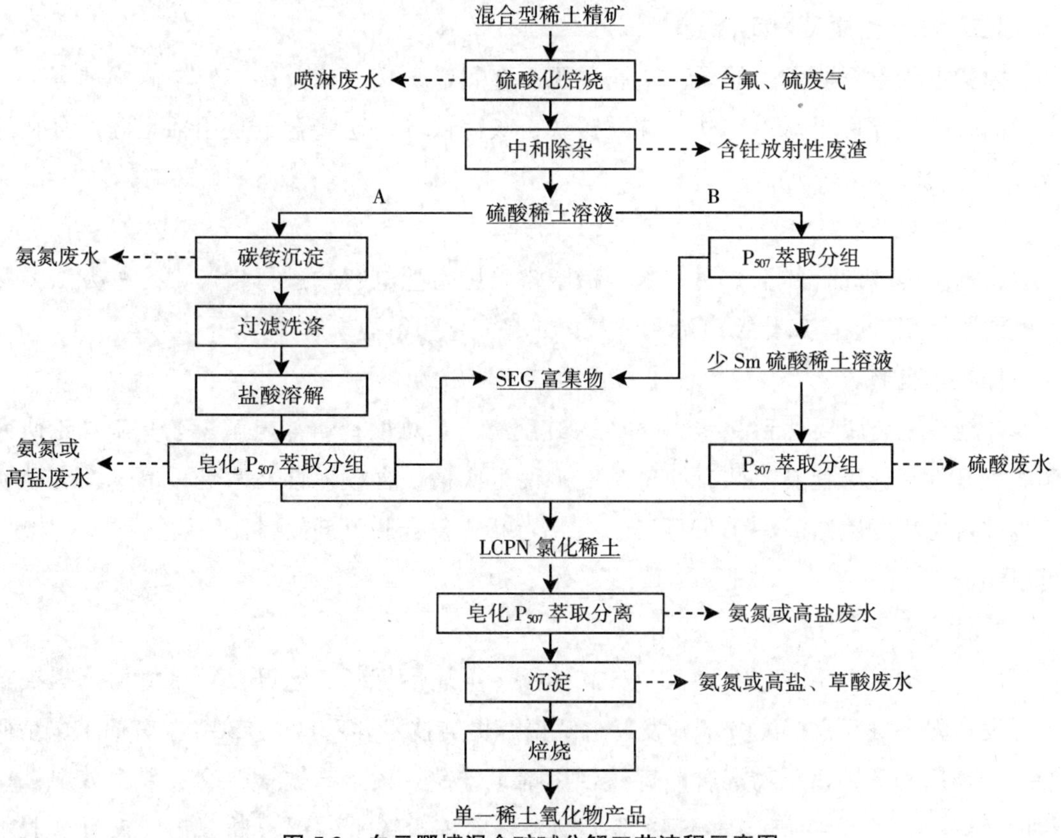

图 5.3 白云鄂博混合矿碱分解工艺流程示意图

分解为稀土氯化物。

2. 技术壁垒

工艺流程长，“三废”处理难度大；高纯稀土金属制备技术困难；特殊物性的稀土氧化物难以制备，萃取分离工艺有待进一步完善。

3. 技术需求

（1）绿色高效萃取分离技术及装备开发。新型稀土有机萃取剂及分离方法研究；低盐低碳无氨氮萃取分离技术及装备开发；稀土分离过程酸、碱、盐及废水循环利用技术及装备开发；离心萃取技术及装备开发。

（2）稀土矿绿色高效冶炼工艺流程及装备研发。混合型稀土矿中低温硫酸化焙烧分解技术及装备；硫酸化焙烧过程中含硫、氟废气综合利用研究；氟碳铈矿催化浸出工艺研究。

（3）超纯稀土化合物材料制备技术及装备。新型稀土分离提纯技术研究；高效混合澄清萃取槽及离心萃取装备开发；萃取分离自动控制系统开发。

（4）稀土金属高效清洁制备及提纯技术和装备开发。节能环保性熔盐电解法生产工艺和装备开发；高纯稀土金属制备技术及装备研究。

（三）稀土金属及中间合金

内蒙古稀土企业生产的稀土金属主要有金属镨、钕、镝、铽、钐、镧、铈等。稀土中间合金主要用于球墨铸铁、蠕墨铸铁、灰铸铁等，这些合金是用稀土硅铁合金配置的，但通常成本较高。

1. 技术现状

目前国内外混合稀土金属及单一稀土常采用熔盐电解法进行生产，这种方法分两种电解质体系，一是氯化物电解质体系，二是氧化物氟盐电解体系。

2. 技术壁垒

高纯稀土金属要达到99.98%的绝对纯度有一定难度；熔盐电解工艺基础理论研究薄弱，开发节能降耗新工艺有一定难度；稀土次精矿含放射性元素钍，冶炼稀土硅铁合金放射比活度达到 1×10^3 贝可/千克，冶炼稀土复合脱氧剂放射比活度达到 1×10^3 贝可/千克。

3. 技术需求

熔盐电解先进生产技术和工艺；高纯稀土金属冶炼新工艺开发（区域熔炼提纯技术开发、固态电迁移提纯技术开发、电解精炼提纯技术开发），含30%左右稀土次精矿的综合利用和镧铈富集物混合冶炼铸铁用稀土硅铁、稀土硅铁镁合金，要求放射性比活度达到 1×10^3 贝可/千克；镧铈富集物混合冶炼含稀土的铝、硅、钙、钡复合脱氧剂，要求放射性比活度达到 1×10^3 贝可/千克，并且经济可行。

二、稀土结构材料

（一）稀土钢

1. 技术现状

包钢目前的加入工艺是在炼钢 RH 精炼炉包中加入稀土和铁的复合合金。这种加入工艺的优点是操作简便，钢包不结瘤，适应性好，无论是稀土重轨、稀土钢管还是稀土钢板都可以采用此法生产，缺点是稀土收率低（15%~40%），钢中稀土存量少（0.006%~0.007%），钢材性能提高的幅度还不够。

2. 技术壁垒

钢板结晶器喂稀土丝工艺产业化技术；稀土微合金化结构用无缝钢管产业化开发；中间包稀土加入工艺开发；铸钢中稀土加入工艺开发。

3. 技术需求

钢板连铸结晶器喂稀土丝工艺产业化技术，解决杂物超标和稀土分布不均匀问题；稀土高强无缝管产业化开发（热采井专用套管产业化开发、高抗硫系列油套管料产业化开发、耐湿 H_2S 腐蚀换热器钢管产业化开发）；铸钢稀土加入工艺开发。

（二）稀土铸铁

1. 技术现状

普遍采用稀土—镁中间合金作为球化剂，生产各种球磨铸铁件。

2. 技术壁垒

新型球化处理工艺（转包法、盖包法、喷镁法、喂丝法）中的稀土加入技术亟待开发；稀土处理时铁液的净化技术亟待研究。

3. 技术需求

适合新型球化处理工艺的新型中间合金开发；在新球化处理工艺中稀土加入技术和装置的研发；铁液的净化技术和净化剂的研发；新型球化剂的开发，如镧系球化剂的研究与应用。

三、稀土功能材料

（一）稀土永磁材料

1. 技术现状

国内外稀土钕铁硼材料的主流生产流程如图 5.4 所示。

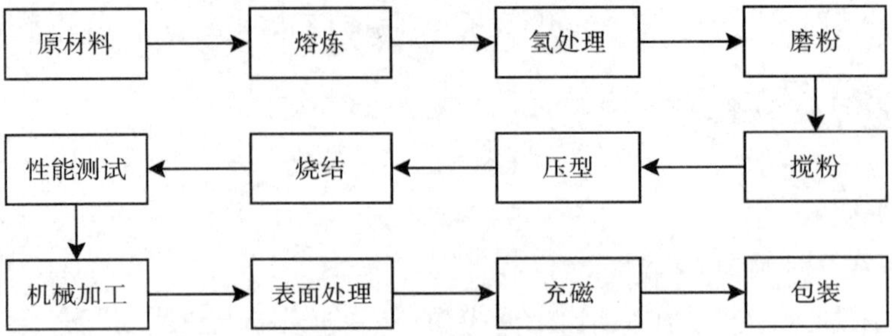

图 5.4 稀土钕铁硼材料的主流生产流程

2. 技术壁垒

烧结钕铁硼合金产品一致性较差；稀土磁致冷材料的制冷效率差，磁相变温度的调控技术、室温磁致冷技术有待完善；高性能掺杂铁氧体永磁材料的制备困难；高性能钕铁硼产品产业化关键技术与装备水平低；新型稀土永磁材料研究进展缓慢；快淬钕铁硼粉末的性能差；目前稀土磁性材料的表面镀膜质量较差，欠致密，易被腐蚀；大尺寸磁致伸缩材料的均匀性控制技术水平有待提升；难以降低高性能钕铁硼合金重稀土（如镝、铽）含量和有效节约镨、钕；粘结钕铁硼永磁材料的性能差，应用范围窄；非晶软磁稀土材料的性能和理论值差太远；稀土永磁薄膜综合磁性能与理论值差太远，工艺难控制，缺乏有效标准。

3. 技术需求

大磁热效应室温稀土磁致冷材料；烧结钕铁硼产品质量和工艺过程控制；耐高温高矫顽力钕铁硼永磁材料；纳米复合快淬钕铁硼粉末的高性能化；烧结钕铁硼磁体和粘结稀土永磁体的矫顽力增强机制；低重稀土含量烧结钕铁硼永磁材料；高性能稀土磁致伸缩合金；烧结钕铁硼晶粒细化技术；各向异性钕铁硼粉末制备新工艺；各向异性粘结钕铁硼制备工艺；新型纳米磁性材料的合成制备、性能研究、产品开发和产业化；新型稀土永磁、半导体磁电阻等功能性材料制备的基础和应用等问题；热变形各向异性钕铁硼新工艺；高性能稀土掺杂铁氧体永磁材料；高性能稀土掺杂铁氧体软磁材料；稀土磁致伸缩材料应用相关性能研究；提高钕铁硼永磁产品收得率。

（二）稀土储氢材料

1. 技术现状

目前我国的储氢合金生产工艺技术及装备已经达到世界先进水平，生产方法主要有熔铸法、熔炼快淬法、化学合成和还原扩散法。工业生产一般多用前两种方法。

熔铸法采用纯度大于 99%的 Mm（稀土金属）、Ni、Co 及 Al 等为原料，按照比例进行配料后，置于真空感应炉的坩埚内，在真空和氩气保护下进行熔炼，对得到的熔融合金液进行注锭、粗破碎和机械细磨，制成合金粉末产品，其主要工艺过程为：原料—配料—装料—真空熔炼—铸锭—热处理—破碎—细磨—检测—真空包装—入库(合金粉末产品)。

熔炼快淬法以纯度大于99%的Ni、Co、Mn和Al等为原料，根据合金成分要求的比例称重配料，将原料装入真空感应炉的坩埚内，在真空及氩气保护下进行熔炼后，熔融合金液浇在高速旋转的铜辊上，制成铸造合金薄带，然后进行热处理、破碎和细磨，制成合金粉末产品。其主要工艺过程为：原料—配料—装料—真空熔炼—快速冷却—热处理—粗碎—细磨—检测—真空包装—入库（合金粉末产品）。

2. 技术壁垒

合金的宽温区、放电性能和循环寿命的改善；电池的设计生产控制技术；稀土储氢合金产品稳定的工业化制造技术；产品自动化生产程度高，产品的均一性受人为因素影响。

3. 技术需求

实现电动汽车动力镍氢电池的功率型稀土储氢负极合金的产业化；开发新型稀土储氢材料；研究储氢合金的吸/放氢动力学机理，提高合金快速吸/放氢或充/放电能力；研究储氢合金的容量衰减机理，提高合金的循环稳定性；研究储氢合金的组织结构与性能的关系，改善合金的吸/放氢特性；研究储氢合金粉末或储氢合金电极的表面修饰方法和技术，提高合金的稳定性和动力学性能；废旧镍电池的回收。

（三）稀土发光材料

1. 技术现状

目前我国发光材料行业已接近完成跟随发展到自主创新的转型，整体水平已经接近国际先进水平。国内外的生产工艺流程、生产设备和检测分析设备基本一致，主要生产工艺为：原料—预处理—混料—灼烧（还原）—后处理—产品。

2. 技术壁垒

自主知识产权的稀土荧光材料研究有待突破；稀土激活的氮氧化物和氮化物LED荧光材料制备水平低；交流—LED荧光粉及器件规模化稳定生产技术水平有待提升；稀土荧光材料在新领域的应用技术开发慢；灯用稀土荧光粉的标准化管理差。

3. 技术需求

白光OLED用稀土有机配合物发光材料制备关键技术；PDP、FED、3D显示荧光粉制备关键技术；稀土激光晶体与光纤开发与应用；照明、指示用新型长余辉稀土荧光粉；废弃荧光灯回收体系的建设与资源高效利用。

（四）稀土催化材料

1. 技术现状

石油催化裂化：通常催化裂化剂的主要成分包括活性组分和基质，其生产流程也由这两部分生产构成。典型的生产工艺包括原位晶化合成工艺及半合成硅铝基质沸石工艺，如图 5.5 和图 5.6 所示。

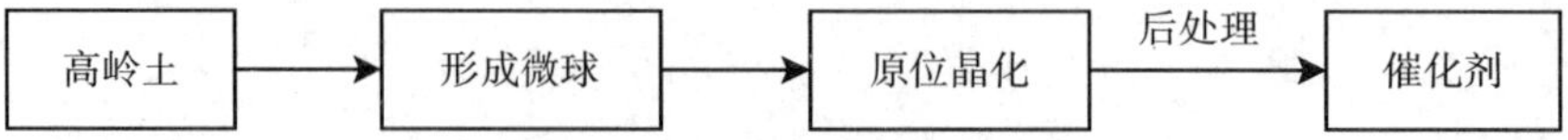

图 5.5 原位晶化合成工艺

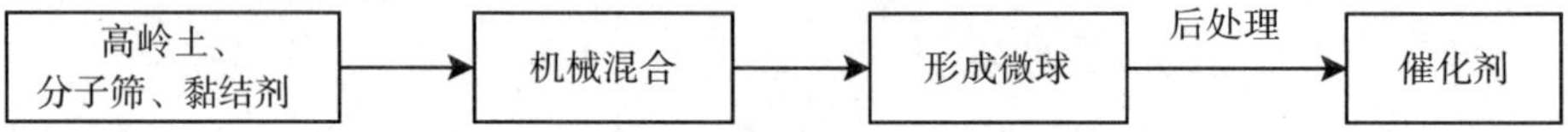

图 5.6 半合成硅铝基质沸石工艺

机动车尾气净化催化：机动车尾气净化催化剂所用的稀土主要是氧化铈、氧化镧、氧化钕和氧化镨等，其中氧化铈是关键成分。铈的可变价特性使得氧化铈具有储放氧功能，可提高尾气净化剂的催化性能。机动车尾气净化催化剂制备工艺通常包括：①整体载体预处理；②活性涂层材料（氧化铝及铈）贵金属负载；③活性材料涂层打浆；④活性材料涂层涂覆；⑤烘干；⑥焙烧；⑦成品检测等工序。

烟气脱硫脱硝：利用金属氧化物与烟气中二氧化硫和氧气反应生成硫酸盐以达到脱硫目的，而金属氧化物本身与脱硫反应的生成物均可作为 NO_X 催化还原的催化剂，从而达到同时脱硫脱硝的效果。

2. 技术壁垒

机动车尾气净化催化材料制备技术有待提升；机动车尾气净化催化涂层制备技术及机动车尾气催化净化载体材料制备技术有待提高；机动车尾气催化净化器配套技术水平低；烟气脱硫脱硝低温高效稀土催化剂的制备技术水平低。

3. 技术需求

开发高效烟气脱硫脱硝稀土催化剂；研发机动车尾气催化净化器封装成型技术；研发高性能的载体材料；研发机动车尾气催化材料，提高材料制备技术水平；研发机动车尾气负载涂层的涂覆技术及装备，提高涂层的热稳定性；稀土在多组分催化剂中的协同机理研究及稀土催化作用的模拟研究。

（五）稀土抛光材料

1. 技术现状

高铈系抛光粉的生产：以稀土混合物分离后的氧化铈为原料，以物理或化学方法加工成硬度大，粒度均匀、细小，呈面心立方晶体的粉末产品。其主要工艺过程为：原料—高温煅烧—水淬—水力分级—过滤—烘干—高铈系抛光粉产品。

中铈系抛光粉的生产：以混合稀土氢氧化物（w(REO) = 65%，w(CeO_2)≥48%）为原料，用化学方法预处理得稀土盐溶液，加入中间体（沉淀剂）使其转化成 w（CeO_2）= 80%~85%的中铈系稀土抛光粉产品。其主要工艺过程为：原料—氧化—优溶—过滤—酸溶—沉淀—洗涤过滤—高温煅烧—细磨筛分—中铈系稀土抛光粉产品。

低铈系抛光粉的生产：以混合镨氯化物（w(REO)≥45%，w(CeO_2)≥48%）为原料，以合成中间体（沉淀剂）复盐沉淀处理，可制备低铈系抛光粉。其主要工艺过程为：原料—溶解—复盐沉淀—过滤洗涤—高温煅烧—粉碎—细磨筛分—低铈系稀土抛光粉产品。

2. 技术壁垒

应用于硅片、电路板等高端领域的稀土抛光材料研发有一定难度；高性能的抛光液材料关键技术；新型稀土抛光材料研究机理进展缓慢，相应装备配套水平较弱。

3. 技术需求

制备工艺的研究方向逐渐向高精度、超细型（纳米级）稀土抛光粉制备过渡。同时，随着稀土原料价格的上涨以及对性能改善的要求，掺杂氧化铝、氧化锆、氧化硅的混合型稀土抛光粉研究也日益增多。

（六）稀土助剂材料

1. 技术现状

稀土助剂主要把镧、铈、钇等高丰度的稀土元素应用于高分子材料领域，从而改善、提高高分子材料性能。目前轻稀土在稀土助剂上的应用主要有：镧、铈等稀土助剂在 PVC 替代铅/镉技术及减量化技术的应用；稀土 β 成核剂在聚丙烯合成中的应用；稀土纺织助剂在生产细旦聚酰胺纤维上的应用。

2. 技术壁垒

稀土助剂在塑料、橡胶、纺织等行业中的应用水平低；生产用细旦聚酰胺纤维的专用稀土助剂未能规模产业化；稀土助剂的品种、数量、质量仍然不能满足下游用户的需求；规模化清洁制备及应用技术有待提高。

3. 技术需求

高效能、低成本的高效、绿色制备关键技术；稀土 β 成核剂产业化技术；用于细旦/超细旦聚酰胺纤维的稀土纺织专用助剂的产业化技术；稀土阻燃剂产业化技术。

四、基于技术链的内蒙古稀土企业核心竞争力分析

稀土产业是由关键技术链支撑运行的有机系统，其关键技术链主要包括稀土采选、冶炼、分离提取、新材料制备和应用五个环节。由于内蒙古稀土高端应用研发投入强度过小、研发资源分散、研发资金利用效率不高、高端人才匮乏，其稀土产业技术链主要集中在前三个环节，后两个环节还相当薄弱，不仅单个技术的复杂程度、集成化程度低，共性的平台性技术偏少，而且技术链的数量偏少、链条偏短，在新型功能材料、高纯稀土产品、元器件及应用产品等方面的开发应用落后，终端应用的产业化集成技术大多仍被美国、日本等国家掌控。如我国在稀土催化材料领域拥有自主知识产权的技术不到 10%。日本几乎没有稀土矿产资源，但却是稀土强国，关键在于其长期致力于新材料制备、应用及废料回收利用等价值增值能力高的后端技术链的突破延伸。

内蒙古稀土产业的科技优势表现在：首先，拥有大量稀土科研机构和技术人员，相继建立了国家稀土冶金及功能材料工程研究中心、稀土永磁材料、稀土储氢材料等 13 个稀土工程研究开发中心，其中国家级 1 个，自治区级 7 个，包头市级 3 个，高新区级 2 个，专业研发人员 436 名，对内蒙古稀土产业发展发挥了巨大的助推作用。其次，内蒙古具有较强的稀土科研开发能力，目前已经获得稀土科研成果 800 余项，其中 200 多项重大成果获国家、省级奖励，100 余项达到国际先进水平。包头稀土萃取分离技术不断取得新的突破，P_{350} 萃取分离镧、P_{204} 萃取分离钐钆、伯胺萃取分离钍等工艺，特别是徐光宪院士结合包钢稀土生产实践创建的稀土串级萃取计算理论，达到或接近世界先进水平。可以说，内蒙古混合稀土矿选冶技术和稀土资源综合利用的工艺流程反映了国内的最高水平，在国际上也属领先水平。这些都为内蒙古稀土产业的发展提供了可靠的技术支撑和智力依托。

第三节　基于价值链的内蒙古稀土企业核心竞争力分析

一、价值链概述

价值创造是所有企业中最基本的活动。它源于资源的异质性、稀少和不可替代与模仿性，因两个企业间的资源交换而被创造出来。从产业价值链来看，价值创造是垂

直价值链中所有参与者创造的价值减去除了此参与者之外所有其他参与者创造的价值，也就是“愿意的支付减去机会成本”。

当价值链的分析对象由一个特定的企业转向整个产业时，就形成了产业价值链，它可以是以某项技术或工艺为核心而构成的相关联企业的集合，以满足用户特定需求或进行特定产品生产过程中的采购、生产、销售、服务等一系列价值增值活动。产业价值链价值创造有如下特征：其一，产业价值链是一个价值创造系统。它是由相关企业组成的价值创造系统，其价值创造主体为不同功能的企业集合。产业价值链整合不同企业的价值创造活动，形成统一协调的价值链系统，实现协同效应，创造更大价值。其二，组织形式为网状链式结构。从结构属性来看，它是一种产品“生产—流通—消费”全过程所涉及各个相关环节和组织载体构成的一个网络状链式结构，类似产业链，不同环节上的企业在网络状链式结构中相互交换价值，实现价值的合作创造。其三，产业价值链具有产业链、供应链、价值链三重属性。它围绕着产业化经营展开，倡导利用现代信息技术基础，改造和集成业务流程，与供应商以及客户建立战略联盟，通过产业链上的各活动和价值交换，共同为客户创造价值。

二、价值链与战略新兴产业

价值链依托产品链而存在，是依据产品链上各环节的附加价值水平链接而成的。从价值实现途径来看，战略性新兴产业价值链升级需要依托价值发现、价值创造、价值维护和价值分配来实现，从而破解价值链低端锁定的困局。首先，战略性新兴产业中不少价值环节是隐蔽的，需要通过一定的手段才能发现，尤其是产业链下游的应用环节、生产过程中副产品的综合利用以及废旧产品再利用都具有极大的拓展空间，需要深入挖掘，实现价值链增值空间扩张。其次，价值创造是价值链演化的基础，上游的知识创新、中游的知识孵化以及下游的新技术应用都是价值创造的过程，加强具有知识产权的核心技术的开发和提升制造工艺水平以及服务水平都能够提高价值创造力和创造水平；当前我国战略性新兴产业应当从价值链的中间环节沿着两端攀升，从专注于制造向技术研发、产品设计、技术和产品标准制定、产品精深加工、废旧产品回收、销售渠道构建、品牌培育及售后服务等价值链两端延伸，以实现价值链条延长和链位升高。再次，美国、日本、英国等发达国家通过技术标准、碳标签乃至反倾销、反补贴等手段对我国战略性新兴产业发展进行压制，这就要求企业在发展战略性新兴产业过程中提高知识产权保护意识和海外维权能力，积极利用国际贸易组织通报咨询机制等方式应对各种贸易壁垒，维护合理的价值链利益。最后，利益在价值链上各节点的合理分配与转移，是价值链演化的前提条件，利益在价值链上各环节的分布不均容易造成价值链的断裂，影响价值链的稳定性。因此，需要从价值链的整体来构建价值分配机制以调动价值链上各环节行为主体的积极性。

三、稀土可持续产业价值链的价值创造结构及其关系

（一）内蒙古稀土产业价值链及其存在的问题

稀土已广泛应用到国民经济各领域，作为一个产业，稀土在国民经济中所占比重较小，经济效果并不明显，但对其他产业尤其是高新技术产业的带动作用非常强。经过 30 多年的发展，稀土产业初步形成了从矿山开采、冶炼分离、加工应用到科研开发的较为完整的产业链：稀土永磁及应用产业链，稀土储氢及应用产业链，稀土抛光及应用产业链，稀土催化、助剂新材料及应用产业链，钪、铌、钍等综合利用产业链，钢铁、有色金属新材料及应用产业链，具体内容如表 5.1 所示。

表 5.1　内蒙古稀土产业链

<table>
<tr><th>序号</th><th colspan="2">产业链</th></tr>
<tr><td>1</td><td colspan="2">氧化镨钕、镝—金属—钕铁硼—风力发电机、各种电机、核磁共振仪等</td></tr>
<tr><td>2</td><td colspan="2">氧化镧、混合稀土氧化物—金属—镍氢电池为代表的二次电池、动力电池—电动汽车</td></tr>
<tr><td>3</td><td colspan="2">氧化铈等稀土化合物—稀土抛光粉、抛光液</td></tr>
<tr><td>4</td><td colspan="2">铕、镝、铽、铈等氧化物—稀土三基色荧光粉、LED—灯具</td></tr>
<tr><td rowspan="3">5</td><td rowspan="3">镧铈
氧化物</td><td>镧铈混合金属—稀土铝合金—稀土电工圆杆铝等—铝导线、铝型材等</td></tr>
<tr><td>单一或混合稀土金属、合金—稀土球化剂、稀土孕育剂、稀土蠕化剂、稀土包芯线等—稀土球铁、稀土蠕铁、稀土灰铁零部件、稀土钢材</td></tr>
<tr><td>稀土氧化物、化合物、金属或合金—稀土发热材料、稀土蓄热材料、磁制冷材料、水质净化材料、稀土催化材料、稀土助剂、陶瓷及耐磨材料</td></tr>
<tr><td>6</td><td colspan="2">选铁尾矿—稀土精矿和铌、钪、钾、萤石等综合利用产品</td></tr>
<tr><td>7</td><td colspan="2">为稀土原材料生产配套的工艺装备制造业（如萃取离心装备、磁材及储氢合金生产用 SC 炉、永磁生产设备、磁材加工成套设备等）</td></tr>
</table>

尽管内蒙古稀土产业链建设取得了一定成效，但依然存在一些问题：一是仍处于产业链的低端，主要集中在稀土开采、冶炼分离、简单加工等环节，企业价值创造能力较弱，竞争力不强，产品或服务附加值低；二是产能过剩、产品趋同、资源利用率低，私采私卖、浪费严重、环境污染严重；三是自主创新能力不强，缺乏尖端人才和技术，技术、新产品研发投入不足，科研资源分散；四是产业价值链短，高技术、高附加值的稀土深加工应用发展后劲不足等。目前，内蒙古稀土产业链各环节的状态不同，在上游领域，稀土开采基本处于饱和状态，矿山企业产能供应充足；中游冶炼与分离企业分散，规模大小不一，技术参差不齐；下游稀土产业加工和应用企业较少，稀土产业链未能发挥出稀土资源应有的价值。

（二）稀土可持续产业价值链的价值创造活动

由于稀土是不可再生的战略资源，以可持续发展思想升级传统产业价值链是非常有意义的，将传统产业链延伸到产品回收、利用、处理等过程，稀土产业价值链在实现经济效益的同时，关注其社会与生态效益，将三者有机结合，才能实现稀土产业持续健康发展。

从价值创造活动来看，稀土可持续产业价值链包括稀土资源勘探、开采、冶炼与分离、产品设计、元器件、制造中副产品、包装、旧产品回收及处理等整个产品生命周期，概括为四个方面：①稀土资源的价值创造，包括稀土矿权的获取、勘探、开采等；②稀土加工的价值创造，包括稀土冶炼与分离、稀土原材料制造等；③产品过程的价值创造，包括产品设计、制造、销售与服务等；④产品使用后处理价值创造，包括产品回收与处理、再利用、再制造、再使用等。如图 5.7 所示。这四个方面彼此依赖、相互作用，不断进行物流、信息流以及资金流的交互，实现价值增值。

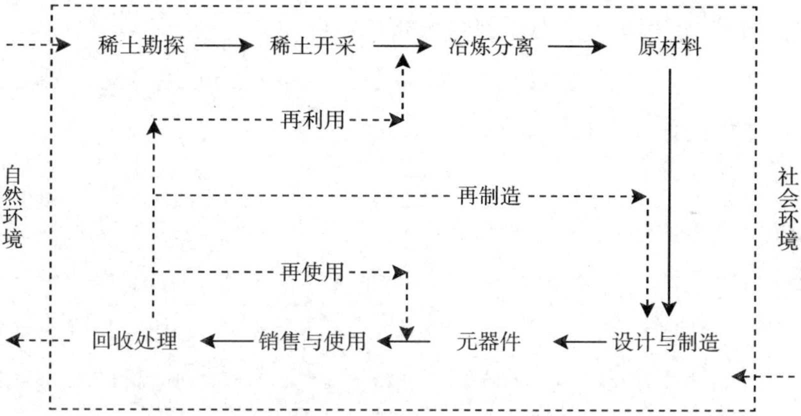

图 5.7　稀土可持续价值链结构及其价值创造活动

一个行业，在从资源开采到终端产品的产业链中，其附加价值是随着深度加工而增加的。稀土材料由于性能的特殊性，其价值更是体现在深度加工和终端应用上，价值呈裂变式增长。以应用极为广泛的钕铁硼磁材为例，在稀土精矿—碳酸稀土—氧化钕—金属钕—钕铁硼永磁体这段产业链中，其价格比例为 1∶2∶17∶28∶52。从目前市场情况来看，稀土精矿—稀土新材料—稀土应用元器件的价格比一般为 1∶50∶500。我国出口日本的氧化钕是 20 多万元人民币 1 吨，日本提纯后卖回中国的纯金属钕附加值高达数倍。由此可见，提升我国稀土产业价值链后端竞争力刻不容缓。

（三）稀土产业价值链实现途径

从价值实现的四条途径来看，内蒙古稀土产业价值实现途径有限，陷入价值链

“低端锁定”的困境。首先，从价值发现环节来看，内蒙古稀土在产业链上游的冶炼提纯、下游的应用环节、生产过程中副产品的综合利用以及废旧产品再生利用等方面的价值挖掘还不够，上游冶炼后大量尾矿中仍然残留大量稀土元素，稀土元素的提纯能力还有待提高。其次，从价值创造环节来看，稀土产业链中价值创造还集中于开采、冶炼和新材料制备等领域，在价值创造高的产业链后端及技术研发、标准制定、品牌培育等生产性服务环节还相当薄弱。再次，在价值维护环节，美国、日本、欧洲等国家和地区通过专利封锁、技术标准、WTO 规则等对我国稀土产业进行压制，而内蒙古稀土产业价值维护能力明显不足，出口配额和出口税等限制性措施失效后，被迫放弃了稀土出口管制。最后，在价值分配环节，稀土产业价值倒挂现象明显，大型稀土企业借助垄断政策、规模效应和销售权获得更高收益，导致过多资源向上游环节转移，影响价值链后端的应用拓展。

四、基于价值链的内蒙古稀土企业核心竞争力分析

（一）稀土产业价值链构建影响因素分析

产业价值链是一个动态的系统，组成产业价值链的企业集合是不断变化的，产业价值链的形成与发展受到不同因素的影响。

1. 顾客消费需求的影响

满足顾客需求是价值创造实现的条件之一。产业价值链的形成或变化是为了满足消费者的某种需要。离开了消费需求，产业价值链就失去了存在的基础。稀土元素众多，有着各自的独特属性和功效，同一稀土元素具有多条应用产业链，如氧化钕除了在永磁材料的产业链中之外，还在玻璃添加剂、激光晶体、陶瓷材料添加剂等七条应用产业链中，再多的产业链、再多样化的产品也必须与顾客需求相匹配，顾客需求影响着产业价值链中企业价值创造的发展方向、企业间组织结构及其关系。

2. 技术创新与发展的影响

稀土产业是技术依赖型产业，它推动着稀土产业不断演变，高新技术的研发对稀土产业发展至关重要。日本和法国没有稀土矿产资源，所用稀土原料均需进口，但它们却是稀土大国和强国，关键就在于它们掌握了世界一流的稀土有关技术，如法国的罗地亚公司在世界上最先采用液—液萃取工艺生产单一稀土产品，分离纯度高达99.999%的全部稀土氧化物；而日本拥有稀土各应用领域多项原创性技术专利，如石油催化剂、汽车尾气净化催化剂、彩色荧光粉、钕铁硼永磁材料、稀土储氢材料以及镍氢电池、精密陶瓷等。稀土价值真正体现在其应用上，在稀土产业价值链中，越往下游，技术要求越高，稀土的附加值也越高，稀土科技应用研究方面没有进步，就突破

不了生产供应廉价稀土原材料的窘境。

3. 政策的推动作用

稀土是国家重要战略性资源，政府关于稀土产业的关联政策伴随着稀土产业发展的全过程，对稀土企业的发展有着极大影响。如目前大型稀土企业依托国家政策垄断矿产和初级矿产品的销售权而盈利丰厚，导致稀土产业链中的倒挂现象，如北方稀土通过近几年的资源整合，基本形成集矿产开采、冶炼分离、材料应用等完整的产业价值链，根据 2009~2011 年的年度报告表，2009 年、2010 年、2011 年稀土氧化物的利润率分别为 28.88%、57.59%、79.76%；稀土新材料利润率分别为 21.56%、50.55%、61.55%，均低于稀土氧化物利润率。相比之下，以稀土高新技术为主的中科三环磁材产品的利润率分别为 23.81%、25.52%、29.41%，最赚钱的是上游企业而不是附加值较高的下游企业，但从长远来看，稀土深加工企业未来才是受益最大的。

（二）构建价值链提升稀土企业核心竞争力

全球价值竞争环境下，稀土产业的竞争已经进入了价值链整体竞争阶段。因此，需要围绕价值发现、价值创造、价值维护和价值分配全方位展开，形成一体化运作。一体化商业模式有利于深化协作，降低交易费用，提高资源的利用深度和综合利用效率。美国、德国、日本等发达国家在稀土产业领域都采取垂直一体化商业模式，占据了稀土产业链中的“链主”地位。如美国的钼公司将上下游贯通，建立了从“矿产到磁铁”的全产业链；日本的日立集团虽然缺乏稀土资源，但通过产业链下游延伸，打造了“金属材料到稀土废弃资源再生利用”的完善产业链。因此，稀土企业集团还应加大资源整合力度，不断向上下游价值环节延伸，实现垂直一体化整合，成为系统集成者。在上游着重向矿区生态恢复和尾矿综合利用等领域延伸，在中游向伴生矿、副产品及各种废弃物的价值发现、综合利用、再生利用延伸，在下游积极开拓稀土新材料的应用领域和稀土废旧产品的回收再利用，紧扣技术研发、产品设计、技术和产品标准制定、产品精深加工、废旧产品回收、销售渠道构建、品牌培育及售后服务等价值链高端环节，形成集保护、修复、开采、精选、冶炼、加工、销售、回收和再利用为一体的全产业链经营。“WTO 稀土案”败诉后，我国稀土产业成为全球市场的“自由猎物”，因此更应当提高知识产权保护意识和海外维权能力，在 WTO 框架下灵活采取各种限制措施，如开征资源税、环境税、实施稀土储备战略等更灵活的措施限制稀土出口和保护环境，维护合理的价值链利益。通过大企业集团的一体化整合，更容易联合各方力量组建产业技术创新联盟，实现产业技术链整合的重大突破，联合应对稀土专利技术垄断，切实维护我国稀土资源价值链的合法权益。在利益分配方面，需要构建合理的价值分配机制以调动价值链上各环节行为主体的积极性。政府可采取开征资源税等环保手段，降低稀土前端开采、冶炼等环节的利润；通过研发补助等措施提高稀土新材料及终端应用的收益，推动稀土企业集团向后端应用拓展。

第四节　基于生态链的内蒙古稀土企业核心竞争力分析

以生态学原理为指导的循环经济，是以资源的高效利用和循环利用为核心，以"减量化、再利用、资源化"为原则，以低投入、低消耗、低排放、高效率为基本特征的社会生产模式，其实质是以尽可能少的资源消耗和尽可能小的环境代价实现最大的经济效益；是实现从末端治理转向源头污染控制，从传统的工业经济转向可持续发展的经济模式。

生态化是21世纪国际产业发展的新趋势，是人类构筑经济社会与自然界和谐发展、实现良性循环的新兴产业模式，是产业发展的高级形态。20世纪90年代，产业的生态化发展开始在发达国家渐成潮流，从宏观层面的国家产业发展的战略选择、管理立法，到中观层面的区域产业园区的建设、布局，再到微观层面的企业生产技术改造和管理实践。

稀土生产过程中对生态的影响一直是制约我国稀土产业健康发展的关键。稀土生产对环境的影响主要存在于对自然生态的破坏和稀土加工过程中产生的废渣、废水和废气对环境的污染。

一、生态链与环境

（一）生态链与环境的关系

战略性新兴产业发展必须做到改善生态环境、保护自然资源，从生态学角度审视战略性新兴产业的发展，其实质是实现产业生态化，即战略性新兴产业不仅必须是高新、高效、先导的产业，还应该是循环型、生态型和低碳型产业。完善的战略性新兴产业生态链是由某一区域范围内企业模仿自然生态系统的生产者、消费者、分解者以资源为纽带所形成的具有产业链接关系的企业联盟。产业网络上的每一节点都有相对应的时空位置及功能关系（即生态位），生态产业网络中那些"生产者、消费者和分解者"就是不同生态位上的企业。战略性新兴产业的发展过程中必须按照自然生态系统的运作方式将处于不同生态位上的企业链接起来，通过生态链的拓展，构建包括研发、制造、物流、营销、消费、资源回收、再生利用等各个环节的产业生态共生系统，尤其是资源的减量化、再利用、再循环必须成为产业系统的重要组成部分。

稀土产业是内蒙古经济的重要组成部分，是战略新兴产业。在工业生态化和建立循环经济体系的过程中，稀土产业将会对我国的新型工业化道路和循环经济产生很大影响。仅从冶金学、材料学的角度看，稀土企业的功能只是稀土冶炼与稀土产品生产而已。如果进一步扩展到资源、环境、生态、循环经济等视野来看，则稀土企业应是生态工业链中的重要一环。伴随稀土企业发展的环境问题是制约稀土企业发展的关键性问题之一。加快发展稀土节能环保产业，有利于提高内蒙古稀土产业的竞争力。开发稀土资源与发展稀土产业，必须把保护生态环境放在首位。

稀土产业的发展应当按照生态文明建设的要求，积极开展绿色开采和循环经济，实现生态链向纵深突破和横向拓展，构建稀土资源勘探、开采、冶炼分离、精深加工、应用、废弃物回收、再利用的循环型产业生态共生网络，这是稀土产业转型升级的必然选择。

（二）国外环境保护现状

由于稀土开采、选冶、分离会严重破坏地表植被，造成水土流失和土壤污染、酸化，使得农作物减产甚至绝收，所以美国、欧盟和日本等为了保护环境和资源，已经停止了对稀土的开采，而是大规模进口稀土产品并进行战略储备。

美国稀土的储量居世界第二，20 世纪 80 年代之前，美国是国际市场上稀土产品的主要供应国，但从 1999 年起，美国就逐渐停止对本国稀土资源的开采，改从中国进口以满足其生产需求。同时，美国还通过输出矿业资本，在其他国家开发稀土资源，以保护美国本土的稀土资源和环境。相关资料表明，2008 年前，美国进口的稀土不仅满足了其国内需求，还用于其战略储备。在中国宣布限制稀土出口的背景下，美国政府通过财政扶持稀土开发公司重新开发美国本土的稀土资源，进行技术升级，全面提高稀土开发的利用率和稀土产品品质。美国最大的稀土矿芒廷帕斯矿由于在国际市场上失去了价格竞争力而勉强维持，后来由于在提取稀土的过程中产生的放射性物质对周围环境造成严重的环境污染，并严重污染了地下水，造成当地环境的破坏，受到美国社会各界的指责，最终于 1998 年被关闭。

日本原材料极度匮乏，其 90% 的稀土来自中国，但日本非常重视稀土的储备，早在 1983 年就建立了稀土战略储备制度，并将进口的大量稀土存于海底，以备未来之需。日本政府还从财政和技术方面大力支持企业投资海外矿山，变他国资源为本国资源。同时，大量回收废弃的电器，从中提炼稀土，其提炼水平世界领先。此外，日本企业正积极研发稀土的替代品以减小对稀土的依赖。2007 年，日本启动了稀有金属替代材料开发计划，2009 年，日本经济产业省开始实施“脱稀土”政策，“脱稀土”政策一方面鼓励资源回收利用，另一方面鼓励稀土替代品的研发，以降低本国稀土资源的对外依存度。2011 年，日本经济产业省出台总额约 331 亿日元的政府补助政策，补助 110 个公司的 160 个项目，鼓励日本企业加强稀土回收利用，减少稀土用量，拓宽进口渠道，并根据需要追加投入。2012 年，继续提供 50 亿日元的补贴，以支持减少使用镝、钕磁材料，提高回收利用和开发新技术的项目。

与开发新的稀土项目相比，稀土回收再利用的开展要早得多。美国能源部很早就开始研究稀土的回收利用，其最早的研究目标是从烧结磁体中回收稀土，利用回收的稀土合成新的磁体，并保持性能不发生较大的变化。2014 年美国国会要求能源部对从煤及其副产品中经济回收稀土元素进行可行性评估和分析；2015 年 8 月美国稀土公司（U.S.Rare Earths）宣布与美国橡树岭的国家实验室合作开发辅助稀土萃取技术，从电子产品废弃物中回收 Nd、Dy、Pr 金属。

日本政府在 2008 年就要求在全国范围内进行稀土回收利用，同时日本企业在稀土回收再利用方面走得最远。利泰姆株式会社研发了从废旧电子零件中回收稀土的技术，2013 年其稀土回收率达 99.8%；昭和电工从回收的废旧家电和磁废料中年回收近 600 吨稀土铁合金；2013 年，本田公司率先建立了混合动力汽车镍氢电池的循环利用机制。

欧洲也很重视稀土循环利用发展，法国罗地亚集团每年从废旧荧光灯、磁铁及电池中回收 200 吨稀土金属，同时与优美科合作，共同开发了回收废弃充电电池中稀土的技术；德国多所大学也在共同研究从废旧永磁体中回收稀土元素的技术。

（三）国内稀土开采造成的环境破坏

我国稀土产业长期忽视产业生态链的构建，走的是高投入、高消耗、低效率、难循环、不协调、高污染的产业发展模式，造成了稀土资源锐减和极大的环境破坏。在产业链的前端环节，稀土行业监管不到位，存在大量小规模、无节制的粗放式开采，导致稀土资源开采回收率偏低。目前我国南方离子型稀土资源开采回收率不到 50%，包头稀土矿采选利用率仅 10%（国务院新闻办，2012）。稀土资源被大量浪费，废弃稀土矿区遗留了大量稀土尾砂和残留矿山，至今尚未进行有效治理和综合利用，造成土地和植被破坏、水土流失等严重生态问题。在产业链中端的稀土冶炼、分离、提纯、加工过程中忽视对“三废”的综合利用和有效治理，导致严重的环境污染；在稀土原材料、新材料的生产过程中对资源减量化、再利用、再循环的挖掘深度不够。在产业链的末端，对报废后的各类稀土终端应用产品中蕴藏的大量稀土元素的再生利用能力有限。

国务院发布的《中国的稀土状况与政策》白皮书写到，我国稀土污染触目惊心：离子型中重稀土矿采用堆浸、池浸工艺，每生产 1 吨稀土氧化物产生约 2000 吨尾砂，目前采用原地浸矿工艺，但仍不可避免地产生大量的氨氮、重金属等污染物，破坏植被，严重污染地表水、地下水和农田。轻稀土矿多为多金属共（伴）生矿，在冶炼、分离过程中会产生大量有毒有害气体、高浓度氨氮废水、放射性废渣等污染物。一些地方因为稀土的过度开采，还造成山体滑坡、河道堵塞、突发性环境污染事件，甚至造成重大事故灾难，给公众的生命健康和生态环境带来重大损失。而生态环境的恢复与治理也成为一些稀土产区的沉重负担。中国稀土开采付出的代价触目惊心，经国家环保局初步测算，2005 年我国每生产 1 千克稀土，其环境成本为 5.6 美元，仅赣州因稀土开采造成的环境污染就需要花费 380 亿元、长达 70 年进行治理，全国的稀土污染治理费用不会低于 1000 亿元。

（四）国内相关法律

近年来，出于保护环境的需要，中国不断加强、完善对高能耗、高污染、资源性产品和相关行业的管理。在稀土领域，国家更是采取一系列有力措施，促进稀土开发利用与生态环境的协调发展，绝不以牺牲环境为代价换取稀土行业的发展。

加强对稀土行业的环境管理和相应的法规建设，是促进稀土利用与生态环境协调发展的重要保障。20 世纪 80 年代以来，中国制定了《环境保护法》、《水污染防治法》等十余部环境保护类法律，建立起环境影响评价、污染物总量控制、限期治理等制度。国家颁布实施了《土地复垦条例》，全面落实土地复垦义务，要求实现矿山边开采、边保护、边复垦，修复矿山生态环境。从“十一五”规划（2006~2010 年）开始，国家将节能减排纳入国民经济和社会发展规划目标，把降低能源消耗强度、降低化学需氧量和二氧化硫排放作为约束性指标；“十二五”规划（2011~2015 年）又将降低二氧化碳排放强度、降低氨氮和氮氧化物排放纳入约束性指标。《稀土行业发展规划（2016~2020 年）》也明确提出严格执行国家和地方污染物排放标准，严格审查建设项目和企业环评，坚决淘汰落后产能。推广采矿新技术、新工艺，落实稀土矿山地质环境保护与治理恢复保证金制度和经济责任，加强尾矿库处理处置与综合利用，实行生产排污许可证制度；推广离子型稀土矿浸萃一体化、冶炼分离污染防治新技术，促进行业清洁生产。建立稀土绿色开发机制，落实行业规范条件，全面推行稀土行业强制性清洁生产审核。

为进一步加强稀土行业的生态环境保护，2011 年国家颁布实施《稀土工业污染物排放标准》，明确了稀土生产企业氨氮、化学需氧量、磷、氟、钍、重金属及二氧化硫、氯气、颗粒物等污染物的排放限值。为有效保护稀土资源和生态环境，规范生产经营秩序，促进稀土行业持续健康发展，根据《国务院关于促进稀土行业持续健康发展的若干意见》等要求，2012 年工业和信息化部会同有关部门制定了《稀土行业准入条件》及《稀土企业准入公告管理暂行办法》，对稀土矿山、冶炼分离和金属加工三类企业在规模上设置了准入门槛，《稀土行业准入条件》的发布，规范了稀土行业的生产经营秩序，有效保护了资源和生态环境，推动了产业结构调整和升级，有利于稀土行业集中度的提高。

严格执行环境保护的法律法规是稀土开发利用中保护好环境的关键。近年来，国家严格执行环境影响评价制度，新建、扩建、改建稀土项目必须对可能造成的环境影响做出分析、预测和评估，并提出预防和减轻环境影响的对策和措施，未通过环评不得实施。执行"三同时"制度，稀土建设项目环保设施必须与主体工程同时设计、同时施工，并经环保部门验收后同时投入使用。执行排污许可制度和《稀土工业污染物排放标准》，稀土企业应事先取得环保部门的许可，根据排放标准规定的浓度、数量和方式等实现达标排放，禁止未依法取得许可证而擅自排放。执行强制淘汰制度，禁止采用离子型稀土矿堆浸、池浸选矿工艺，禁止开发独居石单一矿种，禁止采用严重污染环境和破坏生态的工艺，从源头防止生态破坏和环境污染。近年来，国家更加严格地执行稀土矿山地质环境恢复治理保证金制度，督促稀土开采企业严格落实生态环境保护与恢复的经济责任，逐步建立矿山环境治理和生态恢复责任机制。

开展稀土行业的环境专项整治。在专项整治中，各级政府明确要求，现有稀土企业必须加快环保设施建设并达标排放，实施清洁生产，否则依法停产，限期整改仍未达标的企业要坚决取缔。从 2011 年开始，国家对全部稀土矿山、冶炼分离、金属生产企业开展了环保核查工作，严肃查处稀土企业污染环境的行为，已先后公布了两批共 56 家符合环保要求的企业名单，促使稀土行业、企业投入 40 多亿元进行环保整治和技术升级，稀土行业的环保水平得到明显提高。对环境污染严重、环境安全隐患突出、群众反映强烈、不符合环保法律法规要求的企业，采取挂牌督办、限期治理等措施依法处罚。各级政府对于历史上形成的生态环境破坏、尾矿和废渣污染等问题，将投入资金进行专项治理。

二、内蒙古稀土企业发展中的环境问题

内蒙古稀土生产工艺路线如图 5.8 所示，在稀土生产工艺中，稀土精矿生产企业、稀土冶炼分离企业、稀土金属加工企业、稀土功能材料企业（抛光粉、磁性材料、储氢材料）依次构成原料供给关系，各企业均有废弃物产生。

内蒙古稀土矿的环境问题主要集中在矿山开采、选尾矿和冶炼分离过程。

（一）稀土采选领域排放

内蒙古包头白云鄂博稀土矿是我国最重要的以稀土、铁和铌为主的多金属共生矿。对稀土的开发利用是伴随铁矿的开采进行的，将地表覆土剥离后，进行露天大规模机

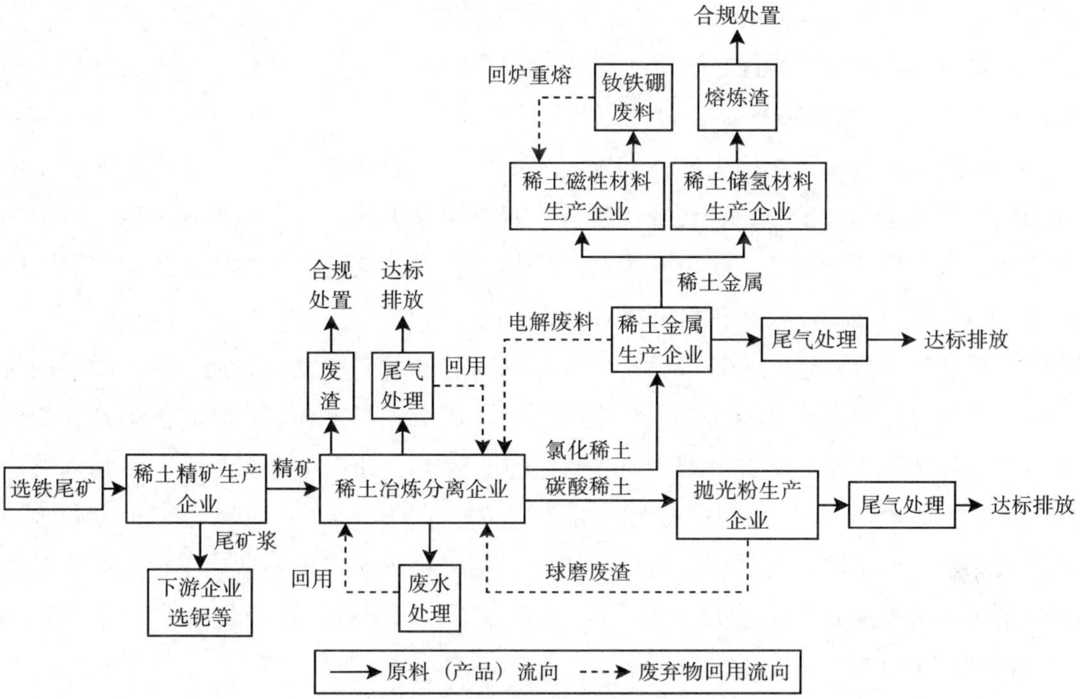

图 5.8　整体生产工艺循环经济路线

械化开采矿石，进入破碎车间进行破碎，然后运至选矿厂，选出稀土精矿，最后将尾矿运到矿山周围的各大排土场堆存。图 5.9 为白云鄂博矿稀土矿采选流程。

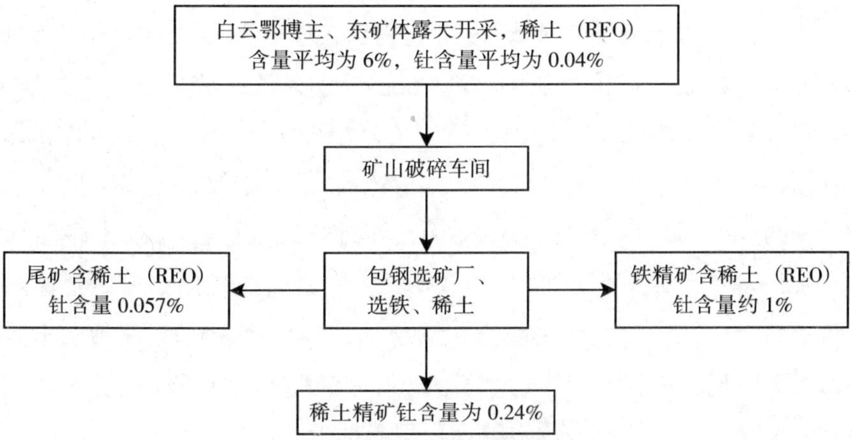

图 5.9　白云鄂博稀土矿采选流程

白云鄂博稀土矿的矿石按氧化矿、磁铁矿两个品种分采、分堆。矿石中的稀土矿物在选矿厂选铁过程中绝大部分由选铁尾矿（中矿）排出，以强磁中矿、强磁尾矿为入选原料回收生产稀土精矿。目前，每年进入稀选流程的矿源约 370 万吨，稀土氧化物品位为7%左右。因稀选流程是白云鄂博矿选别的一部分，受上段选铁工艺影响，入选矿浆含有大量矿泥，脱泥工序大约损失总矿量的15%，加上稀选工艺损失及机械损失，稀选厂实际收率在53%左右。

长期以来，白云鄂博稀土矿在实际生产中稀土作业回收率低，主、东矿选矿工序稀土资源的利用率小于20%，造成大量稀土资源堆存于尾矿库。白云鄂博矿石原料的特殊性导致生产工艺复杂，矿山开采易产生扬尘，浮选工艺产生的废水量大，配套的环保技术、自动化控制及装备水平相对落后。白云鄂博矿主要含铁、稀土、铌等金属，同时还伴有天然放射性元素钍等。矿山开采剥离后的贫矿和废石，运到矿山周围的各大排土场堆存，对周边环境造成了一定的影响。矿石破碎过程中产生含放射性钍的粉尘，污染环境。选矿尾矿累积堆存约1.9亿吨，尾矿坝处于干燥、少雨、多强风的地区，易产生扬尘，尾矿坝下风向多为东南方位，周围土地易受尾矿扬尘覆盖，不仅浪费稀土资源，也使土壤遭受放射性污染。同时，尾矿坝中废水渗漏造成土地盐碱化，农田、草场被迫放弃耕种和放牧，尾矿坝对周围大气、土壤等自然环境造成的污染严重。

1. 水污染现状分析

包钢选矿厂：包钢选矿厂废水主要为选矿生产废水、冲击式除尘器废水、地坪冲洗水及生活污水，废水均排入包钢尾矿库。选矿废水中含有大量悬浮物等污染物，废水经尾矿车间浓缩后，部分用于筑规，其余排放至尾矿库中。排入尾矿库废水量为 9818.01×10^4 立方米/年（m^3/a），其污染物排入量为：SS 841.58×10^4 吨/年、氟化物 8944.61 吨/年。

主、东矿：由于白云鄂博铁矿地区严重缺水，矿区的各类污水均得到重复利用。生产类废水为间断排放，产生总量为259.98立方米/天，排放量为零，具体情况如下：主、东矿的矿坑涌水产生污水量为142.86立方米/天，零排放，主要去向是用于道路洒水抑尘；机修、破碎产生污水量为20.75立方米/天，零排放，主要去向是用于附近选矿生产；空压站产生污水量为21立方米/天，零排放，主要去向是用于矿区道路喷洒；铸钢生产产生污水量为0.8立方米/天，零排放，主要去向是用于矿区道路喷洒、乳化工房冲洗水；白云化工厂产生污水量为5.57立方米/天，零排放，主要去向是用于矿区道路喷洒、厂区绿化；锅炉房产生污水量为69立方米/天，零排放，主要去向是一部分锅炉房用于区域喷洒，其他排入污水处理厂用于抑尘。

尾矿库：包钢的废水排入尾矿库沉淀后返回选矿厂用于生产。其中主矿排放污水量总量为1875000立方米/年，东矿排放污水量总量为1971730立方米/年，生活废水排放污水量总量为339450立方米/年，其污染物主要成分为SS、COD、Zn、As、Cr、F、NH_3–N。

2. 固体废弃物

主、东矿区固体废弃物主要是剥离的开采出来的岩石及燃煤产生的炉渣。包钢主、东矿和选矿厂固体废物产生量汇总情况如表 5.2 所示。

表 5.2 固体废物产生量汇总

固体废物名称	堆存地点	利用途径
白云岩	排岩场	
废岩	排岩场	
尾矿	尾矿库	
除尘灰	灰斗	作为产品外运、返回选矿车间作为原料
废钢	机修车间	返回机修车间作为原料
锅炉灰渣	锅炉房	矿区、厂区道路修筑

3. 粉尘污染

包头白云鄂博稀土矿采选过程中矿石破碎产生大量的粉尘，粉尘年排放量为 61.8 吨，这些粉尘对附近居民的健康和周边环境产生了很大的危害。选矿厂附近空气能见度大大降低，影响人们正常的生产和生活，粉尘向下风向迁移，使空气污染范围增大。向大气排放的粉尘放射性比活度平均为 1887.3 贝可/千克，比周边环境土壤平均值高 49 倍（王国珍，2007），更严重的是粉尘中含氟化物和高放射性元素钍。氟化物通过大气降雨沉降至地表会污染水源和土壤，水中含氟量增加，继而影响动植物的正常生命活动，植物器官吸收氟化物过多会使植物发生病变甚至枯死，并且通过食物链引起动物和人的氟中毒。钍是一种放射性金属元素，以化合物的形式存在于矿物如独居石或钍石内，在稀土矿采选过程中产生的粉尘含钍，粉尘长期暴露在空气中，人体吸收放射性元素钍或钍离子后导致机体内损伤，人体器官发生病变，严重者会致死，而钍本身发生放射性衰变也会产生外照射，使人体受到外照射侵害（陈兴安等，1997）。国家稀土开发应用卫生评价研究中心 20 多年的研究证明，破碎车间接尘工人肺癌死亡率显著增加（陈兴安等，2002）。

4. 放射性污染

在我国已开采利用的稀土资源中，除含有所需矿物成分外，同时伴生有高于天然本底水平的放射性核素（如镭、钍）。在开发利用稀土资源的过程中，随着开采、冶炼、加工和利用，放射性核素也将发生迁移、浓集、扩散和重新分布。稀土开采过程中会产生大量废弃物，这些含放射性核素的废渣多露天堆放或坑埋，在长时间降雨的淋滤下放射性核素很容易进入地下水和地表水环境，对周边环境造成严重的放射性污染，同时也会对工作人员和公众的身体健康造成严重影响。因此，伴随着稀土开采利用的放射性污染是一个非常严重的问题，存在很大的潜在危害，这在其他普通的金属矿山开采活动中比较少见，应该引起足够的重视。

白云鄂博稀土矿属于铁、铌、稀土共生矿，稀土原矿中的天然钍，除稀土合金和商品稀土精矿外售带走少部分外，其余绝大部分沉淀于尾矿、高炉渣和稀土废渣中。其中，钍进入尾矿 80.63%，进入高炉渣 13%，进入稀土废渣 3.92%，进入稀土合金渣 0.06%，进入瓦斯灰 0.23%，总进入渣中量为 97.84%。商品稀土合金和外售稀土精矿带走的钍元素约为 1.83%。少量钍元素随废气、废水排入环境，这部分约为 0.39%。放射性元素钍的大量存在必然会对周围环境造成一定程度的污染。

5. 重金属和氟污染

稀土矿山的开采会破坏地表的形态，任意堆积的尾矿和残渣中含有大量与矿物伴生的重金属元素，如果尾矿和残渣不经妥善处理或不加防护措施，重金属势必发生迁移转化，对周边水体和土壤环境造成无法估量的危害。

包头白云鄂博稀土矿属于混合型稀土矿，主要稀土矿物有氟碳铈矿和独居石，含氟矿物主要是萤石，因此，在采矿中获得的各种稀土原矿都含有大量的氟。混合型稀土原矿中氟含量为 9%~13%（以质量分数计），原矿中的含氟量在选矿时所选取的稀土精矿中均有不同程度的富集，在稀土冶炼中氟有一小部分转入产品，其余大部分进入环境，造成了严重的环境污染。

（二）稀土冶炼分离领域排放

稀土冶炼、萃取分离生产过程中，使用大量的酸碱、萃取剂等化工原材料，产生大量的废气、废水、废渣。大部分稀土生产企业环保治理设施不完善，有的小稀土冶炼厂没有环保治理设施，排放的“三废”对大气、水源、土地造成了污染。包头混合稀土精矿冶炼过程中“三废”污染情况：利用 50%（REO）包头混合稀土精矿为原料，生产氯化稀土、碳酸稀土时，用浓硫酸高温焙烧生产工艺，精矿中的钍、磷生成难溶于水的焦磷酸钍，水浸后沉淀于水浸渣中。以年处理 10 万吨包头稀土精矿计，每年约 200 多吨 ThO_2 进入水浸渣，焦磷酸钍难分解，在废渣中难以回收。烧碱法生产工艺，精矿经盐酸酸溶除钍后，钍沉淀于酸溶渣中，水浸渣总放射性比活度 2.1×10^5 贝可/千克，酸溶渣总放射性比活度 3×10^5 贝可/千克，按放射性废物分类标准属于放射性废渣。包头地区每年约生产 5 万吨放射性废渣，其他省利用包头稀土矿的冶炼企业约产生 2 万吨水浸渣。包头部分企业把水浸渣放进永久性放射渣库堆存，有的企业把水浸渣和废水直接排入包钢尾矿坝，有的企业把水浸渣用水冲入排水沟渗入地下和排向黄河。包头稀土精矿中含萤石（CaF_2），用浓硫酸高温焙烧分解精矿时产生氟化氢、二氧化硫、三氧化硫等含尘烟气。有的稀土厂没有烟气治理措施，废气直接排入大气；有的稀土厂有治理措施，对此种烟气只采用三级喷淋塔用水吸收气体中的 HF、二氧化硫、三氧化硫，使有害物质转入水中。这种处理尾气的方法经常出问题，很难保证尾气达标排放，环境污染严重。

采用浓硫酸高温焙烧工艺，每生产 1 吨焙烧矿，将产生 9600~12000 立方米废气（其中含精矿粉尘、氟化氢、二氧化硫、三氧化硫和硫酸雾）、75 立方米酸性废水和 1 吨左右放射性废渣；硫酸浸液采用碳酸氢铵沉淀稀土，废水中含氨氮，生产 1 吨碳酸稀土产生 15~20 吨氨氮废水；精矿处理废渣含少量放射性元素钍，废渣量占精矿量的 60%左右，其中包头地区每年约产生 5 万吨放射性废渣。

采用溶剂萃取法分离稀土，由于采用氨水对萃取剂进行皂化，稀土分离厂产生的废水中主要含大量氨氮、酸碱和有机磷。包头地区各稀土企业每年产生的废水达 1000 万吨，氨氮含量 5 克/升，超出国家《污水综合排放标准》规定的氨氮二级排放标准近 200 倍。

（三）稀土产品废弃物

稀土产品废弃物，即稀土产品使用后所产生的含稀土废弃物。我国的稀土应用领域通常分为传统领域和新材料领域。传统领域主要有冶金/机械、石油/化工、玻璃/陶瓷、农业/轻工/纺织。稀土新材料主要包括稀土荧光材料、稀土抛光材料、稀土永磁材料、稀土储氢材料、稀土催化材料。应用于不同领域的各类稀土产品使用后所产生的废弃物各不相同。

稀土在冶金/机械领域的应用及相应废弃物。在冶金/机械领域，稀土主要用于炼制钢材、铸铁、有色金属及合金材料。由于稀土金属化学性质活泼，在炼制钢材、铸铁、有色金属及合金过程中，只要加入微量的稀土，就可以清除金属中的有害杂质，大大改善材料的机械性能，使之更耐腐蚀、耐氧化、耐疲劳。因此，废弃的钢、铁、有色金属及合金中含有稀土，但数量微小，只有千分之几至万分之几。

石油/化工领域的含稀土催化剂及其废弃物。在石油/化工领域，稀土主要用于石油催化裂化剂（Fuidcatalytic Cracking），简称 FCC 催化剂。FCC 催化剂通常含 2%~4%的富镧或铈稀土，在长时间使用后，催化活性降低、催化效率下降，从而生成大量含有稀土的废催化剂。

稀土在玻璃/陶瓷领域的应用及相应废弃物。稀土在玻璃/陶瓷领域的传统应用是在玻璃和陶瓷制作中加入稀土，从而起到改善产品性能、脱色、着色等作用。除了传统应用外，稀土还用来制备特种玻璃和高性能陶瓷。如镧玻璃具有高折射、低色散的良好光学特性而被广泛应用于各种透镜、镜头材料和光纤材料，铈玻璃用作防辐射材料在军事上和电视制造中有着重要应用。稀土高性能陶瓷包括稀土高温结构陶瓷和稀土功能陶瓷两大类。稀土高温结构陶瓷可应用于冶炼金属的坩埚、喷气飞机、火箭、计算机驱动元件等高科技领域；稀土功能陶瓷可应用于绝缘材料、电容器介质材料、半导体材料、超导材料等。在玻璃和陶瓷器件中添加的稀土以轻稀土为主，包括镧、铈、镨、钕、钐等。因此，一些废玻璃和陶瓷为含稀土的废弃物。

稀土在农业/轻工/纺织领域的应用及相应废弃物。在种植业中，稀土主要用作复合肥的微量元素来调节植物生长。在养殖业中，稀土作为微量元素加入畜禽饲料，可促进畜禽的生长。由于稀土作为添加剂被动植物吸收，因此，农业不产生稀土废弃物。稀土在纺织和皮革工业中，主要用于皮革鞣制、皮毛染色、棉纺、毛纺和合成纤维印染的助染剂，其中的稀土最终将附着于皮革和纺织品，因而不产生稀土废弃物。

稀土荧光材料及其废弃物。稀土荧光材料被制成三基色荧光粉、彩电荧光粉、LED用荧光粉而应用于三基色节能灯、彩色电视显像管、计算机显示器等产品。因此，废弃的荧光灯中、电视和计算机等物品的显示器中的荧光粉含有稀土，其中的稀土元素有镧、铈、镨、钕、铕、铽、镝、钬、铒、铥、镱、钇等多种。

稀土抛光材料及其废弃物。稀土抛光粉因抛光强度和抛光性能明显优于其他类抛光粉，被誉为“抛光粉之王”，广泛应用于电视和电脑显示器玻壳、眼镜片、光学玻璃、液晶显示器等器件的抛光。稀土抛光粉使用后的废粉中含有镧、铈、钕等稀土元素。

稀土永磁材料及其废弃物。稀土永磁材料主要有钕铁硼磁体和钐钴磁体，由于具有其他磁性材料无法比拟的高性能，被称为“永磁之王”。汽车、电动车以及电子电器产品（电脑、手机、复印机、传真机、音视频播放器、空调、冰箱、洗衣机、电动工具、核磁共振仪、磁疗设备、音响、喇叭、耳机和仪表仪器中的各种电机和传感器以及驱动器等）中的磁性器件，都大量使用了稀土永磁材料。因此，报废的汽车、电动车以及电子电器废弃物中的稀土磁材器件均为含稀土废弃物，其中的稀土元素包括镨、钕、铈、镝、钐、钆、铽等。

稀土催化材料及其废弃物。20 世纪 70 年代以来，人们开始将稀土作为催化剂用于汽车尾气净化，其中的稀土元素主要有镧、铈等。因此，报废汽车尾气净化器中所使用的稀土催化剂也是含稀土的废弃物。

稀土储氢材料及其废弃物。混合稀土金属（以铈、镧、镨、钕为主）与镍的合金、镧与镍的合金都是很好的吸氢材料，且可逆吸放氢。人们已利用这一可逆过程将其用于氢的储存、分离、提纯、回收，制冷和制造热泵等，最成功的应用是制造镍氢可充电电池，用于储能电站、电动汽车等领域。废镍氢电池也是含稀土的废弃物之一。

综合以上分析，使用稀土产品所产生的含稀土废弃物主要有八类，包括废钢、铁、有色金属及合金，废 FCC 催化剂，废玻璃和陶瓷器件，废荧光粉，废稀土抛光粉，废稀土磁材器件，汽车尾气净化器中的废稀土催化剂，废弃的镍氢电池，如表 5.3 所示。

表 5.3 稀土产品废弃物及所含稀土元素

应用领域		稀土产品种类	含稀土的废弃物	所含主要稀土元素
传统领域	冶金/机械	金属冶炼添加剂	废钢、铁、有色金属及合金	多种稀土元素
	石油/化工	稀土催化剂	废 FCC 催化剂	镧、铈
	玻璃/陶瓷	稀土玻璃、稀土陶瓷	废玻璃和陶瓷器件	镧、铈、镨、钕、钐等
	农业/轻工/纺织	饲料、肥料添加剂、助染剂	无	—
新材料领域		荧光材料	废荧光粉	镧、铈、镨、钕、铕、铽、镝、钬、铒、铥、镱、钇等
		抛光材料	废稀土抛光粉	镧、铈、钕等
		永磁材料	废稀土磁材器件	镧、钕、铈、镝、钐、钆、铽等
		催化材料	汽车尾气净化器中的废稀土催化材料	镧、铈等
		储氢材料	废镍氢电池	镧、铈等

稀土主要应用于九大领域，产生了各种含稀土废弃物，蕴含着大量稀土资源。各类废弃物的稀土资源回收价值取决于稀土的应用数量及变化趋势、废弃物中稀土的成分比例和回收的难易程度以及经济成本等因素。

三、基于生态链的内蒙古稀土企业核心竞争力分析

稀土产业链的前端、中端、后端都会产生环境污染和资源浪费问题，构建生态链才能在满足生态文明建设的要求下提升企业核心竞争力。

稀土产业的发展应当按照生态文明建设的要求，积极开展绿色开采和循环经济，实现生态链向纵深突破和横向拓展，构建稀土资源勘探、开采、冶炼分离、精深加工、应用、废旧回收、再利用的循环型产业生态共生网络，这是稀土企业提升核心竞争力的必然选择。在产业链的最前端，为防止水体污染和废矿渣堆积成山，应当采取绿色开采稀土资源模式，引入低开采、高利用、低排放的开采技术，从源头上停止对环境的破坏；对已经造成污染的矿山，应秉持“谁污染、谁治理”的原则进行生态修复，如在报废矿山上种植苗木花卉，可实现被污染土地修复、农民增收和环境美化的多重功用，这是值得借鉴的做法。由于稀土矿含有大量铌、钍、钪等伴生矿，这些伴生矿都有很好的应用价值，在冶炼过程中应加以分离、回收利用，形成以伴生矿为主线的资源生态链。稀土冶炼过程中会产生大量的工业“三废”，应积极开发稀土生产“三

废”处理技术，提高水资源循环利用率，提高“三废”二次利用水平，实现“三废”的综合治理。稀土新材料生产过程中产生的各种废料和边角料仍然蕴藏着巨大的价值，如钕铁硼废料、荧光粉废料和镧钐渣废料中可以回收大量的镨、钕、镧、铈、镝等稀土元素，这些稀土元素又可以重新回到生产环节，形成稀土功能新材料的废品废料再利用生态链。在终端应用环节，由于稀土资源的广泛应用，各类稀土应用产品废弃物中都蕴藏着大量稀土元素，通过从废弃物中提取这些稀有元素以实现稀土资源的循环利用，是破解稀土资源有限性的重要途径。近几年，日本、德国、法国等国家都加强了稀土提取技术研发，以提炼废弃物中蕴藏的稀土元素，如日本不仅掌握了利用生物 DNA 技术回收废旧电子设备、玻璃中的稀土元素，还能利用微生物胶囊回收工业废水中的稀土元素，走在了稀土回收再利用的前列。因此，我国在加强稀土资源开发、稀土材料生产和终端应用的同时，应当加强稀土回收提取技术研发和稀土再生工艺创新，加快废弃稀土产品回收网络体系建设，促进稀土再生行业的快速发展，早日建成循环型稀土再生工业体系。

第六章　稀土企业核心竞争力综合评价

企业核心竞争力的强弱是企业若干内外因素共同作用的结果，而且在逻辑上也是多层次的。因此，稀土企业核心竞争力评价的基本流程如图 6.1 所示。

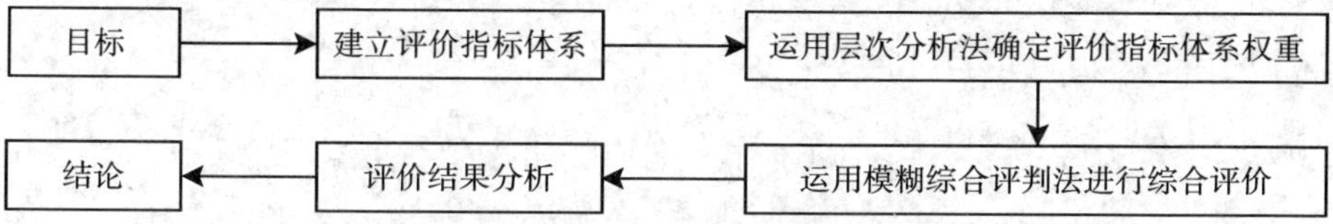

图 6.1　稀土企业核心竞争力综合评价基本流程

第一节　稀土企业核心竞争力综合评价方法概述

一、层次分析法概述

层次分析法（AHP）是由美国著名的运筹学家萨蒂教授等于 20 世纪 70 年代提出的一种定性与定量相结合的系统分析方法，它采用一种多目标、多标准的两两比较方法对一个指标系统列出其各项指标的优先顺序和权重系数，是用于解决多层次多准则决策问题的一种常用方法。它提供了一种客观的数学方法来处理决策中难以避免的主观及个人偏好的影响。从本质上讲，层次分析法是一种思维方式，其基本思路是把复杂的事情分成若干有序层次，建立起一个描述系统功能或内部独立的层次结构（即模型树），然后根据对某一客观事物的判断，就每一层的相对重要性做出定量表示，即构造“比较判断矩阵”，以这个矩阵的最大特征值及其对应的特征向量，在通过一致性检验的前提下导出对整个问题的分析，即总排序权重。整个过程体现了人类决策思维的基本特征，层次分析法把人的思维过程层次化、数量化，并以数学手段为分析、决策提供定量的依据。在很多情况下，决策者可以直接使用层次分析法进行决策，大大提高了决策的有效性、可靠性和可行性。

（一）基本概念

定义 1： 称满足条件 $a_{ij}=1/a_{ji}$，$a_{ij}>0(i, j=1, 2, \cdots, n)$ 的矩阵 $A=(a_{ij})_{n\times n}$ 为成对比较矩阵。

定义 2： 如果成对比较矩阵 $A=(a_{ij})_{n\times n}$ 满足 $a_{ij}a_{jk}=a_{ik}(i, j, k=1, 2, \cdots, n)$，则称它为一致性成对比较矩阵。

定义 3： 设成对比较矩阵 $A=(a_{ij})_{n\times n}$ 最大特征值为 $\lambda_{max}(A)$，规定 $CI=(\lambda_{max}-n)/(n-1)$，则称 CI 为成对比较矩阵的一致性指标。

对于固定的 n，从 1，2，…，9；1/2，1/3，…，1/9 中随机取值，随机构造出成对比较矩阵 $A=(a_{ij})_{n\times n}$ 并求出它的最大特征值 $\lambda_{max}(A)$。重复这样的工作多次，并求出这些最大特征值的平均值 $\theta(n)$。

定义 4： 规定 $RI=\dfrac{\theta(n)-n}{n-1}$，RI 称为平均随机一致性指标。

定义 5： 规定 $CR=\dfrac{CI}{RI}$，称 CR 为随机一致性比率。一致性判定准则：当 $CR<0.10$ 时，成对比较矩阵具有满意的一致性；反之，成对比较矩阵不具有满意的一致性。

（二）操作流程

（1）分析系统中各因素之间的关系，建立系统的递阶层次结构。层次分析的最高层又叫目标层，是层次分析要解决问题的总目标。中间层是由实现目标所必需的因素构成的。最低层一般为方案层。要注意的问题是：首先，每个层次元素最好不超过 9 个。其次，在每一层中所有元素要具有可比性，即数量级要相同。

（2）对同一层次的各元素相对于上一层某一准则的相对重要性进行两两比较，构造两两比较判断矩阵。由于层次中各元素的量纲未必相同，不能直接进行比较，所以要进行无量纲化处理，层次分析法采用 1~9 比率标度进行同层次两两因素间的相对比较，构造出判断矩阵，这一过程由专家组进行。表 6.1 为判断矩阵标度及其含义。

表 6.1 判断矩阵标度及其含义

标度	含义
1	表示两个因素相比，具有相同重要性
3	表示两个因素相比，前者比后者稍重要
5	表示两个因素相比，前者比后者明显重要
7	表示两个因素相比，前者比后者强烈重要
9	表示两个因素相比，前者比后者极端重要
2，4，6，8	表示上述相邻判断的中间值
倒数	若 j 因素与 i 因素比较得到判断值为 $a_{ji}=1/a_{ij}$，$a_{ii}=1$

（3）层次单排序及一致性检验。计算判断矩阵的最大特征根及其特征向量，经归一化处理后即为同一层次相应元素对于上一层次某因素相对重要性的排序权值，这一过程称为层次单排序。一致性检验保证专家在判断指标重要性时保持判断之间协调一致，不至于出现相互矛盾的结果。检验步骤依次为：计算一致性指标 $CI = (\lambda_{max} - n)/(n - 1)$；查找相应的平均随机一致性指标 RI（见表 6.2），最后进行检验，当 $CR < 0.1$ 时，即认为判断矩阵具有满意一致性，否则就需要调整判断矩阵，使之具有满意一致性。

表 6.2　RI 的取值范围

维数	1	2	3	4	5	6	7	8	9
RI	0	0	0.58	0.90	1.12	1.24	1.32	1.41	1.45

（4）层次总排序及一致性检验。依次沿递阶层次结构由上而下逐层计算，即可计算出最低层因素相对于最高层（总目标层）的相对重要性或相对优劣排序值，即层次总排序，层次总排序也要进行一致性检验。

二、模糊综合评价法概述

（一）基本概念

在实际问题中，我们常常比较不同事物然后择优取用，然而，同一事物往往有多种属性，有的属性还带有模糊性，不能简单地用“好”与“不好”进行评价，而是应该对事物涉及的所有因素进行综合考虑，这就是模糊综合决策问题。模糊综合决策也称为模糊综合评判，模糊综合评判是一种模糊决策分析方法，是在模糊环境下，考虑多种因素的影响，为了某种目的对事物做出综合评判的方法。其广泛应用于质量评估、企业管理等领域，常用于解决综合评价、比较、优选、排序等问题。

（二）操作流程

（1）建立评价因素集。建立评价因素集 $u = \{u_1, u_2, \cdots, u_n\}$，反映被评价对象的主要指标，本书中主要指标为资源能力、市场发展能力、核心技术能力、经营能力和环境保护能力五项指标。

（2）建立评判集。建立评判集 $v = \{v_1, v_2, \cdots, v_m\}$，即评价者对被评价者在各个指标上的表现给出的等级评判，常用的等级为优、良、中、差、很差等。

（3）构建模糊判断矩阵。建立因素集和评判集间的模糊判断矩阵 $R = (r_{ij})_{n\times m}$，其中 r_{ij} 表示第 i 个因素（指标）评语为 v_j 的个数除以参与测评的人数。

（4）确定权重。使用层次分析法确定指标的权重，权重矩阵记为：$\omega = (\omega_1, \omega_2, \cdots, \omega_n)$。

(5) 综合评判。借助权重矩阵 ω 与模糊判断矩阵 R 合成运算，可以得到模糊综合评判集 $B = w \cdot R = (b_1, b_2, \cdots, b_m)$，在合成运算中，一般用加权平均模型：M（·，+），$b_j = \sum_{i=1}^{n}(\omega_i r_{ij})$。

依据以上算法，计算 $b_1, b_2, \cdots, b_m (j = 1, 2, \cdots, m)$，根据最大隶属原则进行决策。

第二节　稀土企业核心竞争力评价指标体系设计

一、稀土企业核心竞争力评价指标设计原则

利用核心竞争力的评价指标体系对稀土企业核心竞争力进行测评，要真实准确地反映核心能力的本质，应满足一定的要求。根据国内外的文献研究，笔者归纳了国内几种代表性的核心竞争力指标体系的设计原则与使用范围，结合我国稀土企业的特殊性，确定其评价指标体系的设计应该遵循以下十个基本原则：

(1) 综合性原则。一个企业就是一个系统，包括多个子系统，如企业文化系统、创新系统、组织系统、学习系统和培训系统等。对这样的一个系统做出评价，应收集较多的信息，涵盖较广泛的范围，才能够全面、客观、系统地反映企业核心竞争力的整体情况。

(2) 主导性原则。企业生产经营系统十分复杂，既包括企业的外部环境，也包括企业自身的内部因素，其涉及面很广。但这并不意味着我们在评价过程中可以不分主次地将所有可能的方面都包括进来，而是应该经过认真的调查、仔细的分析和抽象的推理，抓住系统的主要方面，对那些与系统主要行为不十分密切的因素予以简化或省略。同时，对采用的指标也应设置不同的权重，这样才能突出重点。

(3) 目标一致性原则。目标一致性原则指的是在评价系统中，应在目标层、评价准则层和评价指标层之间取得一致。企业核心竞争力评价的目的在于衡量企业所具有的持续的竞争优势，反映出企业需要从哪些方面提升核心竞争力，以便有针对性地采取相应的对策，提高企业获得持续竞争优势的能力，更好地实现企业的可持续发展。核心竞争力评价反映了企业提高核心竞争力这一目标的要求，而评价指标是评价目的的反映。因此，评价指标应与目标层保持一致。

(4) 科学性原则。指标体系的科学性是确保评估结果准确合理的基础，一项评估活

动是否科学，很大程度上依赖其指标、标准、程序等是否科学。因此，设计企业核心竞争力评估指标体系时要考虑企业核心能力元素及指标结构整体的合理性，从不同侧面设计若干反映企业核心竞争力状况的指标，并且指标要有较好的可靠性、独立性、代表性和统一性。

（5）可操作性原则。指标的设计既要考虑数据获取的难易程度和可靠性，又要考虑计算方法的简易性。评价指标过于复杂，将给评价操作带来困难，甚至不可操作；过于简单，又不能客观准确地反映企业核心竞争力的基本情况。

（6）动态性原则。核心竞争力是动态的，不是一成不变的，因为影响企业生存和发展的内外因素是不断发展变化的。这就要求在指标体系设计过程中不断审核、修正，那种一劳永逸的想法是不切实际的。

（7）全面性原则。核心竞争力指标的设计不是哪一个指标能说明和衡量的，需要一系列相互依存的指标呼应和配合，从而保证能够从不同角度和侧面刻画和衡量企业的核心竞争力。

（8）可比性原则。本指标体系是对多个企业的核心竞争力状况进行综合评估，因此，指标体系的设计必须充分考虑各企业间统计指标的差异，在具体指标选择上，必须是各企业共有的指标体系，统计口径和范围也要尽可能保持一致，以保证指标的可比性。

（9）硬性指标与软性指标相结合原则。指标体系中的指标应全面、系统，力求反映企业核心竞争力的内涵与本质。同时由于评价问题比较复杂，要根据实际情况，采取硬性指标与软性指标相结合的办法。因为硬指标是显性的，它只代表过去与现在；软指标是内在的，更有前瞻性，其个性化信息保留较多，对未来的把握远比硬指标充分。

（10）定量与定性相结合的原则。由于反映企业核心竞争力的指标形式多，量化难易程度不同，因此，在设计评价指标体系时，既要注重定量指标，也要重视定性指标。只有将定量评价与定性评价相结合，才能得到全面、科学、准确的评价结果，客观地反映企业的核心竞争力。

二、稀土企业核心竞争力评价指标设计方法

对稀土企业核心竞争力进行评价分析，指标选择与指标体系的构建非常重要，这些关系到评价结果的科学性、客观性、准确性与可靠性，关系到能否为稀土企业提供一个可量化的、具有可操作性的评价依据。建立稀土企业核心竞争力评价指标体系，目前有两种方法：

第一种方法是从稀土企业核心竞争力的基本特征出发，把企业核心竞争力指标体

系分析归纳为与其内涵及本质特征密切相关的要素，从这种角度出发建立的评价指标体系指标简单、操作方便，但是往往不够系统和全面，容易遗漏一些关键因素，影响评价结果的准确性与可靠性。

第二种方法是从稀土企业核心竞争力的构成要素出发来建立评价指标体系，由于影响企业核心竞争力的因素很多，使用这种方法建立的评价指标体系会比较系统和全面，但评价指标体系可能包含一些次要的竞争力评价指标，既增加了评价工作的工作量，又影响评价结果的合理性。

两种方法既有优点又有缺点，本书为了更加科学、全面地评价稀土企业核心竞争力，先建立稀土企业竞争力要素评价指标体系，在此基础上采用问卷调查的方法，集思广益，提炼出稀土企业核心竞争力的评价指标，从而克服第二种方法的缺点。

三、稀土企业核心竞争力评价指标体系构建

核心竞争力的影响因素很多，本书综合已有的研究成果，根据上述原则与方法，结合稀土企业的实际情况，在广泛征询稀土企业人员及专家意见的基础上，经反复推敲，最后确立了由 5 个一级指标和 19 个二级指标所组成的评价指标体系，如表 6.3 所示。

表 6.3　稀土企业核心竞争力评价指标体系

评价目标	评价因素	评价因子	数据定量化处理指标
稀土企业核心竞争力 A	资源能力 B_1	物质资源能力 B_{11}	资源存量、资源质量、资源集中程度、固定资产规模
		人力资源能力 B_{12}	人力资源素质、学历结构、年龄结构
		信息资源能力 B_{13}	信息化水平、信息共享水平
	市场发展能力 B_2	市场需求能力 B_{21}	市场需求程度、地区市场发育程度、市场占有率
		产业链延伸力 B_{22}	产业链条数、相关产业发展程度
		产品竞争力 B_{23}	产品独特性、质量水平、性能价格比、产品美誉度
		品牌竞争力 B_{24}	客户满意度、客户忠诚度
		营销能力 B_{25}	营销渠道、营销策略、抗风险能力
	核心技术能力 B_3	R&D 能力 B_{31}	R&D 经费投入、科研人员比重、专利拥有数量
		技术创新能力 B_{32}	新产品开发周期、新产品投产率
		制造能力 B_{33}	生产工艺水平、技术先进性、生产适应力、生产设备成新率、产品响应时间、设备先进性、实施自动化的程度
	经营能力 B_4	盈利能力 B_{41}	主营业务利润率、销售净利率、净资产收益率
		偿债能力 B_{42}	资产负债比率、股东权益比率
		营运能力 B_{43}	应收账款周转率、存货周转率、总资产周转率
		增长能力 B_{44}	主营业务收入增长率、净利润增长率、净资产增长率、利润总额增长率
	环境保护能力 B_5	土壤环境保护能力 B_{51}	土壤污染指数、固体排放物数量、土地占用量
		水文环境保护能力 B_{52}	污水排放量
		大气环境保护能力 B_{53}	废气排放量
		综合环境保护能力 B_{54}	污染物综合排放合格率

构建稀土企业核心竞争力评价指标体系，对核心竞争力进行评价时，不同层次、不同维度的评价指标都要反映到核心竞争力的维度上来，所以，本书将稀土企业核心竞争力评价指标体系分为以下五个方面：资源能力、市场发展能力、核心技术能力、经营能力和环境保护能力。

（一）资源能力

资源能力包括物质资源能力、人力资源能力和信息资源能力。

（1）物质资源能力。稀土企业作为资源型企业，其从上游的开采到企业的生产、加工再到下游的应用都以稀土为最基本要素。因此，企业要生存发展必须有稀土矿和加工、处理稀土的设备。稀土作为物质资源，是稀土企业形成核心竞争力的基础。因此，物质资源作为评价资源型核心竞争力的指标之一，也是极其必要的。本书从资源存量、资源质量、资源集中程度、固定资产规模四个方面进行评价。

（2）人力资源能力。在市场竞争日益激烈的今天，人才竞争也日益激烈。企业能否拥有一支高素质的员工队伍，在一定程度上决定了企业能否实现其组织目标。可以说企业人力资源的优劣在相当程度上决定了企业核心竞争力的强弱。稀土企业作为市场中的一员，其人力资源的竞争力对其发展也相当重要。因此，人力资源是构成稀土企业核心竞争力评价指标体系的重要指标之一。人力资源能力主要以人力资源素质、学历结构、年龄结构三个指标进行评价。

（3）信息资源能力。企业信息资源相对于企业物质资源和人力资源而言是一种非物质形态的企业财富。信息资源能力指企业和信息的收集、加工整理、存储、处理、传递、利用的能力以及相关的技术设施、资金和人才的水平，包括信息化水平、信息共享水平。

（二）市场发展能力

市场发展能力包括市场需求、产业链延伸力、产品竞争力、品牌竞争力和营销能力。

（1）市场需求。市场需求是指一定的顾客在一定的地区、一定的时间、一定的市场营销环境和一定的市场营销计划下愿意而且能够购买某种商品或服务的数量，其评价指标包括市场需求程度、地区市场发育程度、市场占有率。

（2）产业链延伸力。产业链延伸力是指将一条已存在的产业链尽可能地向上下游拓展延伸的能力。产业链向上游延伸一般使得产业链进入基础产业环节和技术研发环节，向下游拓展则进入市场拓展环节，评价指标主要包括产业链条数和相关产业发展程度。

（3）产品竞争力。产品竞争力是指产品符合市场要求的程度，主要包括产品独特性、质量水平、性能价格比和产品美誉度。产品独特性就是指产品与其他同类型产品相比具有不同优势，独特性是产品的生命力。质量水平就是指产品满足顾客的要求或者满足组织的相关方要求的程度。性能价格比（简称性价比）是一个性能与价格之间的比例关系，顾客在购买某个商品的过程中或多或少都需要了解哪个商品品质好、价格低、性价比高，所以，许多顾客都把性价比看成是选购商品的重要指标。产品美誉度是市场中人们对某一产品的好感和信任程度，它是企业形象塑造的重要组成部分。

（4）品牌竞争力。品牌竞争力是企业核心竞争力的外在表现，有不可替代的差异化能力，是企业所独具的能力，是竞争对手不易甚至无法模仿的。评价指标包括客户满意度、客户忠诚度。客户满意度也叫客户满意指数，是客户期望值与客户体验的匹配程度，是客户通过对一种产品可感知的效果与其期望值相比较后得出的指数。客户忠诚度，又可称为客户黏度，是指客户对某一特定产品或服务产生了好感，形成了“依附性”偏好，进而重复购买的一种趋向，着重于对客户行为趋向的评价，在评价中反映企业在未来经营活动中的竞争优势。

（5）营销能力。企业营销能力是企业有效开展市场营销活动的能力，体现为企业通过统筹、利用内外资源满足目标市场消费者的需求以实现自身生存和持续发展的一种能力，这种能力的大小决定了企业能否在市场上长期生存和发展，企业营销能力是一种市场竞争能力。其评价指标主要包括营销渠道、营销策略、抗风险能力。

（三）核心技术能力

核心技术能力包括 R&D（研发）能力、技术创新能力和制造能力。

（1）R&D（研发）能力。企业的研发能力是保持企业竞争活力的关键因素，企业的研发能力越强，就越能够形成企业的核心竞争力。稀土企业属于高新技术产业，对科技和研发的依赖度很大，失去科研的支撑，企业必然成为稀土原材料以及初级产品的供给者。因此企业的研发能力是评价稀土企业核心竞争力的重要指标之一。企业研发能力包括企业 R&D 经费投入、科研人员比重、专利拥有数量。

（2）技术创新能力。创新是保持企业长久竞争优势的动力源泉，是企业核心竞争力和旺盛生命力的体现，创新能力的高低，直接体现企业核心竞争力的强弱。将技术创新能力作为稀土企业核心竞争力评价指标的重要指标之一，是因为随着内蒙古稀土资源优势的减弱，市场对稀土在高新技术方面应用需求大幅提高，以及企业不断地向下游延伸稀土产品的价值链需要技术创新作为关键支撑。技术创新能够使企业获得持久的竞争优势，能从整体上推动企业竞争力不断提高。技术创新能力主要用新产品开发周期、新产品投产率两个指标来评价。

（3）制造能力。制造能力是反映企业加工能力的一个技术参数，它也可以反映企业的生产规模，包括生产工艺水平、技术先进性、生产适应力、生产设备成新率、产品响应时间、设备先进性、实施自动化的程度。

（四）经营能力

经营能力包括盈利能力、偿债能力、营运能力和增长能力。

（1）盈利能力。盈利能力就是公司赚取利润的能力，是企业增值的能力，通常表现为企业收益数额的大小与水平的高低。盈利能力是评价企业核心竞争力的重要指标之一，主要包括主营业务利润率、销售净利率、净资产收益率。主营业务利润率是企业一定时期营业利润与营业收入的比率，其计算公式为：主营业务利润率=营业利润÷营业收入×100%，主营业务利润率越高，表明企业市场竞争力越强，发展潜力越大，盈利能力越强。销售净利率是企业净利润与主营业务收入净额的比率，计算公式为：销售净利率=净利润÷主营业务收入净额×100%。净资产收益率是企业一定时期净利润与平均净资产的比率，反映了企业自有资金的投资收益水平，其计算公式为：净资产收益率=净利润÷平均净资产×100%，净资产收益率越高，企业自有资本获取收益的能力越强，运营效益越好，对企业投资人、债权人利益的保证程度越高。

（2）偿债能力。企业的偿债能力是指企业用其资产偿还长期债务与短期债务的能力。企业有无支付现金的能力和偿还债务能力，是企业能否健康生存和发展的关键。企业的偿债能力包括资产负债比率、股东权益比率。资产负债比率是指一定时期内企业流动负债和长期负债与企业总资产的比率，用以反映企业总资产中借债筹资的比重，衡量企业负债水平的高低情况，计算公式为：资产负债比率=（流动负债+长期负债）÷资产总计×100%。股东权益比率是股东权益与资产总额的比率，该比率反映企业资产中有多少是所有者投入的，计算公式为：股东权益比率=股东权益÷资产总额×100%。

（3）营运能力。营运能力是指企业的经营运行能力，即企业运用各项资产以赚取利润的能力。企业营运能力的财务分析指标有应收账款周转率、存货周转率、总资产周转率。这些比率揭示了企业资金运营周转的情况，反映了企业对经济资源管理、运用的效率高低。企业资金周转越快，流动性越高，企业的偿债能力越强，资产获取利润的速度就越快。应收账款周转率是反映应收账款周转速度的指标，它是一定时期内赊销收入净额与应收账款平均余额的比率。应收账款周转率有两种表示方法。一种是应收账款在一定时期内（通常为一年）的周转次数，另一种是应收账款的周转天数，即所谓的应收账款账龄。存货周转率是一定时期内企业销货成本与存货平均余额间的比率。它是反映企业销售能力和流动资产流动性的一个指标，也是衡量企业生产经营各个环节中存货运营效率的一个综合性指标。在一般情况下，存货周转率越高越好。总资产周转率是反映总资产周转情况的指标，它是企业销售收入净额与资产总额的比率。

这一比率可用来分析企业全部资产的使用效率。如果这个比率较低，则说明企业利用全部资产进行经营的效率较差，最终会影响企业的获利能力。这样，企业就应该采取措施提高各项资产的利用程度从而提高销售收入或处理多余资产。

（4）增长能力。也称企业的成长性，它是企业通过自身的生产经营活动，不断扩大积累而形成的发展潜能。企业增长能力衡量的核心是企业价值增长率，主要包括主营业务收入增长率、净利润增长率、净资产增长率、利润总额增长率。主营业务收入增长率可以用来衡量公司的产品生命周期，判断公司发展所处的阶段，是本期与上期主营业务收入之差与上期主营业务收入的比值，计算公式为：主营业务收入增长率=（本期主营业务收入-上期主营业务收入）÷上期主营业务收入×100%。净利润增长率代表企业当期净利润比上期净利润的增长幅度，指标值越大代表企业盈利能力越强，计算公式为：净利润增长率=本年净利润增长额÷上年净利润×100%。利润总额增长率是指企业实现的全部利润（包括企业当年的营业利润、投资收益、补贴收入、营业外收支净额和所得税等项内容）的持续增长能力，计算公式为：利润总额增长率=本年利润总额增长额÷上年利润总额×100%。

（五）环境保护能力

随着全球气候的不断恶化，要求企业改革的呼声越来越高，传统的企业模式不再适应时代的需求，现代的企业不仅要做出产品，更重要的是要有一种可持续的理念。良好的环境基础为企业提供了发展的原动力，企业发展的最终目标也是造福人类自身，保护环境正是企业发展的意义所在，良好的环境能够促进企业可持续发展，因此企业环境保护能力也是企业实现长足发展必须具备的核心能力。对企业环境保护能力进行评价主要从评价企业土壤环境保护能力（如土壤污染指数、固体排放物数量、土地占用量）、水文环境保护能力（如污水排放量）、大气环境保护能力（如废气排放量）和综合环境保护能力（如污染物综合排放合格率）四方面入手。

第三节　稀土企业核心竞争力实证分析

在确定评价因素、指标的评价等级标准和权值的基础上，运用模糊集合变换原理，以隶属度描述各因数及因子的模糊界限，构造模糊评判矩阵，通过多层的复合运算，最终确定评价对象所属等级。

一、确定评价指标权重

运用以上核心竞争力评价系统对内蒙古稀土企业实施综合评价，5 个二级指标对于核心竞争力的影响存在差异，因此，需要对 5 个二级指标、19 个三级指标的重要程度进行排序，本书使用层次分析法（AHP 法）确定指标权重。

为了从不同角度和不同层面客观深入地对稀土企业核心竞争力进行研究，获得准确、全面、可靠的信息和数据，采用专家法为各因素及指标打分。专家分别来自稀土企业的中高层部门负责人，稀土研究院、内蒙古科技大学、包头发改委、包头政府及内蒙古自治区稀土工业协会的领导和专家，在选择过程中充分考虑了专家的知识结构、专业背景和工作经历，以尽最大可能保证测评数据的客观性和可靠性。最后，在上述专家学者的评价基础上进行归纳总结，并运用 AHP 法计算指标权重，如表 6.4~表 6.9 所示。

表 6.4　评价因素判断矩阵

A	B_1	B_2	B_3	B_4	B_5	W	一致性检验指标值
B_1	1	1/2	1/4	4	6	0.1616	
B_2	2	1	1/3	5	8	0.2473	RI = 1.12
B_3	4	3	1	7	9	0.4952	CI = 0.0702
B_4	1/4	1/5	1/7	1	4	0.0657	CR = 0.0627 < 0.1
B_5	1/6	1/8	1/9	1/4	1	0.0302	

判断矩阵有满意的一致性，认为权重向量可靠。

表 6.5　各因子相对于 B_1 的判断矩阵

B_1	B_{11}	B_{12}	B_{13}	W	一致性检验指标值
B_{11}	1	4	3	0.6301	RI = 0.58
B_{12}	1/4	1	2	0.2184	CI = 0.0539
B_{13}	1/3	1/2	1	0.1515	CR = 0.0930 < 0.1

判断矩阵有满意的一致性，认为权重向量可靠。

表 6.6　各因子相对于 B_2 的判断矩阵

B_2	B_{21}	B_{22}	B_{23}	B_{24}	B_{25}	W	一致性检验指标值
B_{21}	1	5	1	3	3	0.3484	
B_{22}	1/5	1	1/5	1/3	1/4	0.0520	RI=1.12
B_{23}	1	5	1	3	2	0.3146	CI=0.0260
B_{24}	1/3	3	1/3	1	1/2	0.1128	CR=0.0232<0.1
B_{25}	1/3	4	1/2	2	1	0.1722	

判断矩阵有满意的一致性，认为权重向量可靠。

表 6.7　各因子相对于 B_3 的判断矩阵

B_3	B_{31}	B_{32}	B_{33}	W	一致性检验指标值
B_{31}	1	1/4	1/3	0.1220	RI = 0.58
B_{32}	4	1	2	0.5584	CI = 0.0091
B_{33}	3	1/2	1	0.3196	CR = 0.0158 < 0.1

判断矩阵有满意的一致性，认为权重向量可靠。

表 6.8　各因子相对于 B_4 的判断矩阵

B_4	B_{41}	B_{42}	B_{43}	B_{44}	W	一致性检验指标值
B_{41}	1	2	1/2	1/4	0.1406	
B_{42}	1/2	1	1/3	1/4	0.0914	RI = 0.9
B_{43}	2	3	1	1/3	0.2371	CI = 0.0292
B_{44}	4	4	3	1	0.5309	CR = 0.0324 < 0.1

判断矩阵有满意的一致性，认为权重向量可靠。

表 6.9　各因子相对于 B_5 的判断矩阵

B_5	B_{51}	B_{52}	B_{53}	B_{54}	W	一致性检验指标值
B_{51}	1	7	5	3	0.5574	
B_{52}	1/7	1	1/3	1/5	0.0540	RI=0.9
B_{53}	1/5	4	1	1/3	0.1283	CI=0.0766
B_{54}	1/3	5	3	1	0.2603	CR=0.0851<0.1

判断矩阵有满意的一致性，认为权重向量可靠。

二、建立模糊集

本书选择内蒙古包头市稀土高新区某中型稀土企业和包钢稀土作为分析对象，这两家公司主要生产稀土富集物系列、单一稀土金属系列、混合稀土金属系列、纳米晶稀土合金磁粉、特殊要求稀土金属系列。为了科学准确地分析和把握两家企业的核心竞争力，采用专家打分法对各指标进行隶属度判断。笔者请两家公司的 4 位管理和技术人员、同类型稀土企业的 5 位资深工作人员、稀土工业协会 3 名专家、稀土研究院 5 名专家、内蒙古科技大学的 3 位教授参与了针对这两家公司的评价。将评价等级分为四等，分别对应于高、中、低、差，评价结果如表 6.10、表 6.11 所示。

表 6.10 稀土高新区某中型稀土企业核心竞争力评价表

评价目标	评价因素	评价因子	评价等级			
			高	中	低	差
稀土企业核心竞争力 A	资源能力 B_1	物质资源能力 B_{11}	2	7	8	3
		人力资源能力 B_{12}	3	8	7	2
		信息资源能力 B_{13}	3	4	6	7
	市场发展能力 B_2	市场需求能力 B_{21}	6	8	4	2
		产业链延伸力 B_{22}	5	7	5	3
		产品竞争力 B_{23}	6	8	4	2
		品牌竞争力 B_{24}	5	9	4	2
		营销能力 B_{25}	3	6	7	4
	核心技术能力 B_3	R&D 能力 B_{31}	5	7	6	2
		技术创新能力 B_{32}	5	8	5	2
		制造能力 B_{33}	5	7	6	2
	经营能力 B_4	盈利能力 B_{41}	6	6	6	2
		偿债能力 B_{42}	6	5	5	4
		营运能力 B_{43}	6	5	6	3
		增长能力 B_{44}	4	4	8	4
	环境保护能力 B_5	土壤环境保护能力 B_{51}	4	4	8	4
		水文环境保护能力 B_{52}	4	3	8	5
		大气环境保护能力 B_{53}	5	5	5	5
		综合环境保护能力 B_{54}	4	5	6	5

表 6.11 包钢稀土企业核心竞争力评价表

评价目标	评价因素	评价因子	评价等级			
			高	中	低	差
稀土企业核心竞争力 A	资源能力 B_1	物质资源能力 B_{11}	5	6	6	3
		人力资源能力 B_{12}	7	6	5	2
		信息资源能力 B_{13}	4	5	5	6
	市场发展能力 B_2	市场需求能力 B_{21}	6	6	6	2
		产业链延伸力 B_{22}	5	7	5	3
		产品竞争力 B_{23}	8	6	4	2
		品牌竞争力 B_{24}	9	7	2	2
		营销能力 B_{25}	4	5	7	4
	核心技术能力 B_3	R&D 能力 B_{31}	8	7	3	2
		技术创新能力 B_{32}	7	6	5	2
		制造能力 B_{33}	7	7	4	2
	经营能力 B_4	盈利能力 B_{41}	8	7	4	1
		偿债能力 B_{42}	7	6	5	2
		营运能力 B_{43}	7	6	6	1
		增长能力 B_{44}	5	5	6	4

续表

评价目标	评价因素	评价因子	评价等级			
			高	中	低	差
稀土企业核心竞争力 A	环境保护能力 B_5	土壤环境保护能力 B_{51}	4	4	8	4
		水文环境保护能力 B_{52}	4	3	8	5
		大气环境保护能力 B_{53}	5	6	6	3
		综合环境保护能力 B_{54}	4	5	6	5

三、构建评判矩阵

表 6.10、表 6.11 中评价等级的数字表示人数，根据上述资料分别构造两个企业各级模糊综合评价矩阵。

（1）对稀土高新区某中型稀土企业构建评判矩阵如下：

$$R_1=\begin{bmatrix}0.1 & 0.35 & 0.4 & 0.15\\ 0.15 & 0.4 & 0.35 & 0.1\\ 0.15 & 0.2 & 0.3 & 0.35\end{bmatrix},\ R_2=\begin{bmatrix}0.30 & 0.4 & 0.2 & 0.1\\ 0.25 & 0.35 & 0.25 & 0.15\\ 0.3 & 0.4 & 0.2 & 0.1\\ 0.25 & 0.45 & 0.2 & 0.1\\ 0.15 & 0.3 & 0.35 & 0.2\end{bmatrix} \qquad 式（6.1）$$

$$R_3=\begin{bmatrix}0.25 & 0.35 & 0.3 & 0.1\\ 0.25 & 0.4 & 0.25 & 0.1\\ 0.25 & 0.35 & 0.3 & 0.1\end{bmatrix},\ R_4=\begin{bmatrix}0.3 & 0.3 & 0.3 & 0.1\\ 0.3 & 0.25 & 0.25 & 0.2\\ 0.3 & 0.25 & 0.3 & 0.15\\ 0.2 & 0.2 & 0.4 & 0.2\end{bmatrix} \qquad 式（6.2）$$

$$R_5=\begin{bmatrix}0.2 & 0.2 & 0.4 & 0.2\\ 0.2 & 0.15 & 0.4 & 0.25\\ 0.25 & 0.25 & 0.25 & 0.25\\ 0.2 & 0.25 & 0.3 & 0.25\end{bmatrix} \qquad 式（6.3）$$

（2）对包钢稀土构建评判矩阵如下：

$$R_1=\begin{bmatrix}0.25 & 0.3 & 0.3 & 0.15\\ 0.35 & 0.3 & 0.25 & 0.1\\ 0.2 & 0.25 & 0.25 & 0.3\end{bmatrix},\ R_2=\begin{bmatrix}0.3 & 0.3 & 0.3 & 0.1\\ 0.25 & 0.35 & 0.25 & 0.15\\ 0.4 & 0.3 & 0.2 & 0.1\\ 0.45 & 0.35 & 0.1 & 0.1\\ 0.2 & 0.25 & 0.35 & 0.2\end{bmatrix} \qquad 式（6.4）$$

$$R_3=\begin{bmatrix}0.4 & 0.35 & 0.15 & 0.1\\0.35 & 0.3 & 0.25 & 0.1\\0.35 & 0.35 & 0.2 & 0.1\end{bmatrix},\ R_4=\begin{bmatrix}0.4 & 0.35 & 0.2 & 0.05\\0.35 & 0.3 & 0.25 & 0.1\\0.35 & 0.3 & 0.3 & 0.05\\0.25 & 0.25 & 0.3 & 0.2\end{bmatrix}\qquad \text{式 (6.5)}$$

$$R_5=\begin{bmatrix}0.2 & 0.2 & 0.4 & 0.2\\0.2 & 0.15 & 0.4 & 0.25\\0.25 & 0.3 & 0.3 & 0.15\\0.2 & 0.25 & 0.3 & 0.25\end{bmatrix}\qquad \text{式 (6.6)}$$

四、综合评价

本书采用的是两层的多层模糊评价法，首先要对指标层（评价因子层）进行综合评价，其次对准则层（评价因素层）进行综合评价，最后得出两个稀土企业核心竞争力的综合得分。

（一）二级模糊综合评价

（1）对稀土高新区某中型稀土企业进行评价：

$$\begin{aligned}V_1 &= W_1\times R_1=(0.1185\quad 0.3382\quad 0.3739\quad 0.1694)\\V_2 &= W_2\times R_2=(0.2659\quad 0.3858\quad 0.2284\quad 0.1198)\\V_3 &= W_3\times R_3=(0.2500\quad 0.3779\quad 0.2721\quad 0.1000)\\V_4 &= W_4\times R_4=(0.2469\quad 0.2305\quad 0.3485\quad 0.1741)\\V_5 &= W_5\times R_5=(0.2064\quad 0.2167\quad 0.3547\quad 0.2221)\end{aligned}\qquad \text{式 (6.7)}$$

由二级模糊评价可知：在资源能力方面，该企业属于低等水平；在市场发展能力方面，该企业属于中等水平；在核心技术能力方面，该企业属于中等水平；在经营能力方面，该企业属于低等水平；在环境保护能力方面，该企业属于低等水平。

（2）对包钢稀土进行评价：

$$\begin{aligned}V_1 &= W_1\times R_1=(0.2643\quad 0.2924\quad 0.2815\quad 0.1618)\\V_2 &= W_2\times R_2=(0.3286\quad 0.2996\quad 0.2520\quad 0.1198)\\V_3 &= W_3\times R_3=(0.3561\quad 0.3221\quad 0.2218\quad 0.1000)\\V_4 &= W_4\times R_4=(0.3039\quad 0.2805\quad 0.2814\quad 0.1342)\\V_5 &= W_5\times R_5=(0.2064\quad 0.2231\quad 0.3611\quad 0.2093)\end{aligned}\qquad \text{式 (6.8)}$$

由二级模糊评价可知：在资源能力方面，该企业属于中等水平；在市场发展能力方面，该企业属于中等水平；在核心技术能力方面，该企业属于高等水平；在经营能力方面该企业属于高等水平；在环境保护能力方面，该企业属于低等水平。

（二）一级模糊综合评价

(1) 对稀土高新区某中型稀土企业进行评价：

$U = W \times [V_1\ V_2\ V_3\ V_4\ V_5]^T = [0.2312\quad 0.3589\quad 0.2853\quad 0.1247]$ 式（6.9）

由以上结果可知，评价等级“中”对应的隶属度0.3589最大，根据最大隶属度原则，该企业的综合核心竞争力能力处于中等水平。

(2) 对包钢稀土进行评价：

$U = W \times [V_1\ V_2\ V_3\ V_4\ V_5]^T = [0.3265\quad 0.3060\quad 0.2470\quad 0.1204]$ 式（6.10）

由以上结果可知，评价等级“高”对应的隶属度0.3265最大，根据最大隶属度原则，该企业的综合核心竞争力能力处于高等水平。

五、评价结果分析

对以上综合评判结果进行分析，得出以下六点结论：

(1) 总的来说，所选取的两家企业的综合核心竞争力处于中等及以上水平，包钢稀土综合核心竞争力水平高于某中型稀土企业的核心竞争力水平，主要是由于包钢稀土在资源能力和经营能力方面具有优势。

(2) 在资源能力方面，包钢稀土处于高等水平，高新区某中型企业属于低等水平。虽然包钢稀土的资源能力水平不低，但是稀土是不可再生的资源，不可能和其他人力、财力、资金等生产要素一样同比例增加，而是越来越少。据统计，白云鄂博的稀土资源将在40年内开采完毕。因此包钢稀土资源能力水平高并不是企业长足发展的优势，无论是包钢稀土还是其他一些中小型稀土企业，未来资源将成为制约其发展的重要因素，这就需要稀土企业利用现有资源整合的优势，抓住机会加强资源整合与控制能力。

(3) 在市场发展能力方面，两企业均处于中等水平。我国稀土应用具有广阔的市场，稀土应用已遍及国民经济的各个领域、数十个行业。但是，稀土产品中原料型和中低档产品还占有相当大的比重，高附加值的精细化产品少，外延材料型产品技术含量和附加值较低，缺乏产品竞争力和品牌竞争力，总的来说，市场发展能力有待提高。

(4) 在核心技术能力方面，包钢稀土处于高等水平，高新区某中型企业属于中等水平。稀土企业是高新技术产业，且稀土又是具有战略性的资源，企业的研发能力直接决定了其对资源的利用程度以及能否将资源优势转化成经济优势，进而转化成企业的核心竞争力。中型稀土企业在研发能力方面相对处于劣势，有待提高和加强。包钢稀土在保持现有优势的基础上，应进一步加大研发投入，提高企业的研发能力。

(5) 在经营能力方面，包钢稀土处于高等水平，高新区某中型企业属于低等水平。

中型稀土企业需要充分利用国家的政策，结合公司的实际现状和特点，进一步做好企业长期和短期的战略规划，并保证其高效实施，做到有效配置企业的各种资源，提高企业的管理水平，进而提高企业的整体竞争优势。

（6）在环境保护能力方面，两企业均处于低等水平。稀土企业在稀土开采、利用过程中对环境的破坏相当严重。为了减轻环境负担，保护生态环境，稀土企业需要淘汰生产能力落后的设备，加强技术改进，优化工艺流程，积极提高二次资源回收利用水平，降低开采使用的化工原料消耗，在源头上减少“三废”。同时，企业应增强环保意识，严格贯彻执行《中华人民共和国环保法》，强化固体废物资源利用，治理已开发矿山的环境，促进生态恢复，有效处理生产过剩中的“三废”并加强对尾矿的提炼，防止水土流失，实现可持续发展。

第四节　包钢稀土核心竞争力分析

一、企业发展概况

（一）公司简介

内蒙古包钢稀土高科技股份有限公司（简称“包钢稀土”）是我国稀土行业的龙头企业，1997 年 9 月由包钢集团、香港嘉鑫有限公司、包钢综企公司共同组建，在 2007 年实现整体上市，成为中国稀土行业第一家股票上市公司。1959 年底，包钢试炼出第一炉稀土硅铁合金，这是包钢稀土产业发展的开始，也是我国稀土工业发展的开端。经过 50 多年的发展，包钢稀土基本形成了完整的产业链，包括上游的稀土开采、选矿到中游的冶炼、分离、加工以及下游的应用。

包钢稀土是全国最大的稀土生产、科研基地和重要的稀土信息中心，成为中国乃至世界上最大的稀土产业基地。公司建立了完善的科学研究和信息采集披露体系，是我国稀土行业最重要的企业之一。目前包钢稀土直属、控股、参股企业合计年焙烧、分解产能 20 万吨，其中焙烧产能 17.5 万吨（以 REO 计），分离产品产能 9.65 万吨。2015 年，公司分别获得稀土矿产品和冶炼分离产品生产总量计划 5.95 万吨和 5.0084 万吨，分别占全国总量控制指标的 56.67%和 50.08%，生产实力雄厚，行业经验丰富，具有行业内最大的话语权和生产经营能力，其发展模式化是国内稀土企业的重要参考。

包钢稀土主储备量位居全国第一，其中公司拥有的白云鄂博矿是世界上稀土储量最大的矿山，该矿由铁、稀土等多种矿产资源共生而成，稀土储量居世界第一位。从全国已探明的稀土储量来看，白云鄂博稀土矿的稀土储量占全国的80%以上，对全国稀土产量具有重大影响。独特的资源优势形成了以稀土为主业的产业优势。党、国家和包头政府极其重视包钢稀土资源的开发利用。邓小平、方毅、江泽民等同志先后多次到包头白云鄂博稀土矿进行视察，并领导、部署包头稀土资源综合利用工作，调集了全国近200个科研单位参与包头稀土矿的开发利用，加快把稀土的资源优势转化为经济优势。在党、国家、各级政府的高度重视和正确领导下，以全国最大的稀土科研机构——包钢稀土研究院为依托不断进行稀土新产品的研发和技术创新，包钢稀土充分发挥了稀土行业龙头企业的作用，在资源、科研、产业链、成本、市场等方面具有了较强的竞争优势。2008年包钢稀土联合内蒙古高新控股有限公司等公司组建了包钢稀土国际贸易有限公司，实现了对稀土资源的统购统销，加强了对资源的控制，进一步巩固和提升了包钢稀土的竞争优势。

（二）业务结构

目前包钢稀土的相关业务主要归集于旗下上市公司——北方稀土，现具备年产稀土精矿10万吨、稀土产品氧化物5.5万吨的生产能力。主要业务包括：①以稀土为核心的冶炼、深加工，稀土高科技应用产品的开发、生产与销售，稀土精矿以及稀土新材料生产、销售和出口；②生产稀土充电电池、五金化工等产品；③从事生产、销售冶金、化工产品，技术咨询，信息服务；④建筑安装、修理；⑤铁精粉的生产与销售；⑥铌精矿及其深加工产品的生产与销售等。

随着产业逐步转型升级，公司的主要产品已经逐步延伸到产业链下游，目前包括稀土化合物与稀土金属（原材料）、钕铁硼永磁体（磁性材料）、抛光材料（汽车玻璃）、荧光材料（照明产品）、镍氢动力电池（高附加值产品）等，其中稀土氧化物的总产量已达到全国市场份额的50%，发光材料、磁性材料等功能材料的产能占全国市场份额的20%以上。包钢稀土主要稀土产品产能如表6.12所示。

表6.12 包钢稀土主要稀土产品产能

产品名称	稀土氧化物	金属钕	钕铁硼	抛光材料	储氢材料	荧光材料
产能（吨）	50000	5500	2000	2200	2000	80

资料来源：包钢稀土年报。

（三）财务状况

近年来，包钢稀土形成了集研发、原料、生产、应用为一体的产业链条。根据上市公司包钢稀土年报资料，包钢稀土2004~2015年投入产出数据如表6.13所示。

表 6.13 包钢稀土 2004~2015 年投入产出数据

序号	年份	总资产（万元）	营业成本（万元）	职工人数（人）	营业收入（万元）	净利润（万元）	每股收益（元/每股）
1	2004	2056123	660686	2060	795230	21878	0.054
2	2005	2019708	762341	2036	880588	13049	0.032
3	2006	294399	119817	1830	160917	11232	0.179
4	2007	370262	159193	3657	249959	40287	0.763
5	2008	577490	249213	3590	322456	22903	0.209
6	2009	646352	199016	3717	259296	10976	0.069
7	2010	878958	266892	3703	525794	137110	0.620
8	2011	1472663	313720	10187	1152826	560881	2.870
9	2012	1764987	542576	10395	924175	167273	0.620
10	2013	1846293	539071	11107	847193	95008	0.650
11	2014	1708620	392392	9464	583783	26346	0.265
12	2015	1453763	501113	9115	654881	5764	0.090

资料来源：包钢稀土 2004~2015 年度财务报告。

从表 6.13 可以看出，包钢稀土营业收入和净利润从 2011 年开始下降很快，2015 年净利润比 2011 年下降了近 10 倍。稀土价格大幅下跌，导致企业面临增收不增利的困境。2015 年营业收入 65.5 亿元，同比增加 12%，归属于母公司的净利润折合每股收益 0.09 元，同比下降 49.3%。但包钢稀土行业龙头规模成本优势依然明显，拥有最大稀土开采分离产能（6.5 万吨/年），也是产量最大的稀土生产企业，且不断对稀土分离企业进行整合，产能持续扩大。2015 年公司稀土矿开采指标为 59500 万吨，占总指标的一半以上。加上资源税改从量计征为从价计征，该公司成本优势更加突出，公司的盈利能力居所有稀土上市公司首位。

（四）发展趋势

北方稀土集团组建完成，供给集中度逐步提升。2015 年完成北方稀土集团的组建：相对控股金蒙稀土、飞达稀土、红天宇稀土、五原润泽稀土四家企业（各获 34%股权）；参股新源稀土、生一伦稀土、新达茂稀土各获 5%、10%、20%的股权；以现金出资 170.6 万元，参股航天金峡 5%股权；以现金出资 1.4 亿元，参股甘肃稀土新材料公司 5%股权。虽然整合标的的盈利较差，对业绩贡献有限，但行业集中度的提升将有助于重建良好的竞争格局。

积极拓展下游应用领域，优化营收结构。包钢稀土目前重点发展四大功能材料，即磁性材料、抛光材料、发光材料、储氢材料。2015 年实现营业收入 19.2 亿元，占公司收入的 29.3%，毛利率为 17.16%，盈利能力较强。其中，磁性材料产能 3 万吨，抛光材料产能 6000 吨。目前，整合已经基本完成。虽然稀土行业产能过剩的矛盾仍未根本解决，供大于求导致稀土产品价格继续低位弱势运行，行业发展处于低谷期，但随着行业整合的推进，六大稀土集团对价格的影响力逐渐加大，长期来看稀土生产无序局面将逐渐破解。

重组内部磁性材料，向高附加值产品延伸。包钢稀土将以磁性材料为主体，对所属四家磁性材料企业进行整合并争取新三板挂牌。包钢稀土围绕新能源领域需求，积极延伸下游产业链，已实现了包头地区自建 1.5 万吨、国内磁性材料产业集聚地合作建设 1.5 万吨的阶段性目标。未来产品结构有望进一步优化，提升公司长期竞争力。

二、包钢稀土经营环境分析

（一）市场需求分析

当今世界高新技术的迅猛发展、人口增长、能源和资源紧缺以及国家军事安全等诸多因素助推了各国对稀土产品的需求不断提高。包钢稀土产业经过多年发展，从无到有，从小到大，已经形成了集采矿、选矿、冶炼、深加工以及终端应用产品的科研、开发、生产于一体的较为完整的工业体系，稀土产品品种丰富，市场占有率较高，效益显著。目前能生产包括稀土精矿、稀土化合物、稀土金属、稀土合金和其他应用产品共计 200 多种，近千种规格的稀土产品，占有国内外稀土市场近 60%的份额。

2011 年以来，包钢稀土的稀土产量逐步达到满负荷生产水平，产能利用率高，主要因为国家对基础设施的投资建设力度大幅增加，铁路重轨、特种钢材等高技术含量商品对稀土产品的需求加大，特别是氧化镧、氧化铈等产品处于供不应求的状态。

近年来，随着稀土产业的优化升级，稀土初级产品在市场中的比重逐步下降，深加工产品和功能材料比重日益提高，产值占整个稀土产业产值的 70%。尤其是稀土永磁、储氢、抛光三大功能材料发展迅速，为包钢稀土产业发展奠定了基础。

（二）行业竞争格局

目前我国稀土产业按轻、重稀土可初步划分为南、北两个系列，北方轻稀土包括内蒙古包头、四川凉山、山东微山及甘肃白银几个生产基地，南方重稀土则形成以江西赣州为中心的生产基地。经过北方稀土产业近年来的产业整合，北方轻稀土基本确立了包头稀土的核心地位，包钢稀土还通过相对控股两家、参股一家江西重稀土企业，深度参与南方重稀土的整合合作，确立了行业内的发展优势。南方稀土企业近年来也通过组建省内稀土集团等形式加强省内整合，提高省内集中度，但南方稀土省际之间因资源地区域划分呈现出整合程度不足、相互独立的态势。特别是部分有实力的央企介入南方稀土整合，使得南方稀土整合表现出多样化、复杂化特征。稀土资源储量有限，国内稀土产业整合势在必行。国家有关部门正在加快支持筹组大企业大集团。包钢稀土将抓住政策机遇，积极推进行业整合，为组建稀土大集团做好各项基础工作。

（三）相关产业概况

相关产业发展方面，包钢所处地包头是一个典型的工业城市，经过多年发展，已经形成了以冶金、机械、汽车、纺织、电子、化工等行业为主，门类齐全的工业体系，拥有相对独立和专业化的金融、物流、质量认证、信息咨询产业体系。包头稀土高新区在道路、通信、网络等方面已形成了较为完善的基础设施保障体系。

科技支撑方面，其下属的包头稀土研究院是国内最大的稀土研究开发基地。包头稀土研究院成立于 1963 年，是以稀土选矿、稀土冶金分离提取、新型稀土功能材料及器件的开发应用等为研究重点的综合性稀土研究开发机构。同时包头还有其他科研机构上百个，2000 年，依托包头稀土研究院成立了瑞科稀土冶金及功能材料国家工程研究中心有限公司，后来又相继建立了稀土永磁电机研发中心、稀土分析检测中心、稀土永磁材料研发中心、稀土储氢材料研发中心等 10 个稀土工程研究开发中心，强化了包头在稀土冶金、功能材料等方面研发和产业化的技术能力。2005 年，包头稀土研究院承担的“稀土冶金及功能材料国家工程研究中心”建设项目竣工验收，进一步提升了包头稀土产业的持续创新能力，加强了对包头稀土企业的科技支撑。这些都为包钢稀土的产业发展提供了保障。

（四）风险分析

近年来，稀土价格忽高忽低，忽升忽降。从 2011 年 7 月开始，我国稀土产品的价格持续下跌。受稀土价格低迷的影响，2016 年我国稀土上市公司的中期业绩并不理想。2016 年 4 月中旬以前，受下游需求疲软影响，稀土价格基本处于下行通道；4 月中旬至 5 月上旬，在商业储备的利好刺激下，稀土生产企业及贸易商上调报价，镨、钕、镝、铽等稀土产品价格逆势上扬，多数供应商看好短期市场，部分稀土产品出现了 5%~10%的涨幅。5 月中下旬开始，由于下游消费并未出现实质性好转，市场成交不活跃，价格持续上涨乏力，镨、钕、镝及铽等产品价格出现回调。6 月上旬，在“国储流标”消息的影响下，市场信心下挫，稀土价格进一步加大了回调力度，基本回到 4 月中旬的水平。由于稀土价格涨跌不定，目前不少骨干稀土企业处于亏损状态，稀土市场运行具有较大不确定性。

另外，突然的政策变动，如许可证、关税等不可控因素也会带来风险。政策的实施、变动有很大的主观性，如政策不合理、政策变动过频或者政策发布缺乏透明度等，都可能在不同程度上对稀土市场的发展产生直接或间接的影响，造成不可预期的损失，进而引发风险。

三、包钢稀土核心竞争能力分析

(一) 生产要素竞争能力分析

(1) 优势。稀土作为不可再生的战略性资源，其资源条件是稀土企业核心竞争力形成的基础条件，丰富的稀土资源是企业形成并保持竞争优势的前提条件。包钢稀土在资源上具有突出的优势，有世界上独一无二的稀土资源。世界稀土工业储量约1亿吨，我国居首位，为5200万吨 (REO)，占世界稀土工业总储量的52%。而国内稀土资源的分布是以包头为主。如图6.2所示，隶属于包钢稀土的白云鄂博稀土矿是世界最大的稀土矿山，拥有世界稀土资源的62%，占国内已探明储量的83%，稀土精矿产量占全国总产量的37%以上。白云鄂博稀土矿不仅稀土储量世界第一，而且稀土元素含量高，品种多，钐、铕含量比美国芒廷帕斯稀土矿高1倍，稀土矿物质中轻稀土含量占90%以上，尤其是铈、钕等稀土元素含量丰富并且有重要的工业价值。这使包钢稀土具有其他稀土企业不可比拟的资源竞争优势，为其核心竞争力的形成、培育和提升奠定了坚实的基础。

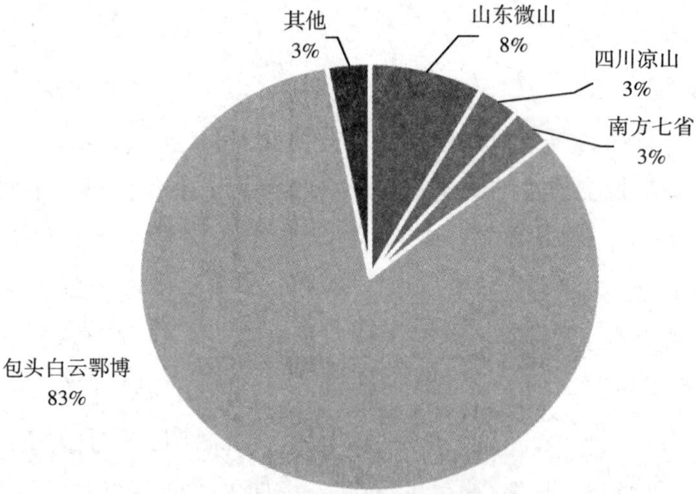

图 6.2 国内稀土资源的地域分布

此外，包钢稀土所在地区内蒙古的水、煤、电等配套资源也具有突出的比较优势。例如，内蒙古包头周边及地区煤炭储量达2300多亿吨，电力充足，供电稳定；燃气资源总量10.7万亿立方米；黄河流经内蒙古包头境内214公里，年径流量260亿立方米，城市日供水能力达100万吨，可充分满足民用及工业用水，这些为包钢稀土的产业发展提供了资源基础。

(2) 劣势。稀土资源的制约依然存在。包钢稀土集团虽然拥有世界最大的稀土矿——白云鄂博稀土矿，但是稀土资源是不可再生资源，目前内蒙古的稀土企业规模小，多数为中小型企业，其规模偏小，技术落后，对白云鄂博的稀土资源进行杀鸡取卵式的掠夺开采，并禁而不止。并且稀土资源利用率低，采选回收率低，包头白云鄂博矿以铁为主，稀土作为副产品，回收利用率为10%左右，大约90%的稀土资源以尾矿的形式进入尾矿坝堆存，这些极具经济价值的稀土资源白白流失，造成资源的严重浪费。经过40多年的开采，有数据表明主、东矿内的稀土已开采约1/3，再过40年主、东矿铁矿石内的稀土将开采完毕，从长期看，稀土资源的制约将是影响企业长期发展的不利因素。

（二）产品竞争能力分析

（1）优势。产品成本低是包钢稀土的一大优势。内蒙古白云鄂博矿是铁、稀土、铌等元素的共生矿，稀土是随铁矿石大规模开采选矿而采选的，作为副产品回收，开采成本要比国外低60%。近年来，稀土价格不断下行，2015年，公司主导产品氧化镨钕价格全年下跌8%，氧化镧价格全年下跌22%，氧化铈价格全年下跌23%，但是公司相关板块的毛利率仍高达25.75%，远高于行业内其他公司。此外，包头稀土资源综合利用达到了国内较高水平，在国际上也属领先水平。包头稀土精矿、氯化稀土、混合稀土金属等原料产品的生产已具备相当规模，在品种、质量和数量上可以满足国内外市场的需求。

另外，包钢稀土重视通过名牌战略提升竞争实力，以良好的产品性能、稳定的产品质量，大大提升了产品的市场竞争力。通过增强职工的品牌意识和质量意识，从日常管理入手，为企业品牌战略提供保障。目前有15项成果获得奖励，其中“白云鄂博”牌氧化镧、“稀源”牌镍氢电池、“物化”牌氧化镨、氧化镨钕、钐铕钆富集物上榜“内蒙古名牌产品”。

（2）劣势。稀土的产品结构有待进一步优化，虽然包钢稀土是世界上最大的稀土原料生产基地，但其产品多数是科技含量和附加值低的原材料型的初级产品和半成品。目前公司稀土工业产品结构中，上游产品占50%，中游产品占38%，下游产品仅占12%左右，这种现状明显说明，包钢稀土产品结构仍然是以生产稀土原料和技术含量低的初级产品为主，稀土资源的优势并没有真正转化为经济优势。其核心产品是稀土精矿，其最终产品稀土化合物、稀土金属、稀土合金和其他应用产品等虽然具有一定的规模，但整体市场占有率不高，并没有形成独特的竞争优势。从图6.3中也可看出，包钢稀土的主要收入来源集中在科技含量低的中低端产品，如稀土氧化物和稀土金属分别占总量的37%和32%。

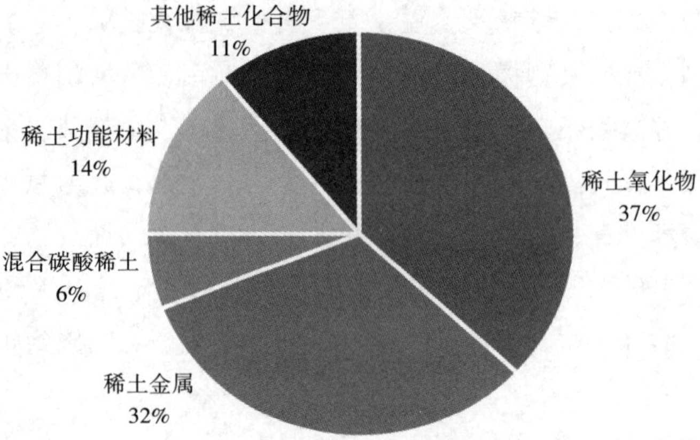

图 6.3 包钢稀土产品收入结构

（三）市场竞争能力分析

（1）优势。包钢稀土产品在国内和国外市场占有率不断提高，市场优势非常明显。在国内市场，稀土应用领域进一步扩大，稀土消费量不断增加。中国经济的快速发展，尤其是中国新能源汽车、风电和手机等行业的高速发展，带动中国稀土消费总量快速提升。另外，高新技术、尖端技术材料发展将对稀土有极大的需求量，这些新材料产业的快速发展促进了稀土消费的快速增加。中国稀土消费总量中，稀土在新材料领域的消费量所占比重增加近 50%。在国际市场上，包钢稀土提供了 50%的稀土资源。日本和美国等主要稀土应用国家，从中国进口的稀土占到总进口量的 90%以上。从稀土产品结构上看，深加工产品出口比重逐年增加。

（2）劣势。近年来，美国、澳大利亚等国制订规划，着手加快稀土开采与加工进程，可预见到今后几年全球稀土供应将会增加，稀土国际产销格局面临变化。同时，国内稀土散乱状况治理尚不彻底，稀土市场供大于求的矛盾尚未根本解决。以上因素致使包钢稀土的稀土产品在国内外市场竞争中承担一定压力。

（四）技术竞争能力分析

技术创新虽然不是我国稀土行业的优势，但包钢稀土有世界最大的稀土研究机构——包头稀土研究院，拥有 16 个稀土工程研究开发中心，专业技术人员接近 2000 名，占全国稀土技术人员的 1/3 以上。在内蒙古、包头市两级政府科技主管部门及包头市稀土高新区的支持下，包钢稀土联合部分北方骨干企业、全国著名稀土科研院所组建了“稀土产业技术创新战略联盟”，重点加强共性关键技术攻关，全面提升稀土行业自主创新能力。近 3 年来，包钢稀土共完成科技项目 105 项，涉及稀土产品、工艺、材料、分析方法、产品标准制定等多项内容。这就为内蒙古的稀土企业进行科技创新、研发新型产品创造了条件，同时也为企业形成自己的核心竞争力奠定了基础。

（五）环保竞争能力分析

包钢稀土环保问题严重，制约稀土企业的发展。包钢及其相关企业在分离出氧化铁和部分稀土后，剩余的矿渣仍含有大量稀土，这部分矿渣通常以管道输送的方式被排放到尾矿坝里，不仅造成了资源浪费，更带来了严重的生态环境破坏和污染。数据显示，包钢尾矿库南面和东南环境污染较为严重，坝周环境辐射明显增高，坝外测量是本底值的 9 倍，污染最远达到距坝 2000 米左右，而且还有继续蔓延的态势。尾矿库周围土壤中放射性物质钍–232 含量均值约为包头地区一般土壤的 5.5 倍，污染最为严重的土壤甚至高达 36.3 倍。目前，尾矿库周边地下水中的硫酸盐、总硬度、挥发酚等 10 项数据均不同程度超标，土地已不适于居住和种植，周边的村庄已向外搬迁。此外，尾矿库经过日积月累逐渐形成了悬湖——“稀土湖”，因其处在地震断裂带上，就像一颗定时炸弹，时刻会有溃坝的危险，而一旦溃坝，则会严重威胁黄河的水质，造成生态灾难。环保问题制约着包钢稀土企业核心竞争力的形成和企业的可持续发展。

（六）资本竞争能力分析

首先，包头稀土产业的集聚效应，吸引了大量内、外资流入该区域。日本的清美化学株式会社、中国香港嘉鑫有限公司等向包钢稀土投入大量资金。其次，中央实施西部大开发战略，给予了包钢稀土很多优惠政策和资金支持。国家在“十三五”期间还将进一步加大对稀土应用领域发展的支持力度。此外，内蒙古自治区和包头地方政府也出台了一系列财税支持、信贷优惠和投资倾斜政策，包头稀土开发区建立了财政扶持资金、孵化基金、创业基金、贷款担保资金、风险投资基金和人才基金六大资金支撑体系，在一定程度上为包钢稀土的产业发展提供了资本保障。

通过对包钢稀土核心竞争力的综合评价分析，可知包钢稀土核心竞争力有待进一步提高和加强。虽然在生产要素、市场化能力和产品能力等方面具有较强的能力，但是企业要保持长久的竞争优势，保证企业的可持续发展，不仅要保持和巩固现阶段具有的竞争优势，更重要的是要提高企业技术竞争和环保竞争等方面的能力。因此，包钢稀土对于评分结果得出的不够强的核心竞争能力指标，要重点进行培育和提升，对于较强的核心竞争力因素，应该在原来基础上保持和加强，并寻找新的基点来培育未来核心竞争力。

第七章　基于DEA的核心竞争力动态评价

企业竞争力可以划分为静态竞争力和动态竞争力，静态竞争力表现的是一种现有状态，而动态竞争力反映的是一种长期趋势，是一种动态变化的竞争力。单从静态来看，中国稀土资源现阶段无论是市场占有率还是资金利润回收等都在世界上保持了较强的优势；但从深层来看，我国稀土资源正在逐年减少，出口资源所带来的利润还无法弥补资源耗损、环境破坏等带来的损失，"重利"短期行为使得我国稀土资源缺乏长期的竞争优势。因此，保持稀土资源的深层竞争力，也就是动态竞争力，是实现资源可持续发展的关键，也是我国稀土问题中亟待解决的一个重要课题。基于这样的背景，本章研究稀土企业竞争力的动态效率变化情况，也就是从横向、纵向和综合的角度全面阐述目前我国稀土资源竞争力的绩效状态。

第一节　DEA基本理论

一、DEA方法的基本原理

数据包络分析（Data Envelopment Analysis，DEA），也称为非参数方法或Farrell型有效分析法，是1978年美国著名运筹学家A. Charnes、W. W. Coope和E.Rhodes在"相对效率评价"基础上发展起来的一种新的系统分析方法。其原理是通过保持决策单元（DMU）的投入或产出不变，利用数学规划与统计数据确定相对有效的生产前沿面，然后将各个决策单元投影到生产前沿面上，最后通过对决策单元偏离DEA前沿面的程度进行比较，从而评价它们的相对有效性。该方法是一种基于线性规划的用于评价同类型组织（或项目）工作绩效相对有效性的特殊工具手段，它改进了参数方法函数形式需要事先假定、参数估计的有效性等问题，不需要先设定生产前沿的具体函数形式，而是通过大量实际生产点数据以线性规划确定生产前沿面。在DEA方法理论体系中，最具有代表性的评价模型为 C^2R 模型和 BC^2 模型，前者可用于评价决策单元绩效的综合效率，而后者可用于评价决策单元的纯技术效率，两模型相结合可得出决策单元的规模效率。

（一）相关概念

决策单元：即 DEA 方法的评价对象，是同类型的组织或单位，可以是学校、银行、企业、政府部门等具有投入和产出要素的实体。其基本特点是在将投入转化为产出的过程中，努力达到自身的决策目标。同类型的 DMU 有以下特征：具有相同的目标和任务；具有相同的外部环境；具有相同的投入产出指标。同时，在内部结构和外部环境没有大的变化的情况下，同一个 DMU 的不同时段也可视为同类型 DMU。

生产可能集：是用来描述当前技术条件下，所有投入产出向量的集合。假设当前有 m 个决策单元（DMU），而每个 DMU 投入 n 个要素进行生产，那么令 $Y=(Y_1, Y_2, Y_3, \cdots, Y_s)$ 为 $1\times s$ 维产出向量，$X=(X_1, X_2, X_3, \cdots, X_n)$ 为 $1\times n$ 维投入向量，那么集合 T $\{(X, Y)|x$ 可以产出 $y\}$，即为所有可能的生产活动构成的生产可能集。而其中，$L(Y)=\{x|(x, y\in T)\}$ 为对于产出 Y 的输入可能集，而 $P(Y)=\{y|(x, y\in P)\}$ 则表示对于投入 x 生产的所有产出向量的输出可能集。

有效生产活动：设 $(x, y)\in T$，那么如果不存在 $(x, y)\in T$，并且 $\hat{y}\leqslant y$，则称 (x, y) 为有效生产活动。意思是不可能存在投入不变、产出却增加的情况。另外，有效生产活动有技术有效和规模有效两个层次的含义。技术有效是指在现有技术水平和生产规模下，综合投入产出之比达最优状态；规模有效是指在现有生产规模条件下的最优产出状态。

生产前沿面：从多目标规划来看，生产前沿面指的是对应的线性多目标规划的有效解所构成的有效面。其描述的是在当前技术水平下的有效投入产出向量，即给定投入和其他产出不变时的一种最大产出或者产出和其他投入不变时的最小投入。

DEA 效率：DEA 效率是以 DEA 方法得到的 DMU 的效率测量，代表着 DMU 与生产前沿面的距离。DEA 有效是指 DMU 的投入与产出比值的投影值位于生产前沿面上。

（二）两个基本模型

1. 评价综合效率的 C^2R 模型

C^2R 模型假设固定规模报酬（Constant Return to Scale），也就是每一单位投入可得产出量是固定的，不会因规模大小而改变。

C^2R 模型的基本思想：通过对样本的投入、产出数据的分析确定出有效生产前沿面，并根据每个 DMU 与生产前沿面的距离状况，确定每个 DMU 是否为 DEA 有效。

假设有 n 个决策单元（以 DMU 表示），每个决策单元都有 m 种类型的“输入”，以及 s 种类型的"输出"，分别表示该单元消耗的资源和生产的成果。x_{ij} 为第 j 个决策单元对第 i 种类型输入的投入量，y_{rj} 为第 j 个决策单元对第 r 种类型输出的输出量，v_i 为对第 i 种类型输入的权重，u_r 为对第 r 种类型输出的权重。将企业相对经营绩效值定义为 $h_j = \frac{\sum_{r=1}^{s} u_r y_{rj}}{\sum_{i=1}^{m} v_i x_{ij}}$，当 $h_j = 1$，则第 j 决策单元相对有效。

我们限定所有的 h_j 值不超过 1，即 $\max h_j \leqslant 1$，这意味着，若第 k 个企业 $h_k = 1$，则该企业相对于其他企业来说经营绩效最高；若 $h_k < 1$，那么该企业相对于其他企业来说，经营绩效还有待提高，根据以上假设建立如下分式规划：

$$\max h = \frac{\sum_{r=1}^{s} u_r y_{r_0}}{\sum_{i=1}^{m} v_i x_{i_0}} \qquad 式（7.1）$$

$$\begin{cases} \dfrac{\sum_{r=1}^{s} u_r y_{r_0}}{\sum_{i=1}^{m} v_i x_{i_0}} \leqslant 1 \\ u \geqslant 0 \quad u = (u_1, u_2, \cdots, u_s)^T \end{cases} \qquad 式（7.2）$$

将式（7.1）、式（7.2）规划通过 Charnes-cooper 变换转换成线性规划然后再进行对偶得到如下规划形式：

$\min \theta$

$$\begin{cases} \sum_{j=1}^{n} \lambda_j x_j + s^- = \theta x_0 \\ \sum_{j=1}^{n} \lambda_j y_j - s^+ = y_0 \\ s^- \geqslant 0, \ s^+ \geqslant 0, \ \lambda_j \geqslant 0 \end{cases} \qquad 式（7.3）$$

θ 值表示综合效率，s 值表示对应指标的剩余变量，即可改变的值。θ^*、s^{+*}、s^{-*}、λ^* 为式（7.3）的最优解，则有如下结论：①若 $\theta^* = 1$，则 DUM_{j_0} 为弱 DEA 有效（总体）。②若 $\theta^* = 1$ 且 $s^{-*} = 0$，$s^{+*} = 0$，则 DUM_{j_0} 为 DEA 有效（总体）。③若 $\theta^* < 1$，则 DUM_{j_0} 为非 DEA 有效。④若存在 λ_{j*} 使 $\sum\lambda^* = 1$ 成立，则 DUM_{j_0} 为规模效益不变；若不存在 λ_{j*} 使 $\sum\lambda^* = 1$ 成立，$\sum\lambda^* < 1$，则 DUM_{j_0} 为规模效益递增，$\sum\lambda^* > 1$，DUM_{j_0} 为规模效益递减。

2. 评价纯技术效率的 BC^2 模型

C^2R 假设 DMU 规模报酬是固定的，即 DMU 的规模对其绩效没有影响，显然这一假设并不符合实际情况。因此在式（7.3）的基础上添加约束条件 $\sum_{j=1}^{n}\lambda_j = 1$，即得到 BC^2 模型：

$$\min \sigma$$

$$\begin{cases} \sum_{j=1}^{n}\lambda_j x_j + s^- = \sigma x_0 \\ \sum_{j=1}^{n}\lambda_j y_j - s^+ = y_0 \\ \sum_{j=1}^{n}\lambda_j = 1 \\ s^- \geqslant 0,\ s^+ \geqslant 0,\ \lambda_j \geqslant 0 \end{cases} \qquad 式（7.4）$$

式（7.4）中变量含义同式（7.3），纯技术效率 σ 反映的是投入要素的使用效率；若存在最优解 σ^*、s^{+*}、s^{-*}、λ^*，则有如下结论：①若 $\sigma^* = 1$，则 DUM_{j_0} 为弱 DEA 技术有效；②若 $\sigma^* = 1$ 且 $s^{-*} = 0$，$s^{+*} = 0$，则 DUM_{j_0} 为 DEA 纯技术有效；③若 $\sigma^* < 1$，则 DUM_{j_0} 为 DEA 纯技术无效。

根据 DEA 理论，决策单元的总体效率 θ^*、纯技术效率 σ^* 和规模效率 ω^* 存在如下关系：$\omega^* = \theta^*/\sigma^*$，根据此种关系和 C^2R 模型及 BC^2 模型计算结果可求出决策单元的规模效率，即现有投入规模是否能够达到效益最优。

（三）DEA 模型的选取

1. 规模报酬模式的选择

固定规模报酬模式（C^2R）可以评估技术效率，变动规模报酬模式（BC^2）则用于评估纯技术效率，C^2R 是所有 DMU 一起比较的效率评估，BC^2 则是与条件相当的受评估单元相比较，其间的差异在于受评估单元的生产规模是否相当，在选择投入产出项目通过相关性检验后，接着要选择分析并使用所用 DEA 模式，深入讨论各自的整体技术效率、纯技术效率及规模效率。

2. 导向模式的选择

模式的导向可分为投入导向与产出导向，投入导向为对投入量加以控制，即是将现有产出值固定来计算投入要素可以缩减的部分。若对产出量加以控制，则可采用产出导向模式，即将现有投入量固定来计算产出要素可以扩大的部分。正确导向模式选择需要视决策单元对投入与产出要素的控制能力而定。投入导向指将投入做一定比例的缩减以使其无效率地向前沿线移动，相反地，产出导向是以投入产出比例增加的方式达到目标。从企业经营的角度看，控制投入的减少比追求产出的增加更容易，因此本书采用投入导向的模式。

（四）DEA 模型结果的分析方法

解释评估结果可从两方面来讨论：效率分析和规模报酬分析。

1. 效率分析

依据对效率的研究，技术效率公式为：技术效率=纯技术效率×规模效率，那么可根据 DEA 模型对各效率值的求解结果分析效率的构成以及变化情况，从中发现企业技术有效或无效的原因，进而有针对性地对无效企业实施具体的改进措施，以达到效率有效。

2. 规模报酬分析

在固定规模模式下，依据规模与效益的关系可将企业分为三种状态，即规模报酬递增（IRS）、规模报酬递减（DRS）、规模报酬不变（CRS）。若企业处于规模报酬递增状态，表示其在小于最佳生产规模下生产，应该适时扩大生产规模；若企业处于规模报酬递减状态，表示其在大于最佳生产规模下生产，应该适时缩小生产规模；若企业处于规模报酬不变状态，则意味着其在最佳生产规模下生产，应继续保持。

二、DEA 方法的评价步骤

使用 DEA 方法时，先确定研究目的，然后确定 DMU，之后选择投入和产出指标，根据条件选择 DEA 模型，最后根据评价目标对模型求解并分析结果，如图 7.1 所示。

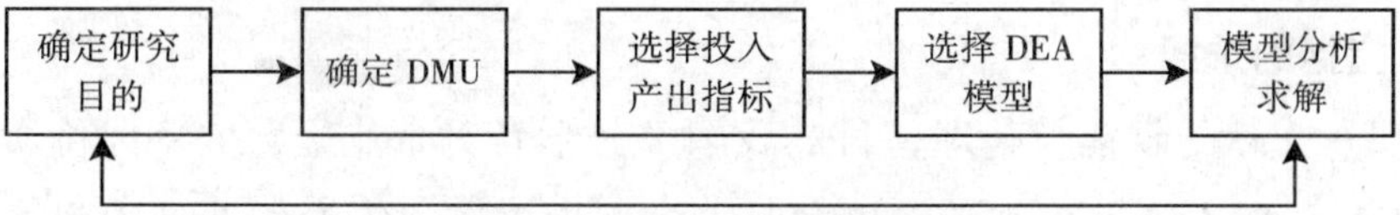

图 7.1　DEA 方法评价步骤

（1）确定研究目的。开展效率评价工作的首要步骤就是确定研究目的，用 DEA 模型评价企业经营效率，其根本目的就是分析企业的投入和产出水平，衡量企业是否用最小的投入获得了最大的产出，促进企业的竞争和发展。

（2）确定 DMU，即选择哪些合理的企业作为评价对象。DMU 的选择要充分考虑 DMU 的同质性，即具有相同的目标和任务，具有相同的外部环境，具有相同的投入产出指标与数量合理性。

（3）选择投入产出指标。指标的选择是一个很重要的环节，直接影响 DEA 分析结果的侧重方向和可靠性。由于指标数量较大，如何选择合适的指标以客观、公正地评价一个行业的效率一直是很多学者的课题研究方向。

（4）选择 DEA 模型。发展至今，DEA 模型有十几种，各种不同的模型有不同的约束条件，适用领域也不一样，应根据评价目的进行选择。另外，投入产出导向型的选择也是影响效率结果的重要因素。

（5）模型分析求解。将投入产出数据输入 DEA 模型中进行求解后，将得到对应的效率值（技术效率值、纯技术效率值、规模效率值等），进而可以根据这些结果进行经营效率分析，给出改进意见。

三、投入产出指标体系设计

（一）指标选择标准

运用 DEA 方法分析企业经营效率，其中至关重要的一步就是确立投入产出指标，其直接影响 DMU 的效率值。Cooper、Seiford 和 Tone 则给出了选择 DEA 模型投入和产出指标的标准：

（1）所有决策单元的投入和产出值必须一致，而且数值的符号为正。

（2）这些项目（投入、产出和决策单元的选择）必须反映分析者和管理者对于决策单元相对有效性评估相关元素的兴趣。

（3）从效率比的原则考虑，投入的数值应该越小越好，而产出的数值应该越大越好。

（4）不要求不同投入和产出的单位一致。

（5）决策单元（DMU）的数量至少应当是投入与产出指标的数量之和的 2 倍，否则会降低方法的解释力度。

（二）指标的选择

通过现有文献的收集与整理，目前我国部分学者对企业经营效率评价所采用的指标如表 7.1 所示。不难发现，学术界在对于模型投入产出指标的选择中很注重财务指标。产出指标一般都以主营业务为衡量标准。

表 7.1 国内外部分行业研究投入产出指标选择

行业名称	投入指标	产出指标
零售业	职工人数、营业面积、销售费用额、流动资金额、总资产、主营业务成本	企业总零售额、主营业务收入、净利润
电信业	移动用户数、交换机容量、固定投资总额、年末职工人数	主营业务收入
民航业	员工人数、固定资产、每股净资产、每股资产	税后利润增长、净资产收益率、总周转量、营业收入
银行业	总资产、存款余额、收入费用	资产利润率、每股收益
证券业	注册资本、员工人数、营业支出	工资、手续费收入、承销收入、自营收入

续表

行业名称	投入指标	产出指标
纺织业	固定资产净额、总资产、职工人数	主营业务收入、主营业务利润
乳业	销售成本、员工数量、资产总额	销售收入、利润总额
煤炭业	主营业务成本、总资产	主营业务收入、净利润
钢铁业	总资产、员工人数、主营业务成本	净利润、主营业务收入
物流业	固定资产、职工薪酬、主营业务成本	主营业务收入、净利润

综上，依据 DEA 投入产出指标选取的原则，借鉴前人的研究成果，同时，充分考虑稀土行业的具体特点，并结合生产法的思想，选择了投入产出指标，如表 7.2 所示。

表 7.2　投入产出指标体系

指标	要素
投入指标	总资产、营业成本、职工人数
产出指标	营业收入、净利润、每股收益

1. 投入指标

(1) 总资产。总资产是指某一经济实体拥有或控制的、能够带来经济利益的全部资产。它是一个上市稀土公司的经济规模因素，是经济效益最稳定的基础，可以反映上市稀土公司资源配置优化的情况。

(2) 营业成本。营业成本是相对于营业收入的投入，这是从上市稀土公司内部管理的经营效率进行考虑。

(3) 职工人数。职工人数是上市稀土公司经济利益的创造者，是最具有活力且能够创造更大价值的源泉。职工人数是衡量企业的劳动投入的重要指标。

2. 产出指标

(1) 营业收入。主营业务收入指企业从事某种主要生产、经营活动所取得的营业收入，可反映公司盈利能力的大小。根据现有文献收集整理，大部分学者在企业效率评价产出指标选择中，往往以主营业务收入为产出指标。

(2) 净利润。净利润作为产出指标，反映了一个上市稀土公司的总体盈利状况。

(3) 每股收益。即每股盈利，每股收益通常被用来反映企业的经营成果，衡量普通股的获利水平及投资风险，是投资者等信息使用者据以评价企业盈利能力、预测企业成长潜力，进而做出相关经济决策的重要的财务指标之一。

第二节 稀土行业核心竞争力动态评价实证分析

一、DMU 的选择

由于内蒙古稀土上市公司较少，所以本书以国内稀土上市公司作为研究对象。稀土上市公司，顾名思义就是从事与稀土有关的生产、经营活动的上市公司。按照中国证监会 2001 年 4 月 3 日制定的《上市公司行业分类指引》，只有当上市公司从事稀土业的营业收入比重大于或等于 50%时，或当公司某一类业务的营业收入比重大于或等于 50%，其从事的稀土业的营业收入比重比其他业务收入比重均高出 30%时，方可将其划入稀土业。根据以上原则，本书选取 7 个从事稀土资源开采的上市公司，12 个从事稀土加工与应用的上市企业作为评价对象。因此本节最终确定 19 个决策单元，如表 7.3 所示。

基于实证发现和 DEA 实践的经验，样本数 K 的选择要符合 $K\geqslant 2(N+M)$，N 为投入种类数，M 为产出种类数，本书中选取 19 家上市稀土公司为样本，符合样本数量的要求。

表 7.3 我国稀土行业上市公司名单

序号	公司名称	公司简称	股票代码
1	江西铜业股份有限公司	江西铜业	600362
2	湖南辰州矿业股份有限公司	辰州矿业	002155
3	中国有色金属建设股份有限公司	中色股份	000758
4	五矿发展股份有限公司	五矿发展	600058
5	广晟有色金属股份有限公司	广晟有色	600259
6	厦门钨业股份有限公司	厦门钨业	600549
7	成都银河磁体股份有限公司	银河磁体	300127
8	北京中科三环高技术股份有限公司	中科三环	000970
9	宁波韵升股份有限公司	宁波韵升	600366
10	马鞍山鼎泰稀土新材料股份有限公司	鼎泰新材	002352
11	深圳市中金岭南有色金属股份有限公司	中金岭南	000060
12	烟台正海磁性材料股份有限公司	正海磁材	300224
13	广东风华高新科技股份有限公司	风华高科	000636
14	安泰科技股份有限公司	安泰科技	000969
15	太原双塔刚玉股份有限公司	太原刚玉	000795
16	中钢集团安徽天源科技股份有限公司	中钢天源	002057

续表

序号	公司名称	公司简称	股票代码
17	横店集团东磁股份有限公司	横店东磁	002056
18	天通控股股份有限公司	天通股份	600330
19	内蒙古包钢稀土高科技股份有限公司	包钢稀土	600111

二、数据描述

选取的投入指标主要包括总资产、营业成本和职工人数，产出指标包括营业收入、净利润和每股收益，所有数据均来源于上市公司 2012~2015 年财务报告。投入产出数据如表 7.4~表 7.7 所示。

表 7.4　2012 年 19 家稀土上市公司投入产出数据

DUM 序号	DUM 名称	总资产（万元）	营业成本（万元）	职工人数（人）	营业收入（万元）	净利润（万元）	每股收益（元/每股）
1	江西铜业	7813348	15309305	22596	15855620	529448	1.510
2	辰州矿业	436734	342769	7536	472909	53544	0.700
3	中色股份	1559713	1324978	9005	1450600	22552	0.264
4	五矿发展	4384911	14785868	8275	14938845	−78342	−0.355
5	广晟有色	251342	195307	2271	238051	8715	0.240
6	厦门钨业	1283632	656090	9764	883690	88070	0.772
7	银河磁体	106693	36822	1131	48716	7698	0.480
8	中科三环	517985	330226	5021	493385	79221	1.240
9	宁波韵升	404077	182022	3065	291961	53843	0.875
10	鼎泰新材	103809	72245	811	83342	4779	0.610
11	中金岭南	1407318	1624794	10831	1839955	53399	0.210
12	正海磁材	184159	58904	834	81243	14836	0.620
13	风华高科	327887	176040	6861	208457	7028	0.100
14	安泰科技	761227	320492	3056	381871	9522	0.088
15	太原刚玉	177283	118821	1800	140961	1405	0.050
16	中钢天源	63832	33447	694	36797	−3471	−0.365
17	横店东磁	423323	220710	6571	291029	−21801	−0.530
18	天通股份	243461	95615	4486	113032	−19928	−0.334
19	包钢稀土	1764987	542576	10395	924175	167273	0.620

表 7.5　2013 年 19 家稀土上市公司投入产出数据

DUM 序号	DUM 名称	总资产（万元）	营业成本（万元）	职工人数（人）	营业收入（万元）	净利润（万元）	每股收益（元/每股）
1	江西铜业	8876665	16842291	22425	17589019	364171	1.030
2	辰州矿业	445185	417534	7123	512062	18958	0.210

续表

DUM 序号	DUM 名称	总资产（万元）	营业成本（万元）	职工人数（人）	营业收入（万元）	净利润（万元）	每股收益（元/每股）
3	中色股份	1691268	1663252	9000	1691269	17321	0.086
4	五矿发展	4617274	20023358	5632	20325915	6548	0.261
5	广晟有色	278002	133066	2442	160039	–7914	–0.320
6	厦门钨业	1544954	685856	11251	987545	94884	0.670
7	银河磁体	106252	25457	1035	35393	5571	0.340
8	中科三环	540598	260242	5167	363867	39046	0.320
9	宁波韵升	394118	147843	3098	213844	37210	0.681
10	鼎泰新材	115122	62106	748	72199	4028	0.520
11	中金岭南	1444967	1965393	10521	2111772	42106	0.200
12	正海磁材	188791	40639	817	54758	7754	0.320
13	风华高科	386891	187794	6219	223070	8884	0.130
14	安泰科技	749778	329775	6251	384845	6162	0.073
15	太原刚玉	153374	84200	1543	88884	–15917	–0.570
16	中钢天源	58660	25934	720	31763	2128	0.214
17	横店东磁	439174	235085	6599	326850	27784	0.680
18	天通股份	252738	99740	4096	125610	1370	0.021
19	包钢稀土	1846293	539071	11107	847193	95008	0.650

表 7.6　2014 年 19 家稀土上市公司投入产出数据

DUM 序号	DUM 名称	总资产（万元）	营业成本（万元）	职工人数（人）	营业收入（万元）	净利润（万元）	每股收益（元/每股）
1	江西铜业	9532237	19657119	21366	19883349	284956	0.820
2	辰州矿业	490289	481558	6559	568062	12009	0.130
3	中色股份	1928425	1657936	8996	1822380	32001	0.270
4	五矿发展	4681891	13078845	4370	13455938	–13023	0.196
5	广晟有色	372720	229836	2459	262113	1838	0.070
6	厦门钨业	1731820	692953	11135	1014273	93331	0.647
7	银河磁体	110310	27142	1030	37904	7272	0.220
8	中科三环	538639	296880	5169	388512	34525	0.280
9	宁波韵升	393812	103511	3167	143538	21961	0.385
10	鼎泰新材	96392	70579	796	81265	2412	0.310
11	中金岭南	1421579	2307778	10221	2457412	55073	0.230
12	正海磁材	203627	57716	988	76904	11300	0.470
13	风华高科	508314	186886	5330	224792	9511	0.140
14	安泰科技	773309	368217	6414	415570	–18603	–0.220
15	太原刚玉	182521	72158	1946	77942	1078	0.040
16	中钢天源	60839	28716	740	35025	1943	0.098
17	横店东磁	478285	275761	6971	366880	38143	0.930
18	天通股份	286119	91551	3488	116823	1303	0.020
19	包钢稀土	1708620	392392	9464	583783	26346	0.265

表 7.7　2015 年 19 家稀土上市公司投入产出数据

DUM 序号	DUM 名称	总资产（万元）	营业成本（万元）	职工人数（人）	营业收入（万元）	净利润（万元）	每股收益（元/每股）
1	江西铜业	8975521	18556344	20873	18578249	68475	0.180
2	辰州矿业	574956	501790	8765	579242	1865	0.030
3	中色股份	2280850	1792292	8822	1960688	30707	0.381
4	五矿发展	3265460	6022407	4814	6198552	–597340	–3.688
5	广晟有色	327903	330919	2397	342762	–31166	–1.050
6	厦门钨业	1598714	645874	11407	775484	–57718	–0.613
7	银河磁体	113225	25853	1004	38204	9365	0.290
8	中科三环	532105	268223	5138	350235	33088	0.260
9	宁波韵升	484637	105200	2887	143559	36817	0.662
10	鼎泰新材	88541	57253	781	66847	2513	0.220
11	中金岭南	1588284	1592061	10470	1693792	26072	0.090
12	正海磁材	293817	98393	1549	136584	16016	0.320
13	风华高科	658819	157761	7026	193957	6478	0.080
14	安泰科技	832721	321041	5972	375866	10893	0.102
15	太原刚玉	192685	94834	2517	112681	–5933	–0.140
16	中钢天源	60267	25065	750	30725	1629	0.082
17	横店东磁	513955	301755	8479	395829	32307	0.790
18	天通股份	436000	104484	3355	131614	7382	0.090
19	包钢稀土	1453763	501113	9115	654881	5764	0.090

由于某些指标数值为负数，并且指标之间数值相差巨大，如果直接代入 DEA 模型中，难以得到有效解，进而无法对结果进行有效性分析，因此，在评价前，必须对投入产出的指标数值进行规范化处理。因此，将各指标数值加上某一正数，确保 DEA 模型能够得到有效解。最后得到各样本公司各年的处理后数值，在此不详细列出。

三、实证结果及分析

依据选取的 19 家稀土上市公司在 2012~2015 年的投入和产出数据，分别从时点数据和时序数据两个角度对不同公司经营效率进行横向、纵向和综合的比较分析，进一步找出相对有效的 DMU，并且对非有效的 DMU 给出具体的改进方向。

（一）横向分析

对稀土行业各上市公司效率值的横向分析，有利于了解不同样本之间的差距，同时也能为效率值相对较低的样本公司提供改进的方向及策略。下面分别对 2012~2015 年 19 个样本的综合效率、纯技术效率和规模效率进行研究。

1. 2012 年分析

19 个样本在 2012 年的综合效率、纯技术效率和规模效率如表 7.8 所示。

表 7.8 效率计算结果

DUM	综合效率 θ^*	纯技术效率 σ^*	规模效率 ω^*	规模报酬
1	0.992	1.000	0.992	递减
2	1.000	1.000	1.000	不变
3	0.883	0.885	0.997	递减
4	1.000	1.000	1.000	不变
5	0.909	0.928	0.980	递增
6	0.881	0.930	0.947	递减
7	1.000	1.000	1.000	不变
8	1.000	1.000	1.000	不变
9	1.000	1.000	1.000	不变
10	1.000	1.000	1.000	不变
11	0.931	0.974	0.956	递减
12	1.000	1.000	1.000	不变
13	0.772	0.794	0.972	递增
14	0.888	0.894	0.994	递增
15	0.874	0.893	0.978	递增
16	1.000	1.000	1.000	不变
17	0.849	0.858	0.989	递增
18	0.739	0.785	0.942	递增
19	1.000	1.000	1.000	不变
均值	0.933	0.944	0.987	

（1）综合效率分析。从各样本 2012 年的综合效率值分布情况来看，如表 7.9 所示，在 19 家稀土行业上市公司中，综合效率值为 1 的共计 9 家，其余 10 家均是非技术有效的 DMU，其中 3 家公司的综合效率值位于［0.9–1），有 7 家公司的综合效率值小于 0.9。天通股份的综合效率值仅为 0.739，是所有 DMU 中综合效率值最低的。

表 7.9 2012 年各 DMU 的综合效率值分布情况

DEA 有效性分类	DEA 综合效率值分类	DMU 个数	所占百分比（%）	DMU 名称
DEA 有效	1	9	47.4	辰州矿业、五矿发展、银河磁体、中科三环、宁波韵升、鼎泰新材、正海磁材、中钢天源、包钢稀土
DEA 无效	［0.9–1）	3	15.8	江西铜业、广晟有色、中金岭南
	［0–0.9）	7	36.8	中色股份、厦门钨业、风华高科、安泰科技、太原刚玉、横店东磁、天通股份

（2）纯技术效率分析。非技术有效企业的无效率来源分为纯技术无效率、规模无效率、纯技术和规模同时无效率。按照此种分类方法，接下来对 2012 年的综合效率值小于 1 的 10 个样本的无效率来源进行探究，如图 7.2 所示。

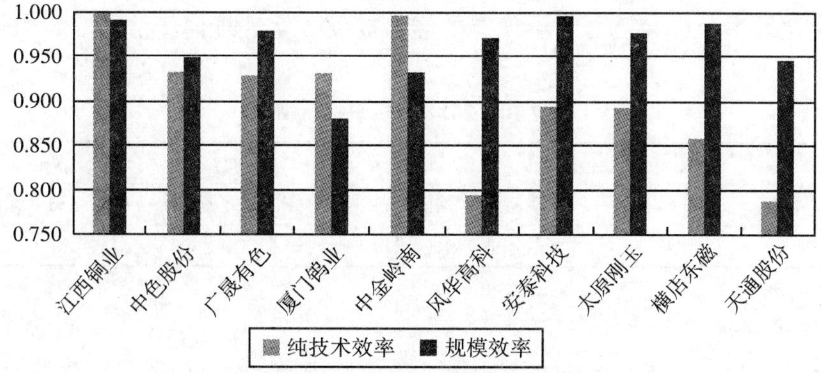

图 7.2　2012 年各企业纯技术效率和规模效率

综合效率无效的 10 家企业中，江西铜业和厦门钨业纯技术效率值为 1，为纯技术有效。这说明在研究范围内，江西铜业和厦门钨业的技术能力与其生产能力是相适应的，能够满足其生产需求，综合效率的无效完全由于其经营规模不合理（过大或偏小），从而造成技术的无效，最终导致企业效率的低下；而其他 9 家企业的纯技术效率值和规模效率值都小于 1，说明技术无效的原因既有纯技术无效，也有规模无效，要提高它们的效率，必须同时从技术能力和经营规模两方面着手。

（3）规模报酬情况分析。从上面 10 家稀土企业技术无效的来源分析可以看出，规模效率低下是造成企业效率不高的主要原因，对于企业规模不合理造成的规模不经济，需要知道这种规模不经济到底是企业当年的规模报酬递减还是规模报酬递增所造成的。使用 DEAP 软件可以获得各 DMU 的规模报酬情况，在此基础上可以对各企业的规模有效性进行分析，有助于评价各公司的规模收益情况，从而提出相应的改进建议。

一般而言，根据规模与收益之间的关系可将规模报酬分为三类：规模报酬不变、规模报酬递增和规模报酬递减。规模报酬递增和规模报酬递减都会引起规模不经济，即规模效率值小于 1。当规模不经济是由规模报酬递增引起时，适当增加生产规模可回到规模经济的状态；同样，当规模不经济是由规模报酬递减引起时，适当减少生产规模可回到规模经济的状态。通常认为从规模报酬递增过渡到规模报酬递减这个阶段是最优的，即规模报酬不变这个阶段，选择这样的生产规模往往是最有效的。

对 2012 年 10 家综合效率无效的公司的数据进行处理，得到如表 7.10 所示的规模报酬情况。其中，广晟有色、风华高科、安泰科技、太原刚玉、横店东磁和天通股份 6

家公司处于规模报酬递增阶段，表明它们的技术水平超出了规模生产能力，为了提高企业效率，应当适当扩大生产经营规模，以期达到规模效率，从而改善总体技术效率；江西铜业、中色股份、厦门钨业和中金岭南这4家公司处于规模报酬递减阶段，表明技术水平并不能承受当年的经营规模，即企业的经营规模相对自身实力过大，因此，为了提高企业效率，应当适当缩小现有的经营规模，实现规模经济。

表 7.10 2012 年规模报酬情况

规模报酬类型	DMU 个数	DMU 名称
递增	6	广晟有色、风华高科、安泰科技、太原刚玉、横店东磁、天通股份
递减	4	江西铜业、中色股份、厦门钨业、中金岭南

2. 2013 年分析

2013 年 19 个样本的综合效率、纯技术效率和规模效率如表 7.11 所示。

表 7.11 效率计算结果

DUM	综合效率 θ^*	纯技术效率 σ^*	规模效率 ω^*	规模报酬
1	1.000	1.000	1.000	不变
2	1.000	1.000	1.000	不变
3	0.880	0.882	0.998	递增
4	1.000	1.000	1.000	不变
5	0.851	0.879	0.968	递增
6	1.000	1.000	1.000	不变
7	1.000	1.000	1.000	不变
8	1.000	1.000	1.000	不变
9	1.000	1.000	1.000	不变
10	1.000	1.000	1.000	不变
11	0.955	0.956	0.999	递减
12	1.000	1.000	1.000	不变
13	0.840	0.849	0.989	递增
14	0.810	0.816	0.993	递增
15	0.773	0.826	0.936	递增
16	1.000	1.000	1.000	不变
17	1.000	1.000	1.000	不变
18	0.871	0.888	0.981	递增
19	1.000	1.000	1.000	不变
均值	0.946	0.952	0.993	

（1）综合效率分析。从各样本 2013 年的综合效率值分布情况来看，如表 7.12 所示，在 19 家稀土行业上市公司中，综合效率值为 1 的共计 12 家，其余 7 家均是非

技术有效的 DMU，其中有 1 家公司的综合效率值位于［0.9–1），有 6 家公司的综合效率值小于 0.9。太原刚玉的综合效率值仅为 0.773，是所有 DMU 中综合效率值最低的。

表 7.12　2013 年各 DMU 的综合效率值分布情况

DEA 有效性分类	DEA 综合效率值分类	DMU 个数	所占百分比（%）	DMU 名称
DEA 有效	1	12	63.1	江西铜业、辰州矿业、五矿发展、厦门钨业、银河磁体、中科三环、宁波韵升、鼎泰新材、正海磁材、中钢天源、横店东磁、包钢稀土
DEA 无效	[0.9–1)	1	5.3	中金岭南
	[0–0.9)	6	31.6	中色股份、广晟有色、风华高科、安泰科技、太原刚玉、天通股份

（2）纯技术效率分析。对 2013 年综合效率值小于 1 的 7 个样本的无效率来源进行探究，如图 7.3 所示。

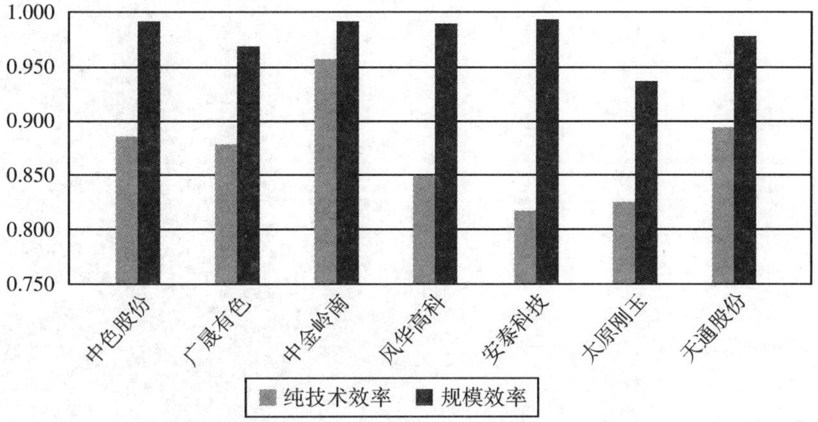

图 7.3　2013 年各企业纯技术效率和规模效率

综合效率无效的 7 家企业的纯技术效率值和规模效率值都小于 1，说明它们既是纯技术无效的又是规模无效的，必须要兼顾技术能力和经营规模的提升，才能实现技术有效。

（3）规模报酬情况分析。对 2013 年 7 家综合效率无效的公司的数据进行处理，得到如表 7.13 所示的规模报酬情况。其中，中色股份、广晟有色、风华高科、安泰科技、太原刚玉和天通股份 6 家公司处于规模报酬递增阶段，表明它们的技术水平超出了规模生产能力，要提高企业的技术效率，应适当扩大其生产经营规模；中金岭南处于规模报酬递减阶段，说明它的技术水平不足以应对企业的生产经营规模，也就是说，

2013 年企业的经营规模相对于自身实力过大，要提高企业的效率水平，必须要适当缩小其经营规模。

表 7.13 2013 年规模报酬情况

规模报酬类型	DMU 个数	DMU 名称
递增	6	中色股份、广晟有色、风华高科、安泰科技、太原刚玉、天通股份
递减	1	中金岭南

3. 2014 年分析

19 个样本在 2014 年的综合效率、纯技术效率和规模效率如表 7.14 所示。

表 7.14 效率计算结果

DUM	综合效率 θ^*	纯技术效率 σ^*	规模效率 ω^*	规模报酬
1	0.967	1.000	0.967	递减
2	1.000	1.000	1.000	不变
3	0.940	0.941	0.999	递增
4	1.000	1.000	1.000	不变
5	0.890	0.904	0.985	递增
6	1.000	1.000	1.000	不变
7	1.000	1.000	1.000	不变
8	0.988	1.000	0.988	递减
9	0.956	1.000	0.956	递减
10	1.000	1.000	1.000	不变
11	0.982	1.000	0.982	递减
12	1.000	1.000	1.000	不变
13	0.824	0.827	0.996	递增
14	0.812	0.817	0.994	递增
15	0.771	0.790	0.976	递增
16	1.000	1.000	1.000	不变
17	1.000	1.000	1.000	不变
18	0.873	0.883	0.989	递增
19	1.000	1.000	1.000	不变
均值	0.948	0.956	0.991	

（1）综合效率分析。各样本 2014 年的综合效率值分布情况如表 7.15 所示，在 19 家稀土行业上市公司中，综合效率值为 1 的共计 9 家，其余 10 家均是非技术有效的 DMU，其中有 5 家公司的综合效率值位于［0.9–1），有 5 家公司的综合效率值小于 0.9。太原刚玉的综合效率值仅为 0.771，是所有 DMU 中综合效率值最低的。

表 7.15　2014 年各 DMU 的综合效率值分布情况

DEA 有效性分类	DEA 综合效率值分类	DMU 个数	所占百分比（%）	DMU 名称
DEA 有效	1	9	47.4	辰州矿业、五矿发展、厦门钨业、银河磁体、鼎泰新材、正海磁材、中钢天源、横店东磁、包钢稀土
DEA 无效	[0.9–1)	5	26.3	江西铜业、中色股份、中科三环、宁波韵升、中金岭南
	[0–0.9)	5	26.3	广晟有色、风华高科、安泰科技、太原刚玉、天通股份

（2）纯技术效率分析。对 2014 年的综合效率值小于 1 的 10 个样本的无效率来源进行探究，如图 7.4 所示。

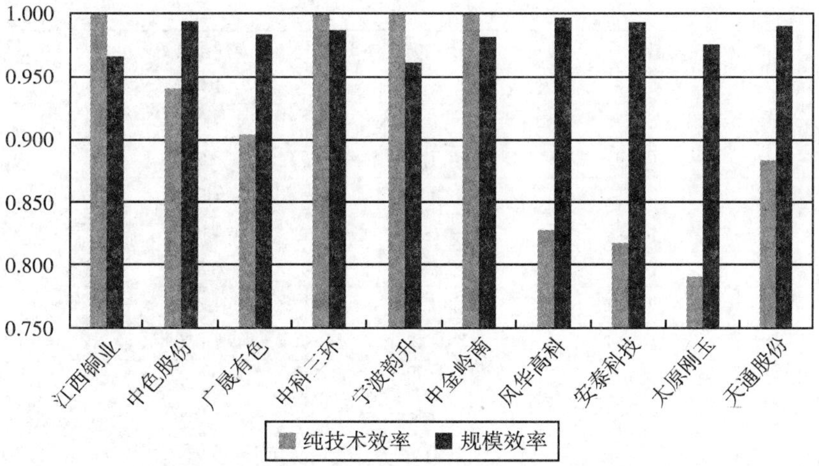

图 7.4　2014 年各企业纯技术效率和规模效率

综合效率无效的 10 个企业中，江西铜业、中科三环、宁波韵升和中金岭南的纯技术效率值为 1，为纯技术有效，说明这 4 家公司的技术能力与生产能力相适应，它们的技术水平能够满足生产需求，技术无效完全是由于经营规模不当造成技术效率低下；而中色股份、广晟有色、风华高科、安泰科技、太原刚玉和天通股份的纯技术效率值和规模效率值都小于 1，说明它们既是纯技术无效的又是规模无效的，需要在提升技术能力的同时改善其生产经营规模，才能实现技术有效。

（3）规模报酬情况分析。对 2014 年 10 家综合效率无效的公司的数据进行处理得到如表 7.16 所示的规模报酬情况。其中，中色股份、广晟有色、风华高科、安泰科技、太原刚玉和天通股份 6 家公司处于规模报酬递增阶段，表明它们的生产经营规模不足以满足技术水平的要求，要提高企业的技术效率，应适当扩大其生产经营规模；江西铜业、中科三环、宁波韵升和中金岭南处于规模报酬递减阶段，说明它们 2014 年的生产经营规模超过了技术水平的要求，即企业的经营规模相对于自身实力过大，因此，要提高企业的效率水平，必须要适当缩小其生产经营规模。

表 7.16 2014 年规模报酬情况

规模报酬类型	DMU 个数	DMU 名称
递增	6	中色股份、广晟有色、风华高科、安泰科技、太原刚玉、天通股份
递减	4	江西铜业、中科三环、宁波韵升、中金岭南

4. 2015 年分析

19 个样本在 2015 年的综合效率、纯技术效率和规模效率如表 7.17 所示。

表 7.17 效率计算结果

DUM	综合效率 θ^*	纯技术效率 σ^*	规模效率 ω^*	规模报酬
1	1.000	1.000	1.000	不变
2	0.983	0.983	1.000	不变
3	0.970	1.000	0.970	递减
4	1.000	1.000	1.000	不变
5	0.931	0.931	1.000	不变
6	0.891	1.000	0.891	递减
7	1.000	1.000	1.000	不变
8	1.000	1.000	1.000	不变
9	0.952	1.000	0.952	递减
10	1.000	1.000	1.000	不变
11	0.953	0.986	0.967	递减
12	1.000	1.000	1.000	不变
13	0.839	0.909	0.923	递减
14	0.860	0.908	0.947	递减
15	0.909	0.910	0.999	递增
16	1.000	1.000	1.000	不变
17	1.000	1.000	1.000	不变
18	0.868	0.907	0.957	递减
19	0.945	1.000	0.945	递减
均值	0.953	0.972	0.979	

（1）综合效率分析。各样本 2015 年的综合效率值分布情况如表 7.18 所示，在 19 家稀土行业上市公司中，综合效率值为 1 的共计 8 家，其余 11 家均是非技术有效的 DMU，其中有 7 家公司的综合效率值位于［0.9–1），有 4 家公司的综合效率值小于 0.9。风华高科的综合效率值为 0.839，是所有 DMU 中综合效率值最低的。

表 7.18　2015 年各 DMU 的综合效率值分布情况

DEA 有效性分类	DEA 综合效率值分类	DMU 个数	所占百分比 (%)	DMU 名称
DEA 有效	1	8	42.1	江西铜业、五矿发展、银河磁体、中科三环、鼎泰新材、正海磁材、中钢天源、横店东磁
DEA 无效	[0.9–1)	7	36.8	辰州矿业、中色股份、广晟有色、宁波韵升、中金岭南、太原刚玉、包钢稀土
	[0–0.9)	4	21.1	厦门钨业、风华高科、安泰科技、天通股份

(2) 纯技术效率分析。对 2015 年的综合效率值小于 1 的 11 个样本的无效率来源进行探究，如图 7.5 所示。

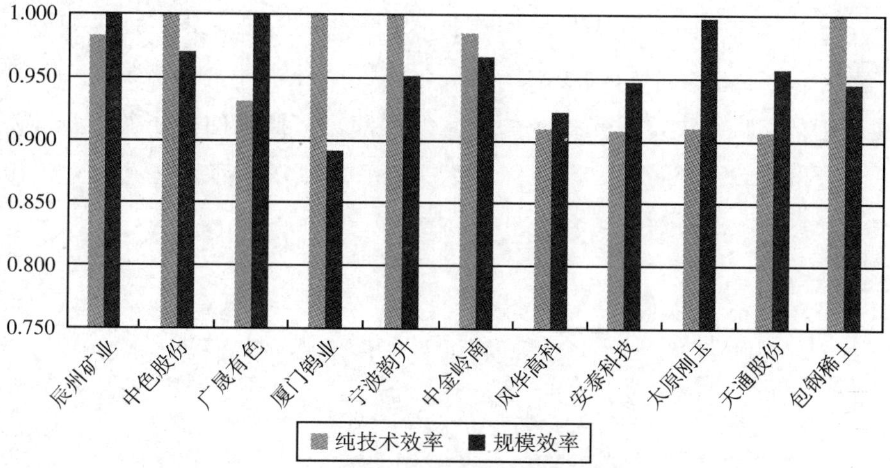

图 7.5　2015 年各企业纯技术效率和规模效率

综合效率无效的 11 家企业中，中色股份、厦门钨业和宁波韵升、包钢稀土的纯技术效率值为 1，为纯技术有效，说明这 4 家公司的技术能力与生产能力是匹配的，技术水平能够满足生产需求，技术无效完全是由经营规模不当引起的；而中金岭南、风华高科、安泰科技、太原刚玉和天通股份的纯技术效率值和规模效率值都小于 1，说明它们既是纯技术无效的又是规模无效的，企业只有同时提升技术水平并改善生产经营规模，才能实现技术有效。

(3) 规模报酬情况分析。对 2015 年 11 家综合效率无效的公司的数据进行处理，得到如表 7.19 所示的规模报酬情况。其中，太原刚玉处于规模报酬递增阶段，表明它的生产经营规模不足以满足技术水平的要求，要提高企业的技术效率，应适当扩大其生产经营规模；中色股份、厦门钨业、宁波韵升、中金岭南、风华高科、安泰科技、天通股份、包钢稀土处于规模报酬递减阶段，说明它们 2015 年的生产经营规模相对于自身的实力过大，超过了技术水平的要求，因此，要提高企业的效率水平，必须要适当缩小其生产经营规模。辰州矿业和广晟有色处于规模报酬不变阶段，说明生产规模能够满足技术水平的要求，企业效率低下的主要原因是技术水平不高。

表 7.19 2015 年规模报酬情况

规模报酬类型	DMU 个数	DMU 名称
递增	1	太原刚玉
递减	8	中色股份、厦门钨业、宁波韵升、中金岭南、风华高科、安泰科技、天通股份、包钢稀土
不变	2	辰州矿业、广晟有色

（二）纵向分析

横向分析能够让我们对各决策单元的总体效率情况有所认识，而纵向分析能够使我们获取更多有效信息。即以时间为序列进行纵向的效率评价分析，能够对横向分析形成有效补充，反映各决策单元持续的经营发展能力，同横向分析共同构成双维度的评价模式，提高效率评价的有效性与科学性。运用软件分别对 2012~2015 年 19 家企业经营效率进行分析，得出结果如表 7.20~表 7.22 所示。

表 7.20 2012~2015 年各企业综合效率值

序号	DMU 名称	2012 年	2013 年	2014 年	2015 年
1	江西铜业	0.992	1.000	0.967	1.000
2	辰州矿业	1.000	1.000	1.000	0.983
3	中色股份	0.883	0.880	0.940	0.970
4	五矿发展	1.000	1.000	1.000	1.000
5	广晟有色	0.909	0.851	0.890	0.931
6	厦门钨业	0.881	1.000	1.000	0.891
7	银河磁体	1.000	1.000	1.000	1.000
8	中科三环	1.000	1.000	0.988	1.000
9	宁波韵升	1.000	1.000	0.956	0.952
10	鼎泰新材	1.000	1.000	1.000	1.000
11	中金岭南	0.931	0.955	0.982	0.953
12	正海磁材	1.000	1.000	1.000	1.000
13	风华高科	0.772	0.840	0.824	0.839
14	安泰科技	0.888	0.810	0.812	0.860
15	太原刚玉	0.874	0.773	0.771	0.909
16	中钢天源	1.000	1.000	1.000	1.000
17	横店东磁	0.849	1.000	1.000	1.000
18	天通股份	0.739	0.871	0.873	0.868
19	包钢稀土	1.000	1.000	1.000	0.945

表 7.21　2012~2015 年各企业纯技术效率值

序号	DMU 名称	2012 年	2013 年	2014 年	2015 年
1	江西铜业	1.000	1.000	1.000	1.000
2	辰州矿业	1.000	1.000	1.000	0.983
3	中色股份	0.885	0.882	0.941	1.000
4	五矿发展	1.000	1.000	1.000	1.000
5	广晟有色	0.928	0.879	0.904	0.931
6	厦门钨业	0.930	1.000	1.000	1.000
7	银河磁体	1.000	1.000	1.000	1.000
8	中科三环	1.000	1.000	1.000	1.000
9	宁波韵升	1.000	1.000	1.000	1.000
10	鼎泰新材	1.000	1.000	1.000	1.000
11	中金岭南	0.974	0.956	1.000	0.986
12	正海磁材	1.000	1.000	1.000	1.000
13	风华高科	0.794	0.849	0.827	0.909
14	安泰科技	0.894	0.816	0.817	0.908
15	太原刚玉	0.893	0.826	0.790	0.910
16	中钢天源	1.000	1.000	1.000	1.000
17	横店东磁	0.858	1.000	1.000	1.000
18	天通股份	0.785	0.888	0.883	0.907
19	包钢稀土	1.000	1.000	1.000	1.000

表 7.22　2012~2015 年各企业规模效率值

序号	DMU 名称	2012 年	2013 年	2014 年	2015 年
1	江西铜业	0.992	1.000	0.967	1.000
2	辰州矿业	1.000	1.000	1.000	1.000
3	中色股份	0.997	0.998	0.999	0.970
4	五矿发展	1.000	1.000	1.000	1.000
5	广晟有色	0.980	0.968	0.985	1.000
6	厦门钨业	0.947	1.000	1.000	0.891
7	银河磁体	1.000	1.000	1.000	1.000
8	中科三环	1.000	1.000	0.988	1.000
9	宁波韵升	1.000	1.000	0.956	0.952
10	鼎泰新材	1.000	1.000	1.000	1.000
11	中金岭南	0.956	0.999	0.982	0.967
12	正海磁材	1.000	1.000	1.000	1.000
13	风华高科	0.972	0.989	0.996	0.923
14	安泰科技	0.994	0.993	0.994	0.947
15	太原刚玉	0.978	0.936	0.976	0.999
16	中钢天源	1.000	1.000	1.000	1.000
17	横店东磁	0.989	1.000	1.000	1.000
18	天通股份	0.942	0.981	0.989	0.957
19	包钢稀土	1.000	1.000	1.000	0.945

表 7.20~表 7.22 给出了 2012~2015 年稀土上市企业的综合效率、纯技术效率和规模效率的变化情况，下面分别从这三个方面进行分析。

（1）综合效率分析。除 2012~2015 年综合效率值始终为“1”的五矿发展、银河磁体、鼎泰新材、正海磁材和中钢天源 5 家公司外，2012~2015 年其余 14 家公司的综合效率变化情况如图 7.6 所示。

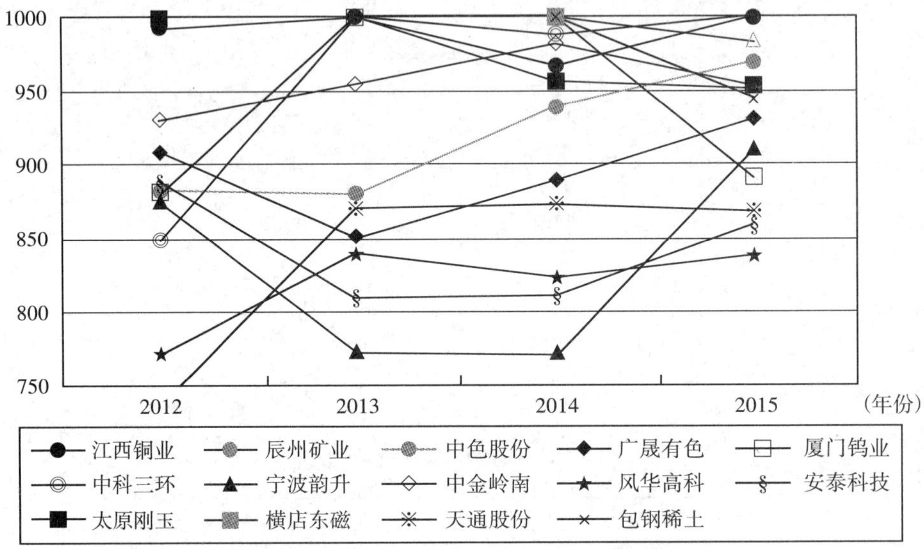

图 7.6　2012~2015 年各公司综合效率变化

为了便于描述，依各公司 2012~2015 年的综合效率值的变化情况不同将其分为以下四类：①逐年增长型，这类公司 2012~2015 年的综合效率值始终未能达到有效，但综合效率值却逐年增长，逐渐从非生产前沿面向生产前沿面靠拢。②逐年下降型，此类公司的综合效率值表现为逐年下滑，越来越远离生产前沿面。③先降后增型，这类企业的综合效率值变化情况和整个行业的变化趋势吻合，前期处于生产前沿面上或离生产前沿面很近，中间一段时间和生产前沿面脱离，技术无效，到后期又逐步向生产前沿面靠拢，表现为综合效率值先降后增。④先增后降型，这类企业的综合效率值前期离生产前沿面较近，然后逐渐靠近生产前沿面，到后期脱离生产前沿面，表现为综合效率值先增后降，如果这类企业的经营状况继续恶化，就很可能成为下一个被并购的对象。

按照此描述，图 7.6 所示的 14 家公司的综合效率值的变化情况如表 7.23 所示。

表 7.23　各公司的综合效率值变化情况

类型	特征	公司
1	逐年增长型	中色股份、风华高科、横店东磁
2	逐年下降型	辰州矿业、宁波韵升、包钢稀土
3	先降后增型	广晟有色、中科三环、安泰科技、太原刚玉
4	先增后降型	江西铜业、厦门钨业、中金岭南、天通股份

（2）纯技术效率分析。除 2012~2015 年纯技术效率值始终为“1”的江西铜业、五矿发展、银河磁体、中科三环、宁波韵升和鼎泰新材、正海磁材、中钢天源、包钢稀土 9 家公司外，其余 9 家公司 2012~2015 年的纯技术效率变化情况如图 7.7 所示。

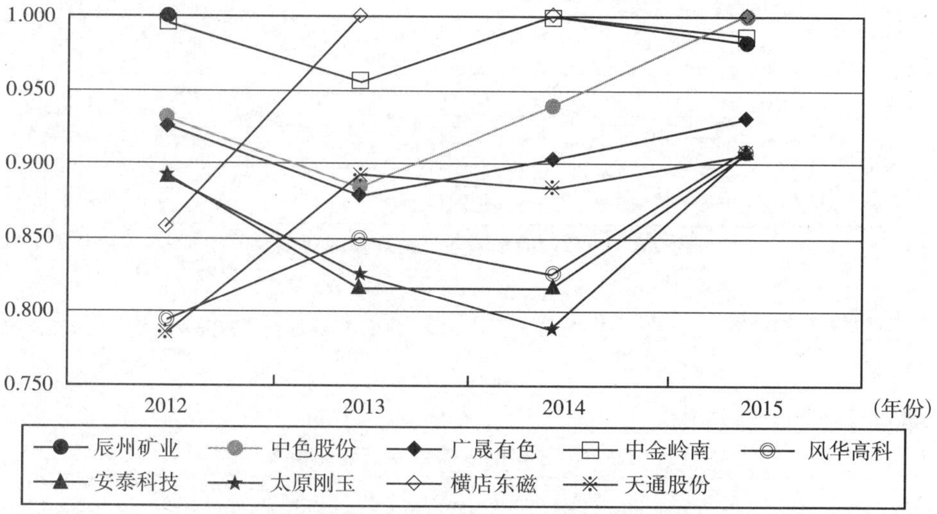

图 7.7　2012~2015 年各公司纯技术效率变化

按照上面综合效率值变化情况的分类方法，图 7.7 所示的 9 家公司的纯技术效率值的变化情况如表 7.24 所示。

表 7.24　各公司的纯技术效率值变化情况

类型	特征	公司
1	逐年增长型	风华高科、横店东磁、天通股份
2	逐年下降型	辰州矿业
3	先降后增型	中色股份、广晟有色、安泰科技、太原刚玉
4	先增后降型	中金岭南

（3）规模效率分析。除 2012~2015 年规模效率值始终为“1”的辰州矿业、五矿发展、银河磁体、鼎泰新材、正海磁材和中钢天源这 6 家公司外，其余 13 家公司 2012~2015 年的规模效率变化情况如图 7.8 所示。

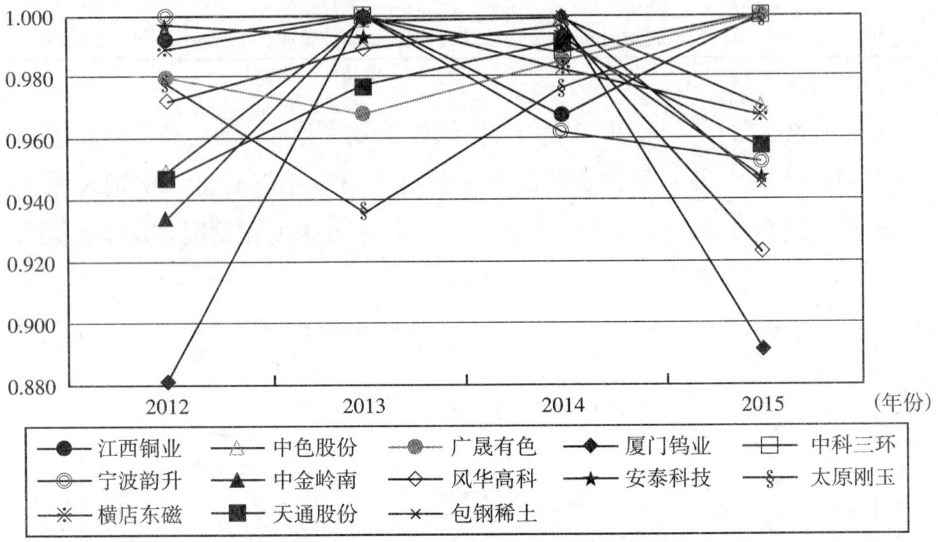

图 7.8　2012~2015 年各公司规模效率变化

按照同样的分类方法，图 7.8 所示的 12 家公司的规模效率值的变化情况如表 7.25 所示。

表 7.25　各公司的规模效率值变化情况

类型	特征	公司
1	逐年增长型	横店东磁
2	逐年下降型	宁波韵升、安泰科技、包钢稀土
3	先降后增型	广晟有色、中科三环、太原刚玉
4	先增后降型	江西铜业、中色股份、厦门钨业、中金岭南、风华高科、天通股份

（三）综合比较分析

在这里投入产出数据采用的是相应的稀土上市公司 2012~2015 年所对应的投入产出指标原始数据的平均值，以探讨 19 家稀土行业上市公司 2012~2015 年平均经营效率。表 7.26 提供了 19 家稀土公司 2012~2015 年的平均综合效率值、平均纯技术效率值、平均规模效率值变化情况。

表 7.26　平均效率计算结果

DUM	平均综合效率 θ^*	平均纯技术效率 σ^*	平均规模效率 ω^*
1	0.990	1.000	0.990
2	0.996	0.996	1.000
3	0.918	0.927	0.991
4	1.000	1.000	1.000
5	0.895	0.911	0.983
6	0.943	0.983	0.960
7	1.000	1.000	1.000
8	0.997	1.000	0.997
9	0.977	1.000	0.977
10	1.000	1.000	1.000
11	0.955	0.979	0.976
12	1.000	1.000	1.000
13	0.819	0.845	0.970
14	0.843	0.859	0.982
15	0.832	0.855	0.972
16	1.000	1.000	1.000
17	0.962	0.965	0.997
18	0.838	0.866	0.967
19	0.986	1.000	0.986
均值	0.945	0.957	0.987

（1）综合效率分析。根据表 7.26 的分析结果可知，19 家稀土上市公司的平均综合效率为 0.945，还有 5.5%的上升空间。五矿发展、银河磁体、鼎泰新材、正海磁材和中钢天源的综合效率达到了 DEA 有效，即“用现有投入获得最大产出”以及“在现有产出基础上，投入最小”的理想状态。而其余 14 家企业在 C^2R 模型中无效。所选稀土上市公司在综合效率有效前沿面上有 5 家，占总数的 26.3%，有 7 家企业低于整体平均值，说明稀土上市公司的综合效率整体偏低。另外，所选稀土企业在综合效率方面存在显著差异，风华高科综合效率最低仅为 0.819。

（2）纯技术效率分析。纯技术效率指在现有技术条件下，以既定投入资源提供相应的产出，与企业经营管理水平直接相关。根据表 7.26 的分析结果可知，19 家稀土上市公司的平均纯技术效率为 0.957，较综合效率好，还有 4.3%的上升空间。江西铜业、五矿发展、银河磁体、中科三环、宁波韵升、鼎泰新材、正海磁材和中钢天源、包钢稀土的纯技术效率达到了有效的水平，占总样本的 52.6%。

（3）规模效率分析。根据表 7.26 的分析结果可知，19 家稀土上市公司的平均规模效率为 0.987，是一个较好的结果，辰州矿业、五矿发展、银河磁体、鼎泰新材、正海磁材和中钢天源的规模效率达到了 DEA 有效，占总样本的 31.6%。

综上，从横向分析来看，2012~2015 年包钢稀土规模效率、纯技术效率、综合效率均为 DEA 有效，其核心竞争力评价较高，是 19 家稀土上市企业中发展较好的。从纵向分析来看，2012~2015 年包钢稀土只有纯技术效率值始终为“1”，综合效率值和规模效率值呈现逐年下降的趋势，说明目前包钢稀土技术能力与其生产能力是相适应的，现有技术水平能够满足其生产需求，综合效率逐年下降完全来源于其经营规模不合理，从而造成技术无效，最终导致企业效率低下。

第八章　内蒙古稀土企业核心竞争力培育路径

通过对内蒙古稀土企业的核心竞争力的综合评价及动态效率分析，可知稀土企业核心竞争力有待进一步提高。企业要保持长久的竞争优势，保证企业的可持续发展，不仅需要保持和巩固现阶段的竞争优势，更重要的是要提高企业 R&D、技术创新、生态环境治理等方面的能力。因此针对评价结果，内蒙古稀土企业要对核心竞争力评价结果较弱的指标进行重点培育和提升，对于核心竞争力较强的指标，应该在原来基础上保持和加强，并寻找新的基点来培育未来核心竞争力。基于评价结果，从以下几个方面提出内蒙古稀土企业核心竞争力的培育路径。

第一节　稀土资源储备规划

稀土资源不可再生，在高新技术产业、航空航天和国防工业中具有不可替代的关键作用，但我国应用技术落后，绝大部分资源都以原材料的方式出口到西方发达国家供其使用。实施稀土资源储备，可以促进资源的节约利用，限制低价出口，为科学技术的发展争取时间，给子孙后代留下宝贵的资源财富，平衡我国稀土资源代际分配，实现资源的代际公平。

一、制定稀土资源战略规划

国家要从长远战略的高度出发，制定符合我国国情的国家稀土资源和稀土产业战略规划，将稀土工作的管理职能明确到国务院相关部门，建立国家、地方、行业协会三位一体的产业管理体系。在国家管理部门的规划指导下，组织协调稀土行业各相关方面，尽快制定和完善稀土管理的法律法规，依法进行严格管理。为解决我国稀土产业当前存在的诸多问题，应尽快推行严格的保护性开采政策，建立稀土行业各种标准并对其进行规范和整治，保证稀土产业健康有序发展。同时，国家应未雨绸缪，对关系国防工业和国家关键产业的稀土元素进行批量的战略储备，国家每年进行有针对性的采购并建立稀土战略储备基地，加强对战略资源的有效管控。

此外，要深入研究稀土资源储备政策措施。一是借助现行税费政策，对承担储备任务的企业适当减免矿产资源补偿费或给予税收优惠、贷款贴息等。二是争取财政资金支持，在中央财政设立资源储备专项资金，主要用于储备资源的收储、勘查、维护、管理及对储备所在地经济影响的补偿。

二、加强准入管理

认真贯彻执行《国务院促进稀土产业持续健康发展的实施意见》以及落实内蒙古自治区“8337”发展思路和《包头市人民政府关于进一步加快稀土产业发展的若干意见》，严把稀土行业准入关，避免低水平重复建设。逐步淘汰规模小、技术水平低、环保不达标的企业。大力发展、重点引进产业链长、附加值高的深加工项目，对符合国家产业政策和内蒙古规划布局的深加工项目优先审批，促进稀土产业高附加值项目尽早落实。

三、建立原料保障平台

白云鄂博矿是一个独特的超大型铁、稀土、铌、钍等多金属共生矿床，而稀土资源主要富集在白云鄂博矿主、东矿体范围内。因此，应改变过去那种以铁为主的开发模式，加强科技创新，走综合勘查、综合评价、综合开发、综合利用的节约集约化道路，统筹保障发展和保护资源，延长白云鄂博矿主、东矿的生产年限，对主、东矿床实行保护性开采。

2010 年 2 月《内蒙古自治区政府关于同意实施包头稀土原料产品战略储备方案的批复》批准同意开展稀土资源储备工作。针对采矿、选矿及冶炼分离等不同环节稀土赋存的不同特点，分别采取矿石型（包括尾矿）、原料型（稀土精矿）和产品型（稀土氧化物）三种储备方式。其中，矿石型储备由包钢集团对主、东矿开采过程中产生的含稀土的岩石和选铁产生的含稀土的尾矿进行储备；原料型储备由包钢稀土对超过国家计划部分的精矿进行储备，为将来主、东矿减产后提供稀土储备资源；产品型储备由包钢稀土国贸公司对稀土精矿进行加工、分离后生产的超过国家计划部分的稀土冶炼分离产品进行收储，储备资金主要由企业承担，自治区、包头市和包钢集团共同给予贴息支持。

四、建立严格的监管体系

“WTO 稀土诉讼案”我国的败诉，导致中国不得不取消稀土出口配额和出口关税，如果不能有效遏制稀土非法开采，出口放开后的中国稀土业将出现严重的供应无序状况，亦不能改变中国稀土产品低端、价格低廉的形象。稀土非法开采屡禁不止，不仅造成了严重的环境污染，还挤压了企业正常的生存空间。据中国有色金属工业协会提供的数据，我国每年非法开采的稀土量达到了 4 万吨，而全年稀土开采总量仅为 10 万吨。如果非法开采不能得到有效遏制，出口放开后，我国的稀土供应将呈现无序化状态，危害整个稀土市场。近年来，内蒙古为整治非法开采，采取了一系列措施，但受利益驱使，非法开采现象仍层出不穷，稀土行业“打黑”机制急需常态化。建立联合执法机制，严厉打击私挖滥采和非法生产稀土的行为，完善监控体系，实行奖惩举报制度。包钢集团要切实加大对白云鄂博稀土矿和尾矿库资源的保护力度，着力提高稀土原料就地加工转化率。

五、加强开采总量控制，完善出口管理

（1）进一步加强稀土关键元素的开采总量控制。2016 年国土资源部下达稀土矿（REO）开采总量控制指标为 10.5 万吨，在稀土矿开采控制指标中，离子型（以中重稀土为主）稀土矿指标 1.79 万吨，岩矿型（轻）稀土矿指标 8.71 万吨。2016 年 10 月 18 日，工信部印发《稀土行业发展规划（2016~2020 年）》，提出合理调控稀土开采、生产总量，到 2020 年稀土年度开采量控制在 14 万吨以内。为此，工信部提出在保护稀土战略资源、继续压缩过剩冶炼分离产能的前提下，重点发展稀土高端功能材料及器件，着力拓展稀土功能材料的中高端应用，加快稀土产业转型升级，提高行业发展质量和效益。

（2）统筹考虑国家战略利益、国内资源和生产、消费以及国际市场情况，进一步完善稀土出口管理。一方面，根据中国稀土资源特点和产品结构，进一步完善和修订稀土产品税则目录和税号，合理归类，提高稀土初级和低附加值产品出口的关税税率；另一方面，进一步加强对稀土关键元素的出口控制。镝、铽、钕、铕和钇等稀土元素是一种重要的战略资源，在新能源、航空航天、军事、高科技等领域具有非常重要的应用价值，从国家安全和战略利益考虑，应对这些稀土关键元素征收高额的出口关税，严格控制出口。同时，建议公安、财政、税务、工商、质检等部门应积极配合海关，深入、持久开展打击稀土走私行动。

六、充分利用尾矿资源和加大勘探力度

内蒙古稀土资源经过多年开采，轻稀土原矿逐年减少，尾矿库中的稀土储量不断增加。充分利用尾矿中的资源不仅能够保证内蒙古稀土资源来源的多元化，还能解决包钢稀土尾矿带来的一系列环境问题。对稀土资源要加大勘探力度，保证稀土元素供应的可持续性，同时还要制定政策消除非法开采，保护行业的共同利益。

第二节 以核心竞争力为导向的发展战略

提高企业核心竞争力的关键是制定正确的发展战略，企业通过明确其战略目标，把握企业的发展方向，创造、保持、扩大资源优势，不断提升企业的核心竞争力，实现可持续发展。

一、发展思路

内蒙古稀土企业发展应遵循的基本原则为可持续发展原则。基本思路是既重视稀土企业发展的速度和规模的扩张，同时更重视企业发展的质量。前者可通过稀土矿产品种类、产量的扩张程度以及稀土产业的总产能增长速度来衡量，后者则包括了稀土行业的经济效益、稀土产品的结构是否均衡、稀土开采生产对环境的影响、稀土行业的发展对其他相关产业以及所在地区经济发展的影响等。

二、充分发挥资源比较优势，实施国际化战略

在加快培育本土自主创新能力的同时，还应当充分发挥稀土比较优势，对于自主研发确实有困难的关键技术，可以通过技术与资源互换协议、技术合作协议和资源出资入股等形式，与国外企业开展合作，在引进、消化、吸收的基础上再创新，并围绕竞争对手的基础性关键专利进行应用性开发，以期早日钳制竞争对手。此外，鉴于专利对于稀土产业发展的重要意义，内蒙古稀土企业应当通过海外并购的方式加速积累核心专利组合，并应当根据自身的实际状况来完善专利布局，从而有效突破发达国家设置的专利壁垒，尽快向稀土产业链高端发展。

鼓励稀土企业“走出去”。中国并不是国际稀土资源的唯一来源，美国、加拿大、澳大利亚、越南等国稀土资源也非常丰富，南非、蒙古、朝鲜、尼日利亚、马来西亚、

印度尼西亚等国家和地区也拥有一定规模的稀土资源。内蒙古稀土企业不应该局限于国内发展，应该积极走向世界，投资于其他国家或地区的稀土产业，尤其是越南等发展中国家。由于各国对稀土这种战略资源的控制都比较严格，所以内蒙古稀土企业在国际化过程中，可以在东道国法律允许的前提下，以合资、入股或技术换取的方式进入东道国的稀土及其制品的深加工或出口企业。

三、建立生产的区域化和营销的全球化发展战略

稀土产业是一个外贸依存度很高的产业，国外市场的好坏直接影响着包头稀土产业的发展壮大。包头稀土企业应当抓住世界性制造业全球性转移和国际分工深化的契机，进入全球稀土分工、生产和营销体系，实现生产区域化和营销的全球化。超前谋划、合理规划，充分利用稀土资源的垄断地位，充分利用 WTO 的有关规则，在现行配额贸易中获取合理利润，实现稀土产业的跨越式发展。

包钢稀土是我国稀土行业龙头企业，要紧紧抓住国家重视稀土产业发展以及内蒙古自治区人民政府指定包钢集团专营区内稀土产品的政策机遇，积极实施内蒙古地区稀土整合战略，加快进行对外特别是与南方稀土产业的联合重组，推进“资源集聚”，进一步扩大行业优势地位。同时包钢稀土要抓住稀土应用快速发展、战略性新兴产业得到政策扶持的有利时机，实施“同心多元化”战略，延伸产业链，加快做大做强稀土功能材料和稀土新材料，继续有选择地发展稀土高科技应用产品和高附加值产品，推进“下游产业集聚”，实现稀土资源、功能材料、应用产品相互促进、协调发展，提高包钢稀土的综合竞争力。

从国际环境看，没有参与国际竞争和国际分工体系的产业整合是不完整的。在国内形成稀土资源产业龙头的基础上，中国稀土业应具有国际视野，制定海外发展战略，参与国际稀土资源产业的全球竞争和产业分工，加快全球稀土资源的整合步伐，进一步提升中国在世界稀土市场上的定价权和话语权。全球资源产业战略的思路应该是全球资源优化配置与外部政策扶持相结合，从内部资源的优化配置及外部资源的开放整合两方面进行。一方面，中国企业通过在境外增设投资和跨国并购，推动企业积极参与经济全球化的竞争与合作，进一步扩大稀土资源优势和稀土国际话语权，满足国内发展的需要；另一方面，国家要加快立法，将稀土企业跨国并购纳入中国经济发展规划，降低企业实施国际并购、重组的风险。主动参与国际稀土资源和产业的竞争与整合，最终形成全球性的稀土龙头企业。同时，稀土产业通过建立多元化的战略同盟，规避国际市场风险，达到全球稀土资源产业的优化配置，服务于国家宏观发展战略。

第三节 产业集群

我国稀土产业发展的集中度不高是有目共睹的，这与我国稀土发展的历史有关。20 世纪 80 年代，由于国家建设急需外汇资金，我们调动多种力量，加快我国优势资源——稀土的开采开发，为我国出口创汇做贡献，结果就是造成了今天稀土发展的困局，如环境污染、生态破坏、低水平重复、资源浪费严重等，这些问题的解决必须从提高集中度来着手，另外，较低的集中度对技术开发也非常不利，稀土技术开发属于资本、技术密集型活动，小企业不能承担巨大的花费，因此必须提高集中度，集中足够的资金和智力资本才能进行有效的技术研发。我国稀土行业存在上百家企业，还有很多没有登记的个体开采点，而发达国家企业数量只有几个或者十几个，这样的竞争态势肯定对我国不利。我国应该争取在 10 年左右使稀土企业集中度达到 80%以上。

2011 年，工信部提出组建"1 + 5"大型稀土集团的方案，至 2014 年底 6 家大型稀土企业集团的组建实施方案均获批，意味着稀土企业的产业集群化进入正式实施阶段。

产业集群是在某一特定领域具有相互联系的企业和机构在特定地域所形成的产业空间集聚现象。稀土产业集群的建立可以实现资源共享、优势互补，营造创新氛围，增强区域自主研发能力、成果转化和消化吸收的能力，同时降低企业间的信息沟通成本和交易成本。将稀土生产环节内部的完整链条集群化，例如将"采矿—冶炼分离—新材料—元器件—终端应用"这一产业链上各个环节的生产相对集中起来，一方面，有利于企业同步研发、转换、生产，提高生产经营的效率和协调性；另一方面，产业链终端的引入使得企业可以迅速、充分地了解市场需求，不再盲目制定产量和产品种类，从而适应市场竞争，大大增强稀土产业的核心竞争力。

一、建立以包头为中心的稀土产业集群

稀土产业集群属于资源型产业集群，是基于稀土资源产生和成长的。以稀土矿产资源为基础的稀土产业集群的产业价值链的构成与扩展可以用图 8.1 来表现。

在一个区域内围绕稀土资源的开发形成产业集聚，并发展出稀土优势产业，在核心企业引领下，通过产业链延伸最终形成稀土产业集群。目前以包头为中心的内蒙古稀土产业集群格局已基本形成，组建了内蒙古包钢稀土国际贸易有限公司，加强了稀土原料生产和供应链的管理；成立了内蒙古包钢稀土国际贸易有限公司赣州分公司，

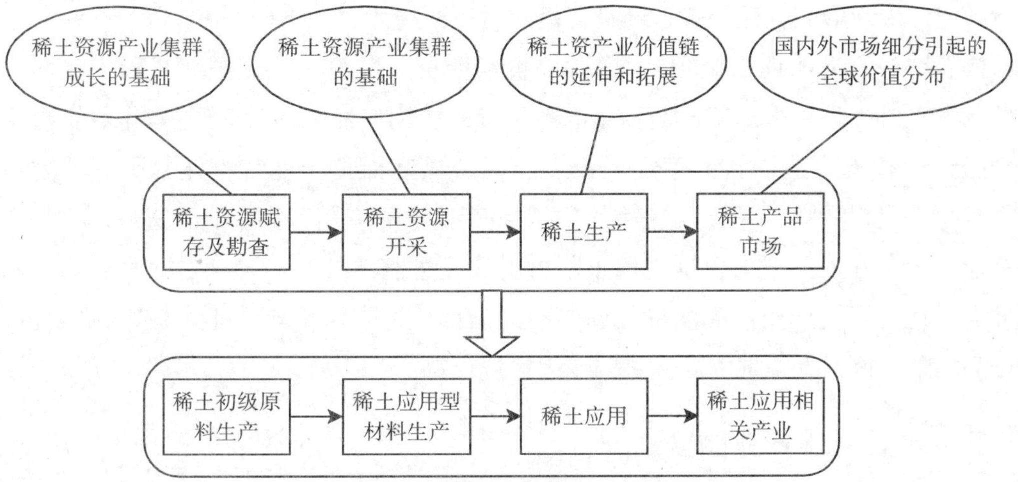

图 8.1　稀土产业集群价值链

实现了“南北联合，优势互补”。以包钢稀土为龙头，涵盖众多中小型稀土企业的企业集群，在保证有序开发稀土资源的基础上，实现了国内稀土产业发展的强大支撑，平衡了市场供需，防止了无序竞争，促进了稀土产业集约、集聚发展。

稀土产业集群结构逐步从以生产稀土原材料和上游产品为主向稀土深加工、应用产品发展，未来发展的重点是六大稀土产业集群，分别是：以稀土磁性材料及各种电机生产为核心的稀土产业集群；以稀土储氢材料及各种动力电池、电动车等应用产业为核心的产业集群；以稀土发光材料及应用器件生产为核心的产业集群；以稀土抛光材料等铈类化合物应用为核心的产业集群；以稀土催化、功能陶瓷等新材料及稀土在化工、建材领域应用为核心的产业集群；以稀土—有色金属材料深加工及其元器件生产为核心的产业集群。这类产业集群的一个最突出特征就是上游企业的废弃物往往是其他企业的原材料，通过产业链延伸把稀土企业连在一起，上游企业的废弃物或副产品通过市场交易成为其他企业的原料，建立工业衍生和代谢生态链关系。这种循环经济生产模式大大降低了集群内企业利用废弃物再生产的成本，同时也使企业获得了循环经济带来的利益，另外，企业的集中也使污染源在一定区域内集中，便于对“三废”的统一收集、治理和利用，为集中治理污染提供了条件。

二、建设“三大基地”

建设以白云鄂博为主的稀土原料生产加工区；建设以昆区为主的稀土冶炼分离产品集中加工区；建设以稀土高新区为主的稀土材料与应用科研生产区。以“三大基地”为依托，逐步建成相对集中的稀土选矿区、冶炼分离区、深加工区，做到污染排放物集中处理和尾矿库安全运转，实现绿色工艺和循环利用以及稀土新材料及应用产业链不断延伸，最终形成合理分工、各具特色的发展格局。

依托“一个龙头两个平台”，即“以包钢稀土为主组建的中国北方稀土集团，白云、昆区上游产品集中加工区与稀土高新区稀土应用产业园区”，通过政策、资金引导带动企业向技术改造创新方面加大投入，努力提升稀土产业链整体水平。着力推进“稀土功能材料基地”建设，加强稀土在传统产业中的应用和推广，推进应用型稀土中小企业的设立和发展。大力推进稀土新材料和先进制造技术，加速扩大稀土新材料应用领域，通过稀土应用产品的发展和产品的延伸，进一步优化稀土产业结构，提高最终产品的附加值，真正把资源优势转变为经济优势。

三、建设稀土产业园区

包头稀土高新区是国内唯一以稀土冠名的国家级开发区，建区 20 余年来，稀土及高新技术产业发展成效显著。作为包头市稀土产业做大做强的重要平台，稀土园区的建设和项目引进成效明显。一是优化了高新区稀土产业结构，促进了产业转型升级，推动产业集聚和规模化发展；二是成为自治区承接国内外稀土中高端项目转移的重要基地。同时，高新区稀土产业集群效应比较突出。一是实现行业龙头企业集聚效应；二是实现国内外知名稀土企业投资集聚效应；三是实现稀土永磁、储氢和抛光三大稀土材料企业集聚效应。截至 2012 年末，稀土高新区稀土工贸企业有 67 家，其中工业生产企业 63 家，科研和贸易企业 4 家，中外合资及独资企业 9 家，规模以上企业 22 家，实现销售收入 100.28 亿元。高新区已经形成了稀土原料、稀土功能材料、稀土应用产品相配套的产业格局，形成了稀土永磁、储氢、抛光、发光、催化及稀土有色合金等产业链。

目前应对稀土高新区存在的定位不清、功能雷同、特色不明和规模较小的企业，按照地域相近、产业关联等原则，逐步加以整合，最终形成若干有规模、有特色、有效益的稀土产业子园区。

第四节　产品结构升级

目前内蒙古稀土产业中上游产品占 55%以上，而且产品类型趋同，仍属原料型产业，产业链延伸还不够，以产品和产业为纽带的协作配套体系还没形成，对国际市场依赖性大。从全球价值链视角看，不能单纯地将包头稀土产业看成一个产品，要将稀土产业看成一个整体，全面推动包头稀土中各元素的综合利用，从而将产品线扩充到稀土产业链上各个产品市场。

要抓住国际稀土产业向包头转移的机遇，充分发挥包头稀土产业的资源优势和区位优势，努力在稀土新材料、稀土应用和终端产品上寻求突破，重点发展高技术含量、高附加值的稀土产品，拉长产业链、供应链，使各链条的各环节紧密结合，互为补充，确保稀土产业链健康、快速发展，形成稀土产业的集聚和联动效应，提升企业核心竞争力。

一、开发高附加值稀土产品

稀土本身属于一种工业原材料，其价值只有通过下游产品才能体现出来。从稀土原料直至最终产品，越接近最终产品，技术含量越高，附加值越高，因而稀土应用产品和高附加值产品才是稀土行业未来的发展方向。2009 年以来，由于我国大幅减少了稀土生产和出口的数量，稀土价格在短时间内出现了大幅上涨，表面上看我国在定价权方面的状况有所改善，但事实并非如此。一方面，虽然价格上涨意味着我国能以较高的价格出口稀土，但不容忽视的是，我国也在进口大量稀土高端产品。例如，日本把从我国进口的稀土原料进行加工之后，以更高的价格返销我国，这样日本可以将上涨成本转嫁给消费者，当然也包括我国。相对于低端产品，高端产品的不可替代程度更高。另一方面，国内的中下游企业是本轮价格上涨的最大受害者。稀土矿石和初级产品的价格上涨，在压缩企业利润的同时，也进一步抑制了企业的创新能力。只有通过扶持中下游企业，加大研发投入，开拓国内应用市场，使稀土价值真正在国内应用层面体现出来，同时用高端产品占领出口市场，才能真正掌控稀土定价权。

包头市已经成为全国最大的轻稀土原材料产品的生产基地和供应基地，冶炼分离产品产量占全国总产量的 68.3%，但总产值仅占全国稀土产业的 19.9%。稀土产业原材料占比偏高，资源就地深加工转化利用率低，资源优势未能充分转化为经济优势。稀土新材料及高端应用等下游产品发展不足。截至 2012 年底，包头市稀土永磁材料产量 5707.2 吨，仅占全国的 7.13%；储氢合金产量 2489 吨，占全国的 27.7%；抛光粉产量 6569.2 吨，占全国的 54.74%。虽然稀土新材料产业发展速度比较快，但总体规模偏小，产品档次和附加值偏低。包头市稀土应用产业发展不平衡，除稀土永磁材料、稀土抛光材料在全国领先外，其余功能材料及应用均不占优势。因此，要加大投入积极研发高附加值产品，不仅要继续抓好稀土在传统产业中的推广应用，切实提高稀土在传统产业中的应用效率，特别是在冶金、机械、石化、玻璃陶瓷和农业等量大面广、技术成熟的传统市场中的应用，更要加大稀土功能材料在高新技术领域中的开发、应用力度，主要发展高性能稀土永磁材料、稀土发光材料、稀土储氢材料、稀土环保催化剂和稀土生物功能材料等先进材料及其应用产品，并组织好产业化推广。

二、稀土产品结构调整策略

（一）稀土原材料产品

1. 稀土精矿

适应稀土市场对稀土原材料产品的需求，执行“总量控制”的原则，按照“清洁生产、节能降耗”的要求，完善稀土冶炼清洁工艺、生产线技术、设备改造、减少化工原材料及能耗，打造全球最优、最强、最大的稀土精矿生产供应基地。

2. 冶炼分离产品

稀土氧化物：大力发展稀土氧化物的深加工产品，尤其是高纯特殊物理性能氧化物及化合物，增加氧化物品种，增强产品的稳定性和一致性。

在包头稀土矿中，轻稀土约占稀土总配分的98%左右，其中，氧化铈占49.5%左右，氧化镧占27.3%左右，氧化钕占15.5%左右，氧化镨占5.5%左右，而钐、铕、钆和重稀土占2.2%左右。钕、镨类产品大量用来制作钕铁硼永磁材料（此外，镨黄还用作陶瓷颜料），产品价格高，甚至供不应求，成为热销产品；而铈、镧类产品因产量过大，用途又有限，长期处于供过于求、市场低迷的局面，成为滞销产品。为此，要大力开发铈、镧类新产品，加强其应用研究，拓展其用途，增大其用量，例如，汽车尾气净化催化剂（铈锆复合氧化物）、稀土抛光粉（氧化铈）、稀土光学玻璃（添加氧化铈的耐辐射光学玻璃，添加氧化镧的高折射、低色散光学玻璃和微光夜视仪中的光学纤维面板）、彩色滤波片专用腐蚀剂（硝酸铈铵）、镍氢电池负极板材料（镧镍储氢合金）、塑料加工用稳定剂（氧化镧）、稀土发热材料（铬酸镧）、超导材料（添加镧、钇的含稀土超导体）等，与此同时，建议国家积极鼓励铈、镧类产品出口等，从而减少部分铈、镧类产品的积压，保持稀土产品的产销平衡。

混合及单一稀土金属：要增加品种和规格，使金属产品向高收率、高纯和高附加值方向发展。同时，继续保持混合稀土金属生产的优势地位，不断提高电池级混合稀土金属产品质量，降低碳和铁的含量，提高产品成分的稳定性和一致性；为了综合利用稀土资源，冶金用混合稀土金属要逐步以镧、铈为主，充分利用高丰度元素，降低稀土钢、稀土有色合金综合成本，扩大市场占有率。

中重稀土：在生产高纯轻稀土氧化物的同时，做好钐、铕、钆富集物中其他中重稀土元素的综合回收利用，并提高收率。通过现有轻稀土生产线的改造，单建或者混用，使用南方的稀土富集物来提取中重稀土。通过回收永磁等稀土应用产品中的元素来获取中重稀土。

稀土中间合金：开发生产球化剂、蠕化剂和孕育剂，适当扩大新型稀土镁、铝等中间合金产量及稀土金属丝和包芯线的生产能力，开拓稀土合金应用市场。

（二）稀土新材料

稀土永磁材料：开发、改进、完善高性能钕铁硼生产工艺、装备及加工检测技术、装备，完善防腐与表面处理工艺，研究开发少铽、镝的高性能钕铁硼磁体技术和尽可能高磁能积下的高矫顽力、高热稳定性、高一致性的钕铁硼磁体，以满足汽车用电机、特种电机及 IT 产业等的需求。

稀土储氢材料：尽快实现电动汽车镍氢动力电池的功率型稀土储氢负极合金的产业化，加快开发新型稀土储氢材料。重点引进稀土镍氢动力电池、混合动力汽车、电动工具和助动车、储氢储能装置等应用产品项目，加快稀土镍氢动力电池产业化进程。

稀土抛光材料：加速高性能抛光粉、纳米氧化铈抛光材料和液体抛光材料的研发与产业化进程。

稀土催化材料：将稀土催化材料的发展与全区丰富的煤炭资源和煤化工产业相结合，重点开发煤化工、助燃、脱硫、脱硝催化剂。

稀土发光材料：实现三基色荧光粉、LED 光源等稀土发光材料及灯具的产业化。

同时大力发展稀土磁致伸缩材料、稀土陶瓷材料、稀土发热材料、稀土蓄热材料、稀土磁制冷材料、稀土光学玻璃、稀土激光材料及稀土激光晶体器件、掺稀土的光通信基础材料等其他新型稀土功能材料及器件。

（三）稀土材料应用

稀土永磁电机：以稀土磁性材料为核心，建设高性能稀土永磁电机、永磁微特电机、钕铁硼辐射多级磁环电机、稀土永磁风力发电机生产线。

核磁共振仪：依托包头市稀宝博为医疗系统有限公司，开发高端医疗影像诊断设备——稀土永磁 MRI 设备，即核磁共振成像仪。

镍氢动力电池：依托内蒙古稀奥科镍氢动力电池有限公司，扩大产品应用范围。

稀土颜料：依托国内第一家、世界第二家规模生产稀土硫化物的企业包头市宏博特公司，开发稀土硫化物系列产品——红色硫化铈用于塑料及电子制造业，红黄绿颜料用于塑料、尼龙、油漆。

稀土在合金中的应用：继续扩大稀土在钢铁及有色金属中的应用领域，促进包头市成为国内重要的稀土有色合金制造、配套延伸及终端应用产品生产基地。

第五节 技术创新

全方位提升核心技术能力，是构筑核心竞争力的基础。内蒙古是全国较大的稀土生产和消费地区。内蒙古稀土采冶企业在本行业有较强的竞争优势，因此，要保持采冶生产工艺的先进性和可靠性，更要提升自身技术能力，加强技术创新。但由于早期主要注重稀土的分离和冶炼技术，而忽视了后端的应用研究，致使在稀土新材料的开发、应用方面落后于日本、美国等国家，长期处于产业链低端，缺乏定价话语权，稀土的价格越来越受到主要进口国的压制。内蒙古目前的应用研究主要处于模仿跟踪状态，跟随多，创新少，同时由于技术不足，研发后的转化能力亦需要提高。

一、增加研发投入

宏观层面，国家和地方政府应设立专项基金，加大资金投入，分担和降低企业技术升级和改造的风险成本，大力促进稀土深加工技术创新。政府应对涉及新能源、电动汽车、节能环保等战略新兴产业的稀土产业价值链下游深加工应用材料进行技术创新，加大投资力度，设立专项技术创新基金，鼓励企业加强对核心技术的攻关。另外，适当给予政策倾斜，创造良好的技术研发环境，为企业和科研机构创造更多优势条件，帮助其研究开发新技术和产品，提高稀土资源的开发利用水平。同时还应简化科研成果产业化流程，加快新技术、新设备等的应用进程，尽可能迅速产生相关的经济效益。

微观层面，稀土企业作为技术创新及产品开发的主体，应结合自身生产特点，与科研机构和高校在稀土功能材料领域、高精尖产品开发等方面进行广泛而深度的合作，研发出一批具有自主知识产权的工艺技术。同时应建立系统、全面的部署，加快新型技术工艺的产业化应用进程，迅速投入生产并尽快产生相应的经济效益。

专利不仅代表着技术，还意味着市场。美国、日本、欧洲，甚至一些根本不产稀土的国家和地区，因为拥有很多稀土专利，通过自主知识产权的创造、占有、许可、转让获得了巨大的经济效益，相比之下，中国在高新技术领域特别是在稀土功能材料及应用技术方面拥有的专利却少之又少。表 8.1 列出了某些稀土应用产品原创性技术专利拥有国。

表 8.1　某些稀土应用产品原创性技术专利拥有国

产品名称	原创性技术专利拥有国
石油催化裂化剂	美国、荷兰、日本
汽车尾气净化催化剂	美国、法国、日本
钕铁硼永磁材料	美国、日本
彩电荧光粉	美国、日本
稀土三基色荧光粉	荷兰、日本、加拿大、美国
光学玻璃及掺铒光纤材料	美国、日本、德国

资料来源：中国稀土信息网。

二、组建研发联盟

美国、日本、德国、法国、荷兰等国，虽然缺乏稀土资源，但他们在相关知识产权方面拥有一定的优势，拥有大量应用产品原创性技术专利，利用占有、许可、转让等形式，获得了巨大的经济效益。

近年来，内蒙古稀土产业发展迅速，但企业多是近年来发展起来的民营中小企业，研发实力弱，产品技术含量低，多为前端粗放型产品，深加工和后端处理工艺积累严重不足，具有核心竞争力的产品较少。内蒙古稀土产业链的重心还在前端，产业链后端应用环节的培育、发展缓慢，规模经济迟迟没有形成。而要向产业链应用环节发展，内蒙古又面临着高层次智力支持缺乏、稀土企业科技开发投入不足等诸多问题。在发展思路上可以考虑：

（1）以北方稀土集团为龙头，组建若干细分行业研发联盟，架起资源型企业和深加工企业的桥梁，重点选择若干家下游战略合作伙伴。例如，以天骄清美公司、新源稀土高新材料公司为首，组建风抛光粉研发联盟；以内蒙古稀奥科贮氢合金有限公司为首组建贮氢合金材料研发联盟；以包头市京瑞新材料有限公司为首组建发光材料研发联盟等。

（2）以资源换技术，定向招商，大力发展功能材料。依托地区资源优势，依据未来产业发展趋势，尤其是功能材料大型企业实行驻点定向招商。集中力量，实现内蒙古稀土在产业链附加值较高、成长空间大的特定环节上的突破。

（3）建立创新联动机制，如与内蒙古科技大学稀土学院以校企科技合作方式培养人才，掌握稀土核心技术专利、稀土应用市场、稀土产品标准，抢占技术制高点。

三、推动产学研创新合作

积极鼓励企业与包头稀土研究院、内蒙古科技大学等科研单位建立稳定的合作关系，采取科技成果转让、委托开发、合作研发、共建研发中心等多种灵活方式，为高端稀土产品提供稳固的技术支撑，使企业真正成为研发投入、科技创新和成果应用的主体，提高企业核心竞争力。

以推动中科院在包头设立稀土研究中心为重点，发挥稀土产业技术创新战略联盟、包头稀土研究院等科研院所的作用，进一步建设稀土产业创新平台。加强国际产学研合作，强化科技创新能力建设，提升平台的开放运行和为研发提供公共服务的能力，紧密结合包头市稀土产业发展需求，在稀土选冶、稀土功能材料开发及应用等方面开展共性、关键技术的研究开发，打造国家级稀土材料应用技术研究与推广中心。

四、构建稀土信息平台

大力发挥中国稀土信息中心、中国稀土知识产权网、中国包头稀土产业发展论坛的作用，捕捉收集国内、国际各类与稀土产业发展相关联的信息，及时传递国内外稀土行业技术和市场发展动态，协同合作打造以稀土科技、经济、贸易、物流、人才等为重点的，具有国际影响力的综合信息平台。

五、加强人才队伍建设

包头市稀土人才多集中于选、冶、分离及材料研发领域，缺乏元器件、零部件、整机开发以及市场营销、资本运作等人才，同时相关人才从事项目跟踪、模仿多，原创性项目开发能力差，各主要学科缺乏国内领军型人才。

实施人才引进政策，吸引人才。推进稀土科技创新人才的引进与培养，对于稀土行业的高层次特别是紧缺的稀土应用人才，采取特殊政策措施，特事特办，壮大稀土专业人才队伍；相关科研计划、项目优先向稀土创新人才和科研团队倾斜，努力打造稀土行业科技领军人才和团队，为稀土产业技术创新、结构调整提供智力支持。

优化人才培养机制，培养人才。如选派稀土专业人才赴国外研修，培养先进的管理者和高端研发人才；联合企业和学校，培养专业型、技能型、应用性和创新型人才；鼓励产学研相结合，建立博士后工作站等，培养一批高素质的科研创新团队，提高自主创新能力。

第六节　生态环境的治理与保护

稀土产业发展中环境问题的解决，主要是在产业生态学理论的指导下，按照物质循环、产业共生原理和知识经济规律，促进产业系统内部各要素合理优化耦合，建立高效率、低能耗、少污染、具有强大环境承载力且具备和谐生态功能的产业形态，实现不同工艺流程的横向耦合、产业链的纵向闭合、企业与自然环境的生态复合、软件与硬件的柔性结合。其实质是变产品经济为功能经济，变环境投入为生态产出，促进生态利益、经济利益和社会利益的有机统一。

一、加大开采方法研发力度

白云鄂博稀土矿实际生产中稀土作业回收率低，大量稀土资源堆存在尾矿库。由于白云鄂博矿石原料的特殊性，生产工艺复杂，矿山开采易产生扬尘，浮选工艺产生的废水量大，配套的环保技术、自动化控制及装备水平等相对落后。白云鄂博矿主要含有铁、稀土、铌等金属，同时还伴生有天然放射性核元素钍等。矿山开采、剥离后的贫矿和废石，运到矿山周围的各大排土场堆存，对周边环境造成了影响。矿石破碎过程中，产生含放射性钍的粉尘，污染环境。尾矿累计堆存约 1.9 亿吨；尾矿坝处于干燥、少雨、多强风的地区，易产生扬尘，尾矿坝下风向为东南方位，周围土地易受尾矿扬尘覆盖，不仅浪费稀土资源，也使土壤受到放射性污染。同时，尾矿坝中废水渗透造成土地盐碱化，农田、草地、草场被迫放弃耕种和放牧，尾矿坝对周围大气、土壤等造成的自然环境污染严重。

包头市稀土行业不断加大节能环保投入，已经取得了一定成绩，但随着国家环境保护和节能减排要求的逐步提高，稀土企业的环境治理难度不断加大。主要表现：一是稀土企业装备更新缓慢，工艺装备的大型化、自动化与发达国家相比还有差距，在线检测、分析测试水平有待提升，带来资源利用率低，能源消耗大，产品一致性、均匀性较差等问题。二是环境治理中历史欠账较多，污染物治理技术和清洁生产工艺不完善，有的企业环保措施不到位，造成稀土企业生产废水仍然不能稳定达标排放，实现污染物零排放和循环利用任重道远。解决环境治理，应从以下三方面着手：

（1）实现稀土尾矿的综合利用产业化。研发尾矿资源全面综合利用新技术，规划建设一条尾矿综合利用回收生产线，全面回收稀土、铁、铌、钪、硫、氟等有价元素；

研发钍资源综合回收利用技术，在国家确立收储钍或钍应用产业成熟后，再将钍提取出来。

（2）环境污染治理与生态恢复技术。加强采选工序配套的环保技术及装备研究，减轻稀土采选过程中对环境造成的污染。开展对包钢尾矿库及周边地区环境生态系统恢复技术研究。

（3）研发稀土采选新技术及新装备。研发稀土采选新技术，如氟碳铈和独居石矿分选技术，力争实现产业化，消除因矿源构成变化和原矿选矿工艺调整所造成的不利影响；提高采选的自动化及装备水平，以及稀土精矿的产量和质量。

二、提高稀土循环回收技术

虽然稀土循环回收技术开展得较早，但目前全球范围内稀土回收利用率依然很低（< 1%），只有荧光粉及电池的稀土回收利用达到了一定的工业水平。然而，其他稀土应用领域的回收价值也不可忽略。根据稀土使用量的大小，美国及欧盟相关研究组织都认为稀土在永磁体、荧光粉、电池和抛光粉领域的潜在回收价值较高。

近年随着电子信息和清洁能源产业的发展，稀土永磁体的应用范围不断扩大，包括硬盘驱动器、DVD 和 CD、汽车配件、发动机、扬声器、空调压缩机、电动自行车和风力涡轮机等，其中硬盘驱动器和汽车配件是永磁体应用最广泛的领域之一（硬盘驱动器占世界烧结钕硼磁用量的 10%），未来风力发电机组和电动车可能会成为最具稀土回收价值的产品。目前已有的电化学方法能直接从磁铁粉中提取合金，但这一方法需要大量的试剂和投入，距离大规模的商业化运作还有一段距离。同时这些电子仪器中稀土永磁体含量较小，在不同的部件中可能还与其他金属如镍、铜等黏合在一起。这些电子产品达到使用年限后，其内部的永磁零部件可能已破碎，这些因素使得从电子产品中回收永磁体更加困难，在现行的稀土价格下也就没有太大的商业价值。

荧光粉广泛应用在阴极射线管、等离子显示屏、LCD 背光源和荧光灯等领域。从这些废旧材料中回收稀土可以从以下三方面出发：直接对荧光器件进行再利用、从器件中回收荧光材料和利用物理化学方法从废旧荧光材料中回收稀土元素。前两种方法因为制造商的产品规格、组成等使得其实际操作变得不易控制，而从废旧荧光材料中回收稀土荧光粉技术上可行，但其浸出分离过程复杂，浸出率低，在这一过程中，还要考虑可能存在的二次污染及对人体健康的危害等。

三、加快发展稀土节能环保产业

加快发展稀土节能环保产业，是调整包头稀土产业经济结构、转变稀土经济发展方式的内在要求，有利于提升稀土企业竞争力。为了把稀土环保落到实处，应从环保产业的角度出发，建立稀土工业生产环保体系。将企业的工业废物分类集中收集，集中交由独立的环保企业进行处理，排污企业向稀土环保企业支付排污处理费用，政府从稀土企业的税收中拨付资金进行补贴。

要提高稀土环保产业的自主创新能力，加大研发投入，突破核心技术装备，建设稀土环保技术的创新平台；加快环保产品开发，提高环保技术综合保障能力，实现稀土生产中的废水、废气、废渣处理设施运营专业化、市场化；将稀土生产企业废料回收纳入环保产业范畴，产品返销废料产生企业产业，延伸环保产业链。包头市稀土环境保护企业的研发重点是污水净化、生态修复和环境治理，以及精矿焙烧、金属冶炼、萃取分离废气净化与有价元素回收，还要加大气监测、水体监测、噪声监测。

四、第三方治理模式方案

生产环境污染委托治理服务模式。对无污染治理设施或治理能力差的稀土排污企业，鼓励其以签订治理合同的方式，委托第三方治理企业对新扩建的污染治理设施与生态环境修复工程进行融资建设、运营管理、维护及升级改造，以确保达到治理效果。第三方治理企业也将承担污染排放责任。

生产环境污染托管运营服务模式。对拥有较强污染治理设施的企业，鼓励其以签订托管运营的方式，委托第三方治理企业对已建的污染治理设施与生态环境修复工程进行运营、管理、维护及升级改造等。第三方治理企业承担污染排放责任。根据第三方治理企业承担角色的不同，可以在稀土行业中采用三种托管运营服务模式：①第三方治理企业承担稀土环境污染治理设施的专业化运营，生产企业将其治理设施以承包合同方式委托给第三方治理企业进行专业化运营和维护；②第三方治理企业参与生产企业的环境管理，对于一些自己运营管理治污设施的生产企业，为了提高企业环境管理水平和治理设施的运营效果，生产企业通过有偿服务的方式聘请第三方治理企业参与其环境管理，如治理技术服务、监测和分析服务等；③小型生产企业委托有治污设施的第三方治理企业代为处理，双方通过合同方式约定各自的责任和利益等。

五、政策手段调节企业环境成本

公共政策是当代社会公共利益分配的权威性工具，可选择恰当的政策工具来调节企业环境成本，诱导其解决稀土产业发展中的环境问题。一是调整税收与收费政策。税收可渗透到经济活动的各个环节，弥补私人成本和社会成本的差距，是消除外部性的重要措施。可设置资源税、原料税、消费税、排污税、垃圾税等，并将资源税从地方税调整为中央税，实行从量计征与从价计征相结合的灵活征收方式。基于污染者付费和受益者付费原则，适当收取排污费、准入费、生态服务费等。收费标准应以治理成本为依据，包含资源价值和环境代价。二是建立补偿机制。建立生态补偿基金，由企业按销售收入比例出资一部分，国家通过专项资金拨款，地方政府从税收和收费中补充一部分，还可通过发行环境债券扩充资金来源。补偿应以资源地生态恢复、当地居民的生态补偿和企业技术研发为主，向正外部性生产者补贴，向负外部性生产者征税，使外部性内部化。由于实践中企业会基于成本与收益的衡量，决定是否参与环境治理，因此，补贴的理想标准应是企业的边际税率尽可能等于边际成本。三是采取稀土生态产品的支持性价格政策。生态产品具有较高的需求价格弹性，价格工具能有效调节产品的供需关系、平衡企业和消费者的利益。由于资源的再生利用并没有成本上的比较优势，且稀土产业链前端价格较低，而后端价格较高，导致其环境治理成本相对较高。尽管生态产品具有更大的内在价值，但价格高出常规产品较多会引起需求不足，从而影响企业参与环境治理的积极性。因此，政府应制定稀土生态产品的统一最低指导价格，并根据消费量、区域特征等制定多级价格，以此避免直接定价对资源配置的扭曲。

六、明确生态产权，促进稀土资源环境价值货币化

明确生态产权旨在以制度的形式确立合法的污染物排放权，并允许权利交易。稀土产业中企业主动从事环境治理技术研发的前提是生态产权得以确认，并能通过价格机制产生一定收益或降低成本。而传统意义上的公共环境资源，由于价格机制缺失、生态产权未明确，因而无法纳入市场经济运行轨道。因此，一方面，应对生态产权进行明确与规制。政府拥有稀土资源的所有权和排污权，生态产权的行使主要依靠委托代理关系实现，代理人出于自身利益的考虑，存在背离委托人利益的可能。可引入产权交易市场，采取受益者付费制度，通过市场竞争和有偿获取使用权，来解决代理人的机会主义问题。另一方面，推动环境价值货币化。企业主动从事环境治理依赖于生态环境价值货币化、市场化，使排污权可回收、可交易。目前，生态环境价值货币化的困难主要是资料数据缺乏、计价方法不统一、已有统计体系中没有设置绿色指标，但随着稀土产业的逐渐整合，相关问题将会逐步解决。

第七节 稀土资源的综合利用

内蒙古作为稀土资源最丰富的地区，合理开发、利用稀土资源，对促进我国经济发展具有不可忽视的作用。提高稀土资源综合利用率是保障稀土资源可持续发展的重要举措。因此要大力推广循环经济，实现稀土行业清洁化开采、生产。

在稀土生产工艺中，稀土精矿生产企业、稀土冶炼分离企业、稀土金属加工企业、稀土功能材料企业（抛光粉、磁性材料、储氢材料）依次构成原料供给关系，各企业均有废弃物产生。本着“减量化、再循环、再利用”的原则，应发展内外循环，打造以稀土产业为核心的完整循环经济产业链。内部循环以提高稀土资源回收率、水回用率为核心，按照各企业的原料需求和废弃物特点，将企业的废弃物在内部互补互用；企业外部循环主要体现在以“三废”再利用为核心的跨行业合作产业升级上。

一、氧化矿尾矿综合利用

稀土精矿生产企业采取“一粗二精”的工艺选别稀土，选完稀土后的尾矿含有大量的资源，尾矿中含萤石约32.48%，含稀土约4.9%，还含有铌、硫等资源，以往由于回收技术所限，尾矿浆只能排往尾矿库暂存，而今随着回收技术的成熟，稀土选别后的尾矿浆和下游企业联合，作为下游企业的原料，进行稀土、萤石、铌等资源的再回收，每年可减排尾矿浆300万吨，回收铌精矿5万吨，稀土精矿17万吨，萤石精矿40万吨，经济效益、环境效益显著。

包头钢铁公司2012年按分组分选、易浮先选的原则，将易浮的稀土、萤石等矿物预先回收，实现其与铁矿物、铌矿物、硅酸盐矿物的分离，然后对铁、铌、硅酸盐矿物进行硅、铁、铌分离，逐步选出铁矿物、硫矿物、铌矿物，实现分组分选。最后确定了主、东矿氧化矿选铁，稀土尾矿综合回收铁、稀土、铌、萤石、钪、硫的工艺流程，获得稀土精矿、铁精矿、铌精矿、萤石精矿、钪精矿和硫精矿六种产品。图8.2为氧化矿资源综合回收工艺流程（见图8.2）。

二、冶炼分离企业稀土资源综合利用

稀土行业产生的污染物主要集中在稀土分离企业，冶炼分离企业资源综合利用模式如图8.3所示。

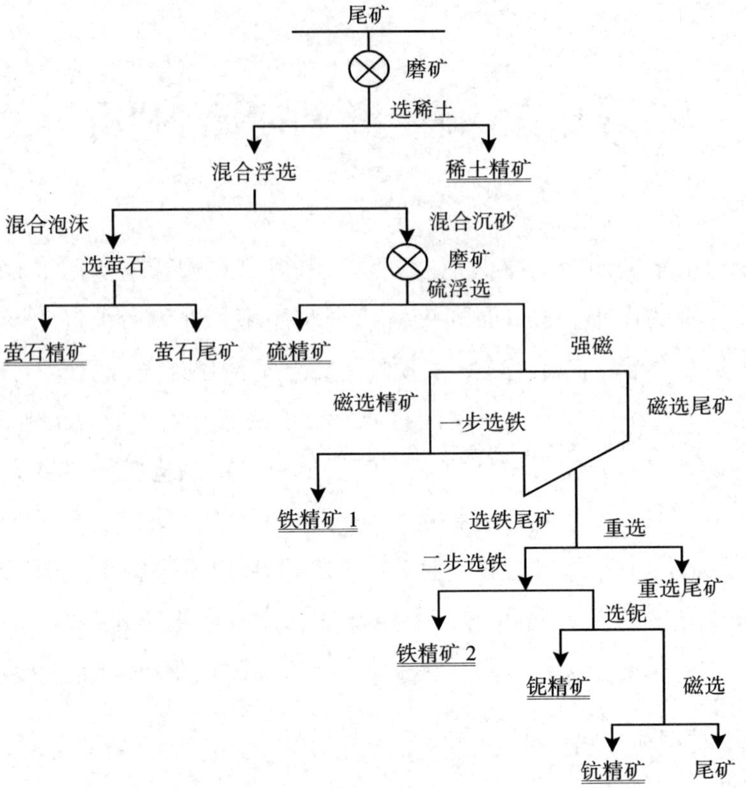

图 8.2 氧化矿资源综合回收工艺流程

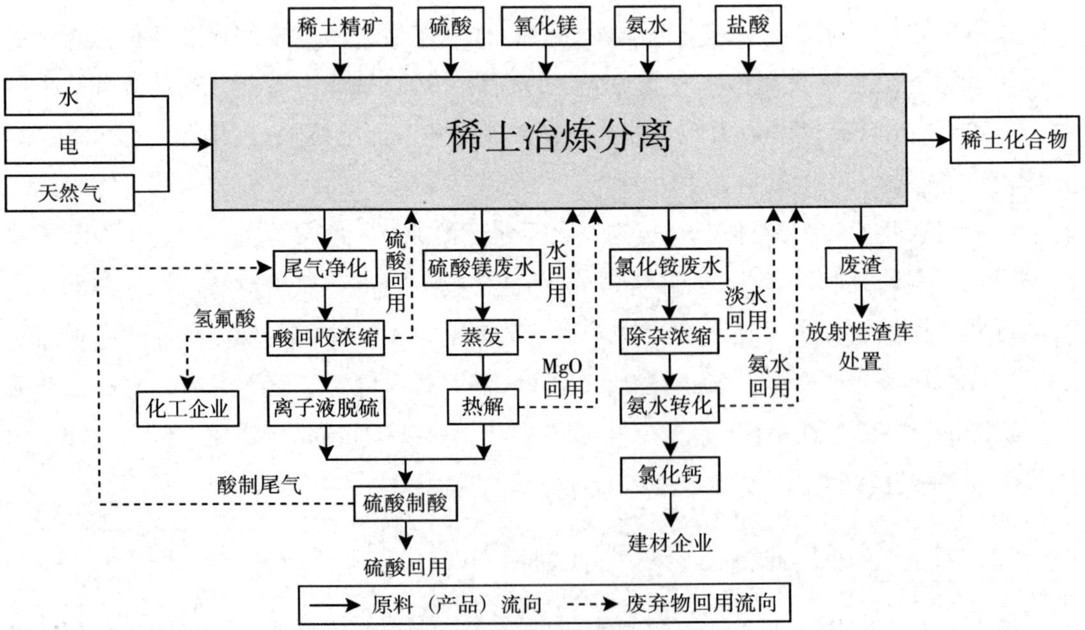

图 8.3 冶炼分离企业循环经济路线

（一）废气的综合利用

在稀土分离过程中，稀土精矿先与硫酸混合，进行高温分解生成焙烧矿，在分解过程中会产生大量含氟和二氧化硫的尾气，企业先对尾气采取强制循环冷却—浓缩回收的处理方式，回收硫酸和氢氟酸，回收的硫酸返回焙烧工序使用，氢氟酸则供下游化工企业生产高品质氟盐。尾气经酸回收处理后仍含有较高浓度的二氧化硫，企业采用先进的离子液脱硫工艺对尾气进行深度处理，被离子液吸收后的二氧化硫解吸后供后续制酸工艺制备硫酸，净化后的尾气达标排放，吸收液再生后可反复使用，无二次污染；硫酸制备工艺产生的尾气再返回尾气净化系统和焙烧尾气合并处理（见图 8.3），形成一个完整的闭路循环。通过此项目的实施，不仅实现了烟气的无害化，而且每年可回收硫酸 8 万吨，回收氢氟酸 2.8 万吨，变废为宝，极大地提高了资源的利用率。

（二）废水的综合利用

稀土在冶炼过程中产生大量废水，在不影响产品质量的前提下，各企业先将废水在企业内部梯级使用，以减少废水量和新水用量。如将碳酸稀土淋洗产生的低浓度氨氮废水（氯化铵浓度约 0.1%）回用于稀释料液和配碳铵溶液；将制备纯水产生的浓水脱盐后再次回收，实现废水的内部循环。

对于分离企业硫酸稀土转型工序产生的硫酸镁废水（镁离子浓度约 1.6%）和萃取、碳沉工序产生的氯化铵废水（氯化铵浓度 8%），则是采取和非稀土企业联合的方式，实现产业链的延伸。对硫酸镁废水，利用硫酸镁晶体脱水、热解的原理，将硫酸镁废水转化为氧化镁，硫酸镁废水蒸发、热解得到的冷凝水和氧化镁回用于生产，热解尾气含有大量二氧化硫，供后续制酸工艺生产硫酸，以此形成硫酸镁废水的闭路循环；对产生的氯化铵废水，采用汽提原理，将废水用膜组合工艺除杂、浓缩后，转化为氨水，膜工艺产生的淡水和氨水回收用于生产，转化工艺产生的氯化钙供建材行业作为原料，形成废水综合利用产业链。改造后，可实现生产废水零排放，新水用量减少 190 万吨（见图 8.3）。

（三）废渣的综合利用

在稀土产业链中，冶炼分离企业会产生放射性废渣，金属加工企业会产生电解渣，功能材料企业会产生回收的稀土粉尘、废边角料等。稀土产业链中每个企业都尽可能将废渣再回用于本企业，如果企业由于回用成本或回用技术等原因自己难以回用，则将此部分资源向上游稀土企业逆向流动或合法处置。如稀土金属生产企业与抛光粉生产企业排放的烟气中含有一定的稀土，烟气分离后收集的粉尘均回炉自用；稀土金属电解渣、抛光粉球磨废渣则返回稀土冶炼生产体系进行稀土的回收，实现废弃资源的充分利用（见图 8.2）；水浸渣由于具有一定的放射性且目前缺乏成熟的回收技术，按规定放入本地放射性废渣库储存。

三、废弃稀土功能材料的综合利用

废弃稀土功能材料含有大量稀土资源，因此加快该类稀土二次资源的综合回收利用技术研究，不仅可以缓解我国稀土资源过度消耗和稀土结构性矛盾问题，还可以减少由于稀土二次资源固体废弃物丢弃带来的环境问题。

（一）稀土永磁材料

在制作钕铁硼磁体器件的切割、打磨等加工过程中会产生钕铁硼磁体废料，也有少量不合格的钕铁硼磁体，这些废料的量约占钕铁硼磁体总量的15%~20%。还有一个重要来源就是钕铁硼器件报废后产出的废旧磁体，钕铁硼磁体废料中REO含量约33%，Fe含量约为50%~60%，B含量约为1%~1.5%，钴镍微量。因此，从钕铁硼磁体废料中回收稀土元素，具有重要的现实意义。钕铁硼废料回收工艺主要有硫酸复盐法、酸溶沉淀法、盐酸优溶法等。

（二）稀土储氢材料

以氢氧化镍为正极、储氢合金为负极的镍氢电池是一种高性能、无污染的清洁能源电池，特别适合应用在混合动力汽车上。镍氢电池的外壳为镀镍钢壳，电池正极材料中镍、钴的含量可达70%，目前应用最广的负极材料AB_5型稀土储氢合金中混合稀土含量约为33%，镍含量约为50%，钴含量约10%。2011年，我国年产镍氢电池约9.5亿只，消耗稀土氧化物约1.0万吨，钴、镍合计约5.0万吨。因此，回收废弃储氢合金有利于节约有限金属资源。目前，对废弃镍氢电池的回收方法主要有传统的火法冶金处理技术、湿法冶金处理技术和新型的电池直接再生技术。

（三）稀土荧光材料

我国稀土发光材料产能居世界首位，其中灯用三基色荧光粉约占75%。我国每年约生产30亿支荧光灯，同时产生近亿支废弃荧光灯。稀土荧光粉中含有的稀土元素包括铕、铈、铽、镧、镝、钆等。可见，报废的荧光灯及荧光粉废料将是一种潜在的稀土二次资源。针对这几种主要稀土元素的分离提取，我国的研究还较少，因此研究从荧光粉废料中回收稀土的工艺，对我国稀土资源的保护具有重要意义。目前，对稀土荧光材料的回收方法主要有直接萃取技术和湿法浸取分离技术。直接萃取技术一般只适用于一种类型稀土荧光粉废料的分离，但对于多种不同类型的混合稀土荧光粉废料则效果欠佳，且该技术使用的萃取剂不能重复利用，使得生产成本增加并对环境造成污染。湿法浸取分离技术采用化学方法处理稀土荧光粉废料，可以有效回收其中的单一稀土元素。但是，该技术工艺流程复杂，且存在环境污染问题。

废弃稀土功能材料中含有大量的稀土资源，因此，加强废弃稀土资源的综合利用研究，既克服了稀土固体废弃物对环境造成的污染，又使有限的稀土资源得到了再利用，具有显著的经济效益和社会效益。目前我国废弃稀土资源回收利用的现状不容乐观，主要表现为：稀土固体废弃物回收意识淡薄，造成回收困难；相关法律制度不健全，缺少一套完善有效的回收体系；处理技术难度大且易产生二次污染，难以形成规模经济。为了推进废弃稀土功能材料的回收，可从以下几个方面开展工作：鼓励废弃稀土功能材料的进口，以解决原料供应不足的问题；将废弃稀土功能材料的形成、成分、数量、资源特性整理成完整资料，为废弃稀土功能材料的处理和处置提供依据；加强废弃稀土功能材料的回收产业循环经济的科技研发。

参考文献

［1］管益忻. 论企业核心竞争力——开展战略新纪元的第一选择［M］. 北京：中国经济出版社，2000.

［2］唐纳德·索尔. 如何提升公司核心竞争力［M］. 北京：企业管理出版社，2000.

［3］苏文清等. 中国稀土概要［M］. 北京：冶金出版社，2004.

［4］黄继刚. 核心竞争力的动态管理［M］. 北京：经济管理出版社，2004.

［5］［美］彼得·德鲁克. 21 世纪的管理挑战［M］. 朱雁斌译. 北京：机械工业出版社，2006.

［6］舒化鲁. 决战十大竞争力［M］. 北京：机械工业出版社，2006.

［7］王素君. 跨国企业竞争优势变迁［M］. 北京：中国经济出版社，2006.

［8］尹传高. 能力战略：让企业再活 50 年［M］. 北京：中国铁道出版社，2006.

［9］张文礼. 战略管理前沿问题研究：不战而胜——企业持续竞争优势的新视角［M］. 北京：中国社会科学出版社，2006.

［10］陈小洪. 中国企业国际化战略［M］. 北京：人民出版社，2006.

［11］童利忠，丁胜利，马继征. 企业核心竞争力——理论与案例［M］. 北京：人民邮电出版社，2006.

［12］管斌全，徐建华，朱向军. 打造个人核心竞争力［M］. 北京：清华大学出版社，2006.

［13］安辉，堪利. 战略管理［M］. 北京：中国水利水电出版社，2006.

［14］张维迎. 竞争力与企业成长［M］. 北京：北京大学出版社，2006.

［15］苏文清. 中国稀土产业经济分析与政策研究［M］. 北京：中国财政经济出版社，2009.

［16］李梦觉. 企业核心竞争力研究［M］. 长沙：湖南人民出版社，2009.

［17］中国科学院. 中国至 2050 年矿产资源科技发展路线图［M］. 北京：科学出版社，2010.

［18］马占新. 数据包络分析模型与方法［M］. 北京：科学出版社，2010.

[19] 贾文龙，薛亚洲，吴强. 中国矿产地战略储备研究 [M]. 北京：科学出版社，2013.

[20] 叶仁荪，吴一丁. 中国稀土战略开发及出口产业规制政策研究 [M]. 北京：科学出版社，2014.

[21] 中国有色金属行业协会专家委员会组织编写. 中国稀土 [M]. 北京：冶金工业出版社，2015.

[22] 杨丹辉. 中国稀土产业发展与政策研究 [M]. 北京：中国社会科学出版社，2015.

[23] 邓瑶. 稀土"国 22 条"出台：大企业做主 [EB/OL]. http：//www.21cbh.com/HTML/2011-5-23/wNMDAwMDIzOTcwNQ.html，[2011-05-21].

[24] 纪爱玲. 任福：发挥资源优势建设独一无二的特色园区 [EB/OL]. http：//www.chinahightech.com/html/684/2011/1205/094159.html，[2011-12-05].

[25] 国务院. 国务院关于促进稀土行业持续健康发展的若干意见 [EB/OL]. http：//www.gov.cn/zwgk/2011-05/19/content_1866997.htm，2011-05-19.

[26] Technology Metals Research. TMR Advanced Rare-Earth Projects Index [EB/OL]. http：//www.techmetalsresearch.com/metrics-indices/ tmr-advanced-rare-earth-projects-index/，2013-06-24.

[27] 中国稀土资源储量亮红灯，一年走私总量达上万吨 [EB/OL]. 经济参考报，http：//news.xinhuanet.com/fortune/2011-02/10/c-121061256.html，2014-07-10.

[28] 包钢稀土研究院. 中国稀土 [EB/OL]. http：//www.cre.net/list.php? catid=17，2016.

[29] Manind J.，Jones E. T. Rare Earth Elements Supply，Trade and Use Dynamics [M]. New York：Nova Science Pub Inc，2013.

[30] Jepson N. A 21st Century Scramble：South Africa，China and the Rare Earth Metals Industry [M]. Matieland：Centre for Chinese Studies and SAIIA，2012.

[31] A. Charnes，W. W. Cooper，E. Rhodes. Measuring the Efficiency of Decision Making Units [J]. European Journal of Operational Research，1978 (2)：429-444.

[32] Banker R. D.，Charnes A.，Cooper W. W. Some Models for Estimating Technical and Scale Inefficiencies in Data Envelopment Analysis [J]. Management Science，1984 (30)：1078-1092.

[33] Prahalad and Hamel. The Core Competence of the Corporation [J]. Harvard Business Review，1990，68 (5/6)：79-91.

[34] Richard Lynch. Work-based Learning and Quality Assurance in Higher Education [J]. Assessment & Evaluation in Higher Edueation, 1994 (19): 247-251.

[35] William C.Bogner, Howard Thomas. Core Competence and Competitive Advantage: A Model and Illustrative Evidence from the Pharmaceutical Industry [J]. The Strategic Management Society, 1994 (6): 9-33.

[36] Leonard Barton D. Wellsprings of Knowledge: Building and Sustaining the Sources of Innovation [D]. Boston, Massachusetts: Harvard Business School Press, 1995.

[37] Coombs Rod. Core Competencies and the Strategic Management of R&D Management [J].1996, 26 (4): 345-355.

[38] Mansour Javidan. Core Competence: What does it Mean in Pratice Long Range Planning [J]. 1998, 31 (1): 60-71.

[39] Asakawa K. Evolving Headquarters-subsidiary Dynamics in International R&D: The Case of Japanese Multinational Corporations [J]. R&D Management, 2001, 31 (1): 1-14.

[40] Eremy Clifford. Beyond Competitive Advantage [J]. Strategic Change, 2002, 11 (6): 317-327.

[41] Barney J.B.Gaining and Sustaining Competitive Advantage [J]. Academy of Management Executive, 2002, 6 (1): 7-22.

[42] Halid Hafeez, Yan Bing Chang and Naila Malak. Core Competence for Sustainable Competitive Advantage: A Structured Methodology for Identifying Core Competence [J]. Ieee Transactions on Engineering Management, 2002, 49 (1): 28-35.

[43] Melitz, Marc J.The Impact of Trade on Intra industry Reallocations and Aggregate Industry Productivity [J]. Economet Rica, 2003, 71 (6): 1695-1725.

[44] Miguel Acosta Molina, Idaira Barriosdel Pino, Alicia Correa Rodriguez.Industry Management Capabilities and Firms Competitiveness [J]. An Empirical Contribution Managerial and Decision Eeonomics, 2004, 25 (5): 265-281.

[45] Persaud A. Enhancing Synergistic Innovative Capability in Multinational Corporations: An Empirical Investigation [J]. Journal of Product Innovation Management, 2005, 22 (5): 412-429.

[46] Godfrey Y. Vincent M. The Impact of Implementing ISOs on the Competitiveness of Manufacturing Industry in China [J]. Journal of World Business, 2005, 40 (2): 139-157.

[47] Walker S. Breaking the Rare-earth Monopoly [J]. Engineering and Mining Journal, 2010 (211): 46-53.

[48] Long K. R., Gosen B. S. V., Foley N. K., Cordier D. The Principal Rare Earth Elements Deposits of the United States-a Summary of Domestic Deposits and a Global Perspective [M]. Scientific Investigations Report 2010-5220, Virginia: U.S. Geological Survey, 2010.

[49] Wray P.Rare-earths Revisited: Global Jockeying Intensifies in Response to Shortages and Soaring Prices [J]. American Ceramic Society Bulletin, 2011 (90): 30-33.

[50] Technol, Manag Innov. Managing Research and Development for Core Competence Building in an Organization [J]. Journal of Technology Management & Innovation, 2011, 6 (1): 58-65.

[51] Stefanie Mauksch.Beyond Managerial Rationality: Exploring Social Enterprise in Germany [J]. Social Enterprise Journal, 2012, 8 (2): 156-170.

[52] Wubbeke J.Rare Earth Elements in China: Policies and Narratives of Reinventing an Industry [J]. Resources Policy, 2013 (38): 384-394.

[53] David Sarpong, Clayton Davies.Managerial Organizing Practices and Legitimacy Seeking in Social Enterprises [J]. Social Enterprise Journal, 2014, 10 (1): 21-37.

[54] Peter Massingham. An Evaluation of Knowledge Management Tools: Part 1-Managing Knowledge Resources [J]. Journal of Knowledge Management, 2014, 18 (6): 1075-1100.

[55] David Sarpong, Martin Nils Amsteus, eds. Cultivation and Management of Strategic Foresight in Contexts of Rapid Change, Greater Complexity, and Genuine Uncertainties [J]. Foresight, 2015, 17 (5): 20-28.

[56] Gloria Appiah, David Sarpong.On the Influence of Organisational Routines on Strategic Foresight [J]. Foresight, 2015, 17 (5): 512-527.

[57] Nickel U.S. Geological Survey [R]. Mineral Commodity Summaries, 2016: 115-116.

[58] Peter Jenner. Social Enterprise Sustainability Revisited: An International Perspective [J]. Social Enterprise Journal, 2016, 7 (1): 42-60.

[59] 丁开盛，梁雄健. 企业核心竞争能力初探 [J]. 北京邮电大学学报，1999 (1): 13-17.

[60] 杨静蕾，张东生. 企业核心竞争力评价指标体系设计 [J]. 河北工业大学学报，

1999，28（3）：48-51.

［61］王毅等. 企业核心能力测度方法述评［J］. 科技管理研究，2000（1）：5-8.

［62］芮明杰. 培养核心竞争力——世界500强的成功之道［J］. 管理科学文摘，2000（1）：51-52.

［63］李龙一. 基于技术创新视角的企业核心能力培育［J］. 科技进步与对策，2001（5）：22-24.

［64］郭凡生. 企业核心竞争力的"三环论"［N］. 中国经营报，2002-11-07.

［65］张维迎. 论中国企业竞争力持续多久［N］. 北京科技报，2002-10-21.

［66］张新华，范宪. 识别、构建和保持企业核心竞争力［J］. 复旦学报（社会科学版），2002（5）：106-111.

［67］冯静蕾. 内蒙古稀土产业发展研究［J］. 科学管理研究，2002，20（3）：75-76.

［68］许国齐，段红杉. 企业核心竞争力评价指标体系研究［J］. 河北省科学院学报，2003，20（1）：5-13.

［69］陈劲，王毅，许庆瑞. 国外核心能力研究述评［J］. 科研管理，1999，9（5）：13-20.

［70］谢讯. 关于企业核心竞争力的思考［J］. 重庆工商大学学报（西部论坛），2004（6）：61-63.

［71］林叶. 论企业的核心竞争力［J］. 现代管理科学，2004（1）：54-55.

［72］苏文清. 中国稀土产业竞争力评价和分析［J］. 稀土，2004（5）：71-77.

［73］许正良，荆德刚. 企业核心竞争力理论溯源及研究现状分析［J］. 当代经济理论，2005，27（3）：24-29.

［74］汤湘希. 企业核心竞争力会计控制研究评论［J］. 财会通讯，2005（3）：3-14.

［75］曾巧生. 资源型企业核心竞争力评价方法的研究［J］. 科技与管理，2005（1）：33-35.

［76］赫连志巍，范晶. 企业核心竞争力评价指标体系及应用研究［J］. 燕山大学学报（哲学社会科学版），2005，6（4）：48-51.

［77］徐阳华. 企业核心竞争力研究综述与前瞻［J］. 华东经济管理，2005，19（11）：29-35.

［78］刘小元. 资源型企业核心竞争力评价方法的研究［J］. 科技与管理，2005（1）：33-35.

［79］李景云. 制造企业核心竞争力的评价与培育研究［D］. 济南：山东科技大学硕士学位论文，2005.

[80] 王秀丽. 企业核心竞争力的分析与评价体系研究 [D]. 北京：对外经济贸易大学硕士学位论文，2006.

[81] 蒋欣彬. 中国稀土产品出口效益提升研究 [D]. 杭州：浙江大学硕士学位论文，2006.

[82] 李军，孙敬华. 钢铁企业竞争力评价方法比较与借鉴 [J]. 北京科技大学学报（社会科学版），2006（2）：25-34.

[83] 盛小平，孙彬. 企业核心竞争力理论透视 [J]. 经济问题探索，2006（11）：85-87.

[84] 葛新旗，唐琮沅. 我国大中型钢铁企业核心竞争力指标体系设计与评价 [J]. 冶金丛刊，2007（3）：9-12.

[85] 何晓伟，郭红，陈鹏. 基于 BP 神经网络的企业核心竞争力评价 [J]. 科学学研究，2007（1）：132-137.

[86] 李东有，马占新. 改进的 DEA 模型在上市物流企业中的应用 [J]. 北京交通大学学报，2007，11（2）：32-39.

[87] 陈懿，杨昌明，王艳平. 资源型企业核心竞争力评价研究 [J]. 金属矿山，2007（12）：17-35.

[88] 商显刚. 为内蒙古稀土产业诊脉 [J]. 北方经济，2007（6）：26-27.

[89] 张光灿. 核心竞争力内涵再探 [J]. 江苏商论，2007（8）：110-112.

[90] 程建忠，侯运炳，车丽萍. 白云鄂博矿床稀土资源的合理开发及综合利用 [J]. 稀土，2007，28（1）：70-74.

[91] 吴金明，邵昶. 产业链形成机制研究——“4+4+4” 模型 [J]. 中国工业经济，2006，23（4）：36-43.

[92] 胡建波. 企业核心竞争力的培育方法与途径 [J]. 商业现代化，2007（7）：75-76.

[93] 张红，易容容. 基于模糊层次分析法的企业核心能力评价 [J]. 科技管理研究，2006（2）：73-75.

[94] 赵燕娜. 钢铁行业竞争力评估指标体系构建研究 [J].工业技术经济，2008，27（4）：102-106.

[95] 赵丽英. 企业核心竞争力内涵界定 [J]. 商业时代，2008（12）：49-50.

[96] 杨金廷，张砚，王孟磊. 我国能源企业核心竞争力评价模型研究 [J]. 河北工程大学学报（社会科学版），2008，25（1）：3-5.

[97] 冯兵，朱永华，林云华. 资源型企业核心竞争力评价指标体系研究 [J]. 武汉

工程大学学报，2008，30（5）：11-15.

[98] 甘富华. 稀土生产开发应用现状与发展趋势 [J]. 江苏冶金，2008，4（36）：1-3.

[99] 张宝友，达庆利，黄祖庆. 中国上市物流公司动态绩效评价及对策 [J]. 系统工程，2008，26（4）：6-10.

[100] 刘艳，饶振华. 江西稀土产业竞争力分析 [J]. 江西有色金属，2008，22（1）：3-10.

[101] 贺海钧，卢虎生. 稀土企业科学运营管理中"双低效应"成因的定量分析 [J]. 科学管理研究，2008，26（1）：49-51.

[102] 何枫，陈荣. 管理层激励对公司效率影响的随机前沿分析 [J]. 系统工程理论与实践，2008（9）：1-9+19.

[103] 沈渊，漆世雄. 基于 DEA 方法的我国物流上市公司绩效评价 [J]. 物流技术，2009，28（8）：97-100.

[104] 陈根. 核心竞争力理论渊源、局限性和研究展望 [J]. 商业时代，2009（17）：43-45.

[105] 梁凤霞. 基于知识管理的企业核心竞争力研究 [J]. 科技与管理，2009，11（1）：41-43.

[106] 高海洲. 白云鄂博矿区稀土稀有矿产资源综合评述（一）[J]. 包钢科技，2009，35（5）：1-6.

[107] 闫军印，刘翠娥，史宝娟. 区域矿产资源竞争力评价研究 [J]. 资源与产业，2009，1（11）：34-39.

[108] 鲍海峰，张平. 西部特色优势产业内生成长模式及培育途径——以内蒙古稀土产业为例 [J]. 科学管理研究，2009（6）：47-50.

[109] 赵增祺. 关于我国稀土产品出口等问题的看法与建议 [J]. 稀土信息，2009（11）：7-10.

[110] 覃家琦，齐寅峰，李莉. 微观企业投资效率的度量：基于全要素生产率的理论分析 [J]. 经济评论，2009（2）：133-141.

[111] 刘余九. 中国稀土产业现状及发展的主要任务 [J]. 中国稀土学报，2007，25（3）：257-263.

[112] 王春笋译. 稀土金属何以变得敏感——美国钼矿物公司首席执行官马克·史密斯访谈录 [J]. 稀土信息，2009（8）：26-28.

[113] 袁晓玲，张宝山. 中国商业银行全要素生产率的影响因素研究——基于 DEA

模型的 Malmquist 指数分析［J］.数量经济技术经济研究，2009（4）：93-104+116.

［114］鲍海峰，张平. 西部特色优势产业内生成长模式及培育途径——以内蒙古稀土产业为例［J］. 科学管理研究，2009（6）：47-50.

［115］张杰，刘志彪. 全球化背景下国家价值链的构建与中国企业升级［J］. 经济管理，2009（2）：21-25.

［116］许涛，彭会清，林忠，吕保义. 稀土固体废物的成因、成分分析及综合利用［J］. 稀土，2010，31（2）：34-39.

［117］梁婧姝，马明. 稀土产业竞相压价现状调查及分析［J］. 稀土信息，2010（6）：5-9.

［118］陈占恒. 中国稀土产业与科技发展的思考［J］. 四川稀土，2010（4）：2-8.

［119］程建忠. 中国稀土资源开采现状及发展趋势［J］. 稀土，2010，31（2）：65-68.

［120］房丛卉，李莹莹. 基于层次分析法的钨矿资源综合竞争力评价［J］. 资源与产业，2010，12（2）：46-50.

［121］胡振华，张宁辉. 基于生态位构建的企业动态核心竞争力分析［J］. 当代财经，2010（2）：68-73.

［122］李朝明，黄利萍. 动态能力、协同知识创新和企业持续竞争力的关系研究［J］. 科技进步与对策，2010（11）：17-20.

［123］赵隽. 企业核心竞争力整合策略研究：知识管理视角［J］. 科技管理研究，2010（10）：137-142.

［124］龚唯平，薛白，董华. 先进制造业发展的动力模型与评价指标体系［J］. 产经评论，2010（2）：34-42.

［125］葛世龙，周德群，周明. 后备技术不确定下资源耗竭动态优化模型研究［J］. 管理科学学报，2010，13（4）：23-28.

［126］李晓丽，张忠义. 稀土发光材料产业现状分析［J］. 稀土，2010（2）：55-59.

［127］李晓阳，吴彦艳，王雅林. 基于比较优势和企业能力理论视角的产业升级路径选择研究——以我国汽车产业为例［J］. 北京交通大学学报（社会科学版），2010（2）：23-27.

［128］高友才，向倩. 我国战略性新兴产业的选择与发展对策［J］. 经济管理，2010，32（11）：21-25.

［129］王发明，毛荐其. 技术链、产业技术链与产业升级研究——以我国半导体照明产业为例［J］. 研究发展与管理，2010，22（3）：19-28.

[130] 倪平鹏，蒙运兵，杨斌. 我国稀土资源开采利用现状及保护性开发战略 [J]. 宏观经济研究，2010（10）：13–20.

[131] 孙章伟. 美国稀土生产、贸易与储备的研究 [J]. 金融与经济，2010（12）：27–29.

[132] 冯瑞华，黄健，潘懿等. 国外最新稀土政策分析 [J]. 稀土，2010（4）：96–101.

[133] 李惠娟，龙如银，兰新萍. 资源型城市的生态效率评价 [J]. 资源科学，2010，32（7）：1296 –1300.

[134] 黄健，冯瑞华. 浅析日本稀土战略 [J]. 新材料产业，2010（6）：37–39.

[135] 郑新立. 自主创新是实现产业升级的中心环节 [J]. 求是，2010（2）：21–24.

[136] 杜凤莲，董竞泽. 中国稀土产业政策及其对出口市场的影响 [J]. 内蒙古大学学报（哲学社会科学版），2011，43（6）：37–42.

[137] 高志强，周启星. 稀土矿露天开采过程的污染及对资源和生态环境的影响 [J]. 生态学杂志，2011，12（30）：2915–2922.

[138] 肖勇. 江西稀土产业生态发展的构想 [J]. 企业经济，2011（10）：60–62.

[139] 陈莲芳，严良. 中国西部矿产资源产业集聚度与竞争力研究 [J]. 中国人口·资源与环境，2011（5）：31–37.

[140] 任福兵. 中国稀土产业整合模式研究 [J]. 内蒙古社会科学（汉文版），2011（6）：110–114.

[141] 雷宇. 资源型产业集群核心竞争力评价指标体系的设计 [J]. 赤峰学院学报（自然科学版），2011，27（6）：100–102.

[142] 张春梅，王征宇，高俊霞. 基于 DEA 的内蒙古物流产业发展有效性评价 [J]. 物流技术，2011，30（1）：72–75.

[143] 霍国庆，张晓东. 基于 SEM 的科研组织核心竞争力评价模型 [J]. 科学学与科学技术管理，2011，32（8）：149–155.

[144] 李文龙. 我国稀土产业可持续发展问题研究 [J]. 科学管理研究，2011，29（1）：102–105.

[145] 李文龙. 金融危机下内蒙古稀土产业可持续发展 SWTO 分析 [J]. 中国商贸，2011（6）：221–222.

[146] 曹慧，李文龙. 对我国稀土产业可持续发展的思考 [J]. 内蒙古科技与经济，2011（6）：5–6.

[147] 张忠. 我国稀土市场现状分析与预测 [J]. 稀土信息，2011（8）：4–9.

[148] 孟弘，李振兴. 关于我国稀土产业发展的战略性思考 [J]. 科技管理研究，2011，31（16）：29–31.

[149] 闫包成，安忠梅，郝戊. 我国稀土产业可持续发展的战略思考 [J]. 开发研究，2011（2）：43–46.

[150] 朱瑞博. 核心技术链、核心产业链及其区域产业跃迁式升级路径 [J]. 经济管理，2011，33（4）：43–53.

[151] 陈志，刘峰. 稀土产业态势国际比较与中国的选择 [J]. 改革，2011（5）：92–98.

[152] 郭巍，林汉川，付子墨. 我国先进制造业评价指标体系的构建 [J]. 科技进步与对策，2011（12）：125–129.

[153] 张约翰，张平宇. 东北装备制造业竞争力评价及影响因素研究 [J]. 中国科学院研究生院学报，2011，28（4）：467–474.

[154] 赵增祺. 关于如何保护和利用好我国白云鄂博稀土矿资源的建议与思考 [J]. 稀土信息，2011（5）：5–7.

[155] 任忠宝，余良晖. 稀土资源储备刻不容缓 [J]. 地球学报，2011，32（4）：507–512.

[156] 刘国平，胡朋，邵胜军等. 中国稀土资源在全球地位的评估 [J]. 世界有色金属，2011（12）：26–29.

[157] 芦锋，刘维奇. 基于 DEA 方法的我国商业银行效率研究 [J]. 山西大学学报（哲学社会科学版），2011（2）：129–132.

[158] 丁忠明，张琛. 基于 DEA 方法下商业银行效率的实证研究 [J]. 管理世界，2011（3）：172–173.

[159] 贾根良，刘琳. 中国稀土问题的经济史透视与演化经济学分析 [J]. 北京大学学报（哲学社会科学版），2011（4）：136–144.

[160] 刘慧芳. 我国稀土出口贸易中利益相关方博弈分析 [J]. 财贸经济，2011（9）：85–91.

[161] 宋文飞，李国平，韩先锋. 稀土定价权缺失，理论机理及制度解释 [J]. 中国工业经济，2011（10）：46–55.

[162] 雷宇. 资源型产业集群核心竞争力评价指标体系的设计 [J]. 赤峰学院学报（自然科学版），2011，27（6）：100–102.

[163] 龚三乐. 全球价值链内企业升级动力实证研究 [J]. 求索，2011（7）：11–13.

[164] 安忠梅. 包钢稀土高科核心竞争力测评和提升研究 [D]. 包头：内蒙古科技

大学硕士学位论文，2011.

[165] 尚宇. 中国稀土产业国际竞争力研究 [D]. 北京：中国地质大学博士学位论文，2011.

[166] 米娜. 内蒙古稀土产业发展对策的探讨 [D]. 北京：首都经贸大学硕士学位论文，2011.

[167] 陶春. 中国稀土资源战略研究——以包头、赣州稀土资源产业发展为例 [D]. 北京：中国地质大学博士学位论文，2011.

[168] 陆军. 装备制造企业核心竞争力动态管理研究 [D]. 哈尔滨：哈尔滨工程大学博士学位论文，2011.

[169] 张丽颖. 基于 Malmquist 指数的稀土资源竞争力指标体系构建及动态评价 [J]. 资源与产业，2012，14 (5)：100-104.

[170] 魏龙，潘安. 中国稀土资源可持续发展研究 [J]. 软科学，2012，26 (11)：27-32.

[171] 张丽颖，李胜连. 稀土产业链综合绩效评价现状、问题与展望 [J]. 华东经济管理，2012，26 (1)：68-71.

[172] 张丽颖，鄢文博，曾昭志，李胜连. 基于 Malmquist 指数的稀土资源竞争力指标体系构建及动态评价 [J]. 资源与产业，2012 (5)：100-104.

[173] 李胜连，鄢文博，张丽颖. 稀土资源竞争力区域动态绩效评价实证研究 [J]. 矿业研究与开发，2012 (5)：122-124.

[174] 曾国华，吴雯雯. 中国南北稀土产业竞争力的比较及差异化发展策略 [J]. 有色金属科学与工程，2012，3 (4)：75-81.

[175] 吴志军. 我国稀土产业可持续发展战略研究 [J]. 江西社会科学，2012 (2)：42-49.

[176] 王薇，丁凯. 关于内蒙古稀土产业发展的理性思考 [J]. China's Foreign Trade，2012 (6)：134-135.

[177] 薛峰. 试论"稀土贸易战"与我国稀土产业可持续发展 [J]. 稀土，2012 (4)：99-102.

[178] 杜凤莲，董竞泽. 中国稀土产业政策及其对出口市场的影响 [J]. 内蒙古大学学报（哲学社会科学版），2012，43 (6)：37-42.

[179] 徐毅鸣. 中国稀土产业的国家价值链构建问题研究——基于对俘获型全球价值链治理突破的探讨 [J]. 经济经纬，2012 (3)：60-64.

[180] 王晓红，李学峤. 基于 DEA 模型的稀土上市公司投资效率评价 [J]. 科技经

济市场，2012（11）：43-46.

[181] 陈关聚. 基于随机前沿的装备制造业人力资本贡献率研究——以上市公司2001~2010年面板数据为例 [J]. 科技进步与对策，2012（16）：50-55.

[182] 房宏琳，宋加升. 基于动态进化的企业核心竞争力分析 [J]. 浙江学刊，2012（3）：139-143.

[183] 韩凤晶，黄冬冬. 企业动态核心能力培育与提升——基于NK模型企业组织结构创新路径研究 [J]. 资源开发与市场，2012（12）：1118-1138.

[184] 吴海民，俞雪花. 我国稀土产业发展现状与对策研究 [J]. 哈尔滨商业大学学报，2012（4）：48.

[185] 李刚. 稀土资源税费改革问题初探 [J]. 财会月刊，2012（2）：55-56.

[186] 刘志彪. 战略性新兴产业的高端化：基于“链”的经济分析 [J]. 产业经济研究，2012，58（3）：9-17.

[187] 刘冰，王发明，毛荐其. 基于全球技术链的中国产业升级路径分析 [J]. 经济与管理研究，2012，33（4）：58-63.

[188] 郑明贵，陈艳红. 世界稀土资源供需现状与中国产业政策研究 [J]. 有色金属科学与工程，2012（4）：70-74.

[189] 陈健，吴楠. 世界稀土资源现状分析与我国稀土资源可持续发展对策 [J]. 农业现代化研究，2012（1）：74-77.

[190] 甄晓非. 我国能源产业低碳化发展的制约因素及对策 [J]. 经济纵横，2012（4）：78-81.

[191] 王华民. 中国稀土产业组织研究 [D]. 北京：中国地质大学博士学位论文，2012.

[192] 徐金弛. 我国稀土产业政策研究——以包钢稀土集团为例 [D]. 沈阳：辽宁大学硕士学位论文，2012.

[193] 陈耕. 白云鄂博主、东矿回顾性环境影响评价 [D]. 呼和浩特：内蒙古大学硕士学位论文，2012.

[194] 张宁. 基于价值链分析的核心竞争力评价指标体系 [J]. 山西师范大学学报（社会科学版），2012，39（9）：89-90.

[195] 张璞，李毅. 稀土产业现状与资源整合重组对策 [J]. 稀土，2013，34（1）：94-97.

[196] 李向前，马娟娟，刘峥延，李霞，毛显强. 我国稀土产品废弃物的稀土回收价值探讨 [J]. 生态经济，2013（12）：89-92.

［197］夏昕昱. 稀土专利现状简析［J］. 稀土信息，2013（12）：26–28.

［198］肖勇，韩胜利. 国内稀土产业发展不对称现象初探［J］. 稀土，2013，1（34）：98–102.

［199］何文章，卢福财. 基于价值创造的稀土可持续产业价值链研究［J］. 云南社会科学，2013（3）：90–95.

［200］陈秀法，张振芳，王靓靓，陈岚，甘秋玲. 全球稀土资源供需及资源潜力分析［J］. 中国矿业，2013，22（12）：1–5.

［201］李胜连. 稀土资源竞争力区域动态绩效评价及影响因素弹性分析［J］. 工业安全与环保，2013，32（11）：79–81.

［202］马越峰，李建忠. 稀土企业经营绩效评价［J］. 科技管理研究，2013（3）：251–255.

［203］马越峰，李琢. 基于 SWTO 分析的内蒙古稀土产业战略研究［J］. 科技经济市场，2013（11）：63–66.

［204］乐奇. 世界战略格局下的内蒙古稀土资源产业研究［J］. 内蒙古社会科学（汉文版），2013（4）：153–157.

［205］魏龙，潘安. 中国稀土资源可持续发展研究［J］. 软科学，2013，26（11）：27–32.

［206］杨斌清，张贤平. 基于储采比分析的中国稀土矿种储备选择研究［J］. 中国稀土学报，2013，31（6）：762–768.

［207］李宇，林菁菁. 产业升级的内生驱动及其企业持续创新本质挖掘［J］. 改革，2013（6）：118–127.

［208］葛秋萍，李梅. 我国创新驱动型产业升级政策研究［J］. 科技进步与对策，2013（16）：102–106.

［209］张斌，林枫，王志明. 关于促进我国稀土产业发展的战略思考［J］. 价值理论与实践，2013（4）：89–90.

［210］李红锦，李胜会. 战略性新兴产业创新效率评价研究——LED 产业的实证分析［J］. 中央财经大学学报，2013（4）：75–80.

［211］洪江涛，杨晓雁，陈俊芳. 知识管理、知识竞争力与核心竞争力关系的实证研究［J］. 上海交通大学学报，2013（3）：444–449.

［212］周小平. 基于知识管理的企业核心竞争力研究［J］. 长春理工大学学报，2013（4）：105–107.

［213］胡平，温春龙，潘迪波. 外部网络、内部资源与企业竞争力关系研究［J］. 科

研管理，2013（4）：90–97.

[214] 章启军，吴玉锋，程会强，殷晓飞，王维. 稀土荧光粉回收利用技术研究现状与发展趋势 [J]. 环境污染与防治，2013，35（8）：79–83.

[215] 龚卫星，李艳荣. 我国稀土废料回收利用技术与现状 [J]. 中国资源综合利用，2013，31（9）：36.

[216] 廖列法，毛克贞. 我国稀土产业环境监管策略研究：国外环境监管政策的启示 [J]. 有色金属科学与工程，2013（1）：89–94.

[217] 刘荣明. 中国稀土永磁产业现状及技术发展新动向 [J]. 稀土信息，2013（6）：18–23.

[218] 廖建求，邓敏. 稀土资源保护法律与政策的缺陷分析 [J]. 国土资源科技管理，2013，30（1）：121–127.

[219] 王倩，杨桐. 基于 DEA 方法煤炭企业经营绩效评价 [J]. 经济与管理，2013，27（2）：93–96.

[220] 苏钰杰，徐凯. 稀土产业健康发展问题及对策分析 [J]. 管理现代化，2013（3）：22–23.

[221] 杨丹辉. 我国稀土产业发展战略与政策体系构建 [J]. 当代经济管理，2013（8）：66–71.

[222] 宋扬. 我国稀土资源“乱象”引发的法律思考 [D]. 哈尔滨：黑龙江大学硕士学位论文，2013.

[223] 何洁. 我国稀土产业竞争力分析及发展对策——以江西省为例 [J]. 中国管理信息化，2014，17（2）：40–43.

[224] 吴一丁，罗翔. 稀土上市公司综合绩效评价的实证研究 [J]. 论坛，2014（1）：1–3.

[225] 吴一丁，罗翔. 我国稀土产业沿价值链“逆向”发展的解析——基于经营绩效视角 [J]. 江西理工大学学报，2014，35（2）：42–46.

[226] 岳中刚. 战略性新兴产业技术链与产业链协同发展研究 [J]. 科学学与科学技术管理，2014（2）：154–161.

[227] 李岭，安润功. 基于技术创新思考的我国稀土生产企业博弈分析 [J]. 数学的实践与认识，2014，44（4）：57–62.

[228] 刘新建，卢瑞新，宋之杰，崔冬初. 基于投入产出模型的中国稀土产业关联分析 [J]. 生态经济，2014（4）：85–90.

[229] 何维达，刘亚宁. 提高我国稀土产业竞争力的对策建议 [J]. 宏观经济管理，

2014（5）：44–45.

[230] 康泰玮. 2013 年稀土行业政策法规回顾 [J]. 稀土信息，2014（3）：14–17.

[231] 刘叶. 我国近几年稀土行业环保治理与成效 [J]. 稀土信息，2014（6）：36–39.

[232] 边璐，张江朋，宋宇辰等. 国际金属价格指数、广义需求与中国稀土产品价格——基于两市场视角下的多因素模型研究 [J]. 资源科学，2014，36（3）：641–652.

[233] 刘高常，谭吉玉. 我国稀土产业低碳化发展的问题与政策取向 [J]. 经济纵横，2014（4）：39–42.

[234] 宋之杰，郭燕平，崔冬初. 地方政府监管与稀土上游企业的演化博弈分析 [J]. 科研管理，2014（35）：145–152.

[235] 张彬，李丽平，柴琪. 以"稀土案"为例试论中国环保如何融入国际贸易框架 [J]. 环境保护，2014（8）：49–51.

[236] 邱南平，徐海申，李颖，周艳晶. 中国稀土政策的变迁及对稀土产业的影响 [J]. 中国国土资源经济，2014（10）：41–44.

[237] 邹君宇，王建平，柳振江等. 中国稀土资源现状和问题及对策的思考 [J]. 矿业研究与开发，2014（2）：119–123.

[238] 高喜超，范莉莉. 企业核心竞争力的 AHP–ANN 组合系统评价方法 [J]. 统计与决策，2014（5）：50–53.

[239] 环球网. 日本研究小组宣布发现两种新型稀土矿物 [J]. 稀土，2014（3）：5.

[240] 吴迪，钱贵霞. 中国稀土产业经济研究现状与发展趋势分析 [J]. 稀土，2014，35（5）：104–112.

[241] 刘立刚，吴泽斌. 稀土资源价值的重新审视及其政策启示 [J]. 资源与产业，2014，16（3）：32–36.

[242] 郭财胜，李梅，柳召刚等. 白云鄂博稀土、铌资源综合利用现状及新思路 [J]. 稀土，2014，35（1）：96–100.

[243] 高光耀，郑从卓，陈博. 我国物联网技术链与产业链协同发展研究 [J]. 科技进步与对策，2014，31（12）：59–64.

[244] 熊家齐. 对全球稀土需求的基本认识 [J]. 稀土信息，2014（358）：12–16.

[245] 王正明，赵玉珍. 中国稀土产业生态效率研究 [J]. 工业技术经济，2014（12）：110–115.

[246] 赵超越. 我国稀土的国际市场势力研究 [D]. 长春：东北财经大学硕士学位论文，2014.

[247] 胡建州. 中国稀土出口日本市场势力及决定因素分析 [D]. 苏州：苏州大学

硕士学位论文，2014.

[248] 王振昌. 中国稀土资源出口问题及对策分析 [D]. 长春：吉林大学硕士学位论文，2014.

[249] 杜凤莲，高正，王媛，余晶. 技术进步不确定下的稀土最优耗竭路径研究 [J]. 稀土，2015（1）：113-117.

[250] 赖程，吴一丁. 绩效视角下的稀土后端产业资产结构研究——基于中日上市公司的比较 [J]. 江西理工大学学报，2015（2）：44-49.

[251] 陈占恒，杜佳员，鲁莎，马荣璋，王晓铁. 基于稀土产品出口统计数据的价格指数研究 [J]. 稀土，2015，36（3）：131-133.

[252] 孙建勋. 我国稀土行业现状分析与建议 [J]. 中国金属通报，2015（9）：41-43.

[253] 曾国华，刘安安，贾宝贵. 赣州稀土产业竞争力评价及提升策略 [J]. 有色金属科学与工程，2015（6）：132-136.

[254] 张其春，郗永勤. 基于"四链"协同升级的战略性新兴产业发展研究——以我国稀土产业为例 [J]. 当代财经，2015（5）：86-96.

[255] 王玉珍. 我国稀土产业政策效果实证研究 [J]. 宏观经济研究，2015（2）：39-49.

[256] 袁博，王国平，李钟山，柳群义，孙立楠，赵敏. 我国稀土资源储备战略思考 [J]. 中国矿业，2015，24（3）：28-48.

[257] 杨丽梅，才凌惠. 影响稀土产业可持续发展因素及应对策略研究 [J]. 稀土，2015，36（6）：149-154.

[258] 乔芳. 浅析我国稀土产业结构发展问题及对策 [J]. 稀土信息，2015（10）：24-27.

[259] 罗翔，吴一丁，赖丹. 我国稀土产业"低端锁定"态势破解研究——基于微观企业效率视角 [J]. 稀土，2015（6）：142-147.

[260] 陈甲斌. 稀土资源管理制度构建与政策调整研究 [J]. 当代经济管理，2015（3）：30-33.

[261] 杨丽梅，何媛媛，张江朋. 运用系统动力学模型预测稀土战略储备规模 [J]. 中国稀土学报，2015（2）：231-239.

[262] 王珍. 中国稀土资源开发和环境保护问题研究 [J]. 浙江工业大学学报（社会科学版），2015（1）：13-17.

[263] 朱文杰，张原庆，王玉福. 中国稀土资源开发利用现状问题及建议——以白云鄂博矿南方七省离子型吸附矿冕宁矿为例 [J]. 山东国土资源，2015（10）：31-39.

[264] 肖燕飞，黄小卫，冯宗玉，董金诗，黄莉，龙志奇. 离子吸附型稀土矿绿色提取技术研究进展 [J]. 稀土，2015，36（3）：109-115.

[265] 刘小芳，康泰玮. 2014 年稀土行业政策法规回顾 [J]. 稀土信息，2015（3）：30-33.

[266] 吴巧生，孙奇. 我国稀土价格形成机制及策略 [J]. 中国矿业，2015，24（1）：29-51.

[267] 李春龙，李小钢，徐广尧. 白云鄂博共伴生矿资源综合利用技术开发与产业化 [J]. 稀土，2015，5（36）：151-158.

[268] 王钧超. 矿业形势新常态下中国稀土产业发展的管理政策探讨 [J]. 中国矿业，2015，24（5）：6-9.

[269] 吴一丁，赖程. 产业链视角下的稀土上市公司经营绩效分析 [J]. 资源与产业，2015（1）：128-133.

[270] 王祥生，王志强，陈德宏等. 稀土金属制备技术发展及现状 [J]. 稀土，2015（5）：123-132.

[271] 宋之杰，郭燕平，崔冬初. 基于演化博弈的北方稀土整合策略研究 [J]. 稀土，2015（4）：152-158.

[272] 许礼刚. 产品和辩证视阈的赣南稀土产业竞争力分析及综合评价研究 [J]. 江西理工大学学报，2015，36（6）：36-40.

[273] 高芳圆. 基于 GEM 模型的赣州稀土产业集群竞争力研究 [D]. 赣州：江西理工大学硕士学位论文，2015.

[274] 庞龙. 可持续增长视角下我国稀土上市公司财务风险分析 [D]. 包头：内蒙古科技大学硕士学位论文，2015.

[275] 王熙博. 中国稀土资源产量预测方法研究与应用 [D]. 北京：中国地质大学博士学位论文，2015.

[276] 郑子敬. 稀土产业规模经济与产业创新政策研究 [D]. 北京：中国地质大学博士学位论文，2015.

[277] 罗翔. 产业链视角下我国稀土升级的效率和风险驱动研究 [D]. 赣州：江西理工大学硕士学位论文，2015.

[278] 陈占恒，叶少硕，徐鹏. 2010 年以来稀土市场分析与展望 [J]. 稀土信息，2016（6）：10-15.

[279] 周宝炉，李仲学，赵怡晴. 世界稀土市场动态及产业对策建议 [J]. 中国稀土学报，2016，34（3）：258-264.

[280] 李仲学，周宝炉，赵怡晴. 未来世界稀土供需格局分析及对策 [J]. 稀土，2016，37（3）：153–158.

[281] 胡海祥，郑延智，刘贻玲. 我国稀土储备的功能及调控选择 [J]. 矿产保护与利用，2016（4）：1–7.

[282] 方晓霞，杨丹辉. 中日在稀有金属领域的战略博弈——兼评中国稀土产业政策效果 [J]. 经济研究，2016（5）：1–7.

[283] 于佳欣. 2015 年国外稀土市场回顾及展望 [J]. 稀土信息，2016（2）：33–35.

[284] 平新乔，安然. 我国稀土出口总量与结构变化 [J]. 改革，2016（3）：94–101.

[285] 王晓红，郭建宁. 基于 Malmquist 指数的稀土上市公司动态投资效率研究 [J]. 会计之友，2016（4）：63–66.

[286] 张江朋，边璐，张璞，郭艾. 基于 SFA 的价格变动视角下中国稀土永磁上市公司效率研究 [J]. 稀土，2016（1）：151–158.

[287] 许礼刚. 稀土产业实施逆向物流的驱动因素、存在的问题和发展对策 [J]. 江西理工大学学报，2016（4）：37–41.

[288] 陈卓群，章羊. 稀土产业转型升级的制约因素与对策分析 [J]. 经济研究导刊，2016（27）：33–34.

[289] 刘小芳，刘思德. 2015 年稀土行业政策法规回顾 [J]. 稀土信息，2016（3）：12–16.

[290] 王彦. 2015 年美国稀土产业状况 [J]. 稀土信息，2016（3）：34–35.

[291] 陈占恒，徐鹏. 2015 年稀土出口市场统计分析 [J]. 稀土信息，2016（5）：12–15.

[292] 曹毅，关锌. 中国南方离子型稀土现状浅析 [J]. 中国矿业，2016，25（11）：60–111.

[293] 潘悦. 中国稀土产业政策对稀土出口的影响 [J]. 经济研究导刊，2016（17）：174–184.

[294] 韩港. 国外稀土产业安全政策及其启示 [J]. 环球视野，2016（1）：70–72.

[295] 于佳欣，康泰玮. 2015 年 4 季度稀土价格走势分析 [J]. 稀土信息，2016（1）：31–33.

[296] 郑春丽，张志彬，刘启容，陈敏洁，程昊辰，张雪峰. 稀土尾矿库区土壤中稀土形态分布规律研究 [J]. 稀土，2016，37（2）：73–80.

[297] 莫秀娟. 稀土产业应用及对环境的影响 [J]. 化学工程与装备，2016（2）：221–223.

[298] 罗翔，吴一丁. 产业升级视角下我国稀土企业的风险研究 [J]. 财会月刊，2016 (9)：28-32.

[299] 许庆庆. 我国稀土产业的资源环境政策仿真：基于系统动力学的研究 [D]. 北京：中国地质大学硕士学位论文，2016.

[300] 陈憧. 中国有色金属供求平衡分析及其对策研究 [D]. 昆明：昆明理工大学博士学位论文，2016.

[301] 杨晓刚. 青海矿业产业竞争力评价研究 [D]. 北京：中国地质大学博士学位论文，2016.